高等院校数智化企业管理系列教材

绩效管理

—— 理论与方法

付金会　乔云娜　著

WUHAN UNIVERSITY PRESS
武汉大学出版社

图书在版编目（CIP）数据

绩效管理：理论与方法 / 付金会,乔云娜著. -- 武汉：武汉大学出版社,2025.3.-- 高等院校数智化企业管理系列教材. -- ISBN 978-7-307-24943-1

Ⅰ.F272.5

中国国家版本馆 CIP 数据核字第 2025EX0999 号

责任编辑:喻　叶　　责任校对:鄢春梅　　版式设计:马　佳

出版发行：**武汉大学出版社**　（430072　武昌　珞珈山）

（电子邮箱：cbs22@whu.edu.cn　网址：www.wdp.com.cn）

印刷:湖北金海印务有限公司

开本:720×1000　1/16　印张:16.5　字数:267 千字　插页:2

版次:2025 年 3 月第 1 版　　2025 年 3 月第 1 次印刷

ISBN 978-7-307-24943-1　　定价:58.00 元

作者简介

　　付金会，中国矿业大学副教授，长期从事绩效管理与统计学方面的研究、教学与实践工作，主讲绩效管理（本科生、研究生）、统计学（本科生、研究生）、安全生产管理（研究生）等课程；在EI、CSSCI等期刊发表学术论文20篇；出版教材、专著3部；获得市级科技进步奖以及教学竞赛奖励。

　　乔云娜，管理学硕士、高管培训师、高级人力资源管理师。现任特变电工天池能源有限责任公司副总经理、培训分院院长。专注于企业管理、人力资源及培训管理等领域。主持中国500强企业组织架构优化改革、高效配置人力资源、企业高管提升等多项项目；曾获评乌鲁木齐高新区人才先进个人；其所带领的团队连续多年获得企业内人力资源先进管理单位等荣誉称号。

前　言

在当今复杂多变的商业环境中，绩效管理不仅是企业持续发展的核心动力，更是实现组织战略目标与员工个人价值同步提升的重要桥梁。本书正是基于这样的理念撰写而成，旨在为读者提供一个全面、系统的视角来理解绩效管理的理论框架及其应用实践。

本书从绩效管理的概念入手，探讨了绩效管理在企业中的重要地位及其实现路径。全书共分为七个章节，第一章至第二章为基础理论部分，不仅定义了绩效的概念，而且详细论述了绩效管理的基础理论，包括目标管理理论、激励与行为科学理论等，旨在为读者打下坚实的理论基础。第三章至第六章围绕绩效管理体系的构建展开，分别介绍了绩效管理流程、激励与约束机制的设计、绩效评价指标体系以及绩效评价的技术方法等内容，涵盖了绩效管理的理论基础、管理体系构建、评价指标体系、评价技术方法等多个方面，力求为读者提供一个全面而深入的绩效管理知识体系。第七章则讨论了绩效沟通、绩效支持与绩效改进，属于传统绩效管理的进一步拓展和深化。其中，第五章、第六章由乔云娜撰写，其他章节由付金会撰写。

在写作上，本书具有以下特点：

首先，本书注重理论与实践相结合。每一理论阐述之后，都会辅以具体的实施方法和工具，帮助读者将理论知识转化为实际操作能力。例如，书中详细介绍了平衡计分卡、关键绩效指标（KPI）等方法，并提供了实施步骤，便于读者在实际工作中借鉴和应用。

其次，本书内容丰富，覆盖了绩效管理的方方面面。从绩效管理体系的构建到评价指标体系的设计，再到绩效评价的技术方法，几乎涵盖了绩效管理的所有关键环节。此外，本书特别关注了绩效管理中的一些难点问题，如激励机制的设计等，提供了深入的分析和解决方案。同时，本书还关注到绩效管理过程中可能遇到的实际问题，如绩效主义可能导致的企业文化扭曲现象，以及绩效考核过程中可能出现的分歧与冲突。针对这些问题提供了详细的分析与解决策略，旨在帮助管理者在绩效管理过程中实现公平、公正与效率的和谐统一。

再次，本书在介绍绩效管理理论的同时，也注重实际应用的指导意义。为此，全书提供了近20个教学案例，几乎覆盖了每个章节。在这些教学案例中，除了已经标注来源的以外，其他案例都是作者在收集资料和课题研究的基础上编写的。通过大量的案例分析，可以帮助读者更好地理解理论知识，并将其应用于实际工作中。在绩效管理体系构建章节，我们详述了如何建立有效的绩效管理体系，包括如何设定具有挑战性同时又切实可行的目标，以及如何通过诸如OKR（目标与关键结果）这样的方法来优化绩效管理流程。本书还特别强调了绩效管理中的激励机制设计。无论是通过需求层次理论来理解员工内在需求，还是通过激励与行为科学理论来激发员工的主动性与创造性，都是为了构建一个能够促进员工成长与组织发展的双赢局面。我们坚信，只有当员工感受到个人成就与组织目标紧密结合时，绩效管理才能真正发挥其应有的作用。

在语言方面，本书力求通俗易懂，条理清晰。即使是没有深厚理论背景的读者也能轻松读懂，并从中获得有益的启示。为了达到这个目标，本书还提供了丰富的图表资料，让复杂的理论知识变得直观易懂。

总之，《绩效管理：理论与方法》是一部集理论性、实用性于一体的著作。无论您是希望深化对绩效管理理论理解的研究者，还是正在寻找改善绩效管理实践方法的实务工作者，本书都将为您提供宝贵的参考与启示，以更好地理解绩效管理的重要性，并将其应用于实际工作中，促进组织和个人的共同发展。

目　　录

第一章 绪 论

第一节 绩效的概念

一、绩效

绩效作为组织管理和人力资源管理的核心概念,涵盖了个体、团队以及整个组织在一定时期内所取得的工作成果、行为表现及其对战略目标实现的贡献程度。

从不同的学科视角来看,其对绩效的理解会有所不同。在管理学视角下,绩效被视为组织期望达成的结果,体现为组织在各个层面上(包括组织、群体和个体层面)为实现目标而产生的有效输出。在《管理:使命、责任、实践》中,德鲁克提出,管理只为图谋绩效而存在,① 可见绩效在管理中的重要地位以及它对于管理的重要意义。管理学视角下的绩效概念强调了组织整体战略执行效果与团队协作效率、产出质量及员工个人任务完成情况之间的联系。它要求管理者关注战略执行和资源配置的有效性,通过绩效管理推动目标分解、责任落实,进而引导员工优化行为以提升整体运营效率。

从经济学的视角来看,绩效是员工对组织的承诺,是员工向组织交付的价值交换物。在经济框架下,绩效与薪酬形成了对等承诺关系。一方面,组织通过绩效管理来引导员工提高工作效率和质量,从而换取相应的经济回报;另一方面,

---

① [美]德鲁克.管理:使命、责任、实践[M].陈驯,译.北京:机械工业出版社,2021.

对于员工取得的绩效，组织则有准确度量、给予认可和回馈的义务。经济学视角下的绩效概念强调了绩效管理中的公平性，要求管理者建立合理的激励机制，确保员工的绩效与薪酬之间的对等关系。

从社会学视角来看，绩效是每一个社会成员按照社会分工的角色所承担的一份责任。在一个社会系统中，每个成员通过履行自身职责来保障其他成员的基本生存权利，同时也依赖于他人履行绩效以获得自身的权益保障。社会学视角下的绩效概念体现了社会分工体系下个体的社会责任和角色义务，强调了绩效作为社会合作与互惠的基础，在维系社会秩序与功能运转方面的重要性，要求组织和管理者增强社会责任感，关注绩效与社会责任、社会贡献之间的联系，在进行绩效管理过程中不仅聚焦于经济效益的提升，更要关注组织行为对社会的影响，实现价值创造与共享。

综上所述，绩效作为一个跨学科的核心概念，既体现了组织目标实现的过程与结果，又反映出人力资源价值交换的市场属性和社会合作网络中的责任与义务。从不同学科视角理解绩效概念，有助于加深我们对于绩效管理的理解，在绩效管理过程中构建既科学又人性化的绩效管理框架，从而兼顾组织需求、员工发展和社会需求，推动组织持续成功和健康发展。

二、组织绩效、团队绩效与个体绩效

绩效作为组织期望达成的结果，会表现在组织的各个层面，体现为组织在各个层面上（包括组织、群体和个体层面）为实现目标而产生的有效输出。因此，在绩效管理过程中，按照组织的层次，可以将绩效分为组织绩效、团队绩效与个体绩效。

组织绩效是指整个组织在一定时期内所取得的整体成果，它反映了组织的市场地位、运营效率、创新能力以及为社会创造的价值。从社会分工的角度来说，组织绩效是组织存在的价值。组织绩效的衡量通常涉及财务指标（如收入、利润、成本等）以及非财务指标（如客户满意度、内部流程效率、员工满意度等）。组织绩效的提升需要所有层面（包括团队和个体）的共同努力。

团队绩效是指团队在特定时期内完成特定任务或实现组织目标过程中的整体表现和产出的效果。高效的团队能够通过成员间的互补和协同作用，实现比成员个体更高的工作效率和更好的工作成果。

个体绩效是员工个体根据岗位职责和组织要求，在一定时期内完成工作任务的质量、数量及行为表现。个体绩效是团队绩效的基础，关系到组织绩效的完成，是个体对组织贡献的具体体现。个体绩效的衡量通常基于员工的工作职责、目标完成情况、技能提升以及工作态度等方面。

在绩效管理方面，不少公司都进行了有益探索，积累并提出了有效的做法。其中，华为就曾经提出，在员工个体绩效方面，公司对于绩效的判断遵循下面三个指导原则：第一，绩效是以结果为导向的关键行为过程。第二，最终对客户产生贡献才是真正的绩效。第三，素质能力不等于绩效。表 1.1 是该公司列举出的属于绩效和不属于绩效的范围。

表 1.1 华为的绩效内涵

不评过程和表面现象/事件	评岗位责任结果/贡献/价值
• 表扬信的多少	• 对客户的最终价值
• 苦劳、加班	• 基于岗位责任的有效结果
• 亮点、出彩、影响力	• 个人对团队目标的贡献
• 个人能力因素	• 表扬信、亮点、难度、进度、加班等所承载的
• 过程指标和部门局部的指标	贡献/价值

组织绩效、团队绩效与个体绩效既有所区别，又相互依存、相互促进。组织绩效是针对整个组织在一定时期内整体运行的表现和结果，强调的是整个组织系统的整合效能，以及组织是否能够有效执行战略规划，并最终体现在各项核心指标上；而团队绩效指的是特定团队在完成特定任务、达到既定目标时的具体表现，通常是针对特定任务，衡量的是某一小组为实现组织部分目标所作的贡献。尽管一个大的组织可以被看作一个由多个团队构成的系统，但在实际操作中，组织绩效往往更加宏观，涉及多方面的管理和运营活动；而团队绩效则相对微观，更注重局部的协调运作和短期目标的达成。优秀的团队绩效有助于提高组织绩效，但组织绩效并非仅取决于单个团队的绩效，还需要考虑不同团队之间的协同效应以及整个组织结构和流程的有效性。

与组织绩效和团队绩效紧密相关的概念是部门绩效。部门通常会包括多个业务团队，如人力资源部门通常会有招聘团队、培训团队、绩效管理团队等，因此相较于团队绩效，部门绩效会更加宏观，可以将部门视为一级组织；但与真正意义上的组织相比，部门往往只负责某个方面的业务，只有某个方面的功能，所以要服务于组织的整体战略，服从于组织在更大范围内的效能整合。因此，部门绩效会兼有团队绩效与组织绩效的部门特征。

组织绩效的提升依赖于团队和个体的共同努力和贡献；团队绩效的优化则有赖于每个团队成员的积极投入与高效协作；而个体绩效的提升则需要组织提供良好的工作环境、明确的发展路径以及激励机制。因此，在进行绩效管理时，应注重这三个层面之间的平衡与协同发展，确保它们协调一致，以驱动组织战略目标的成功实现，并保障组织的持续进步与成功。

三、战略绩效、流程绩效与要素绩效

除了按照组织的层次将绩效划分为组织绩效、团队绩效与个体绩效之外，从绩效管理的业务逻辑角度，还可以将绩效划分为战略绩效、流程绩效与要素绩效。

战略绩效是组织在战略规划及实施过程中所取得的整体成果，它体现了组织战略方向选择的优劣与战略目标达成的程度，包括市场份额的增长、核心竞争力的增强以及客户满意度的提升等关键战略行动。战略绩效决定了组织的长远发展方向和追求目标。

流程绩效是组织运营中的各项业务流程的具体表现，它衡量了组织为了特定的业务和任务将相关生产要素进行组合流程的效率、质量以及与整体战略目标的协同一致程度。从流程绩效的管理角度，组织要关注流程的设计合理性、执行效果、监控机制以及持续优化过程，通过不断改进流程效能来提升整个组织的运营效率和产出质量。

要素绩效是指组织内部各种生产要素（如人力资源、财务资源、设备设施和技术资源等）在实现战略目标过程中的绩效表现，关注的是生产要素在支撑和保障组织战略目标方面所发挥的作用和作出的贡献。从要素绩效角度看，组织需要关注各类生产要素的有效获取、合理配置、高效利用以及适时更新，确保每个要

素都能充分发挥其最大价值，为支撑和保障战略目标的实现提供坚实的基础。

在战略绩效、流程绩效与要素绩效中，战略绩效作为组织发展的顶层指引，为整个组织指明了前进的方向。它不仅是组织决策和资源配置的基准，更是激励全体员工共同努力的旗帜。战略绩效的取得，需要深入洞察市场趋势、客户需求以及竞争对手的动态，这样才能确保组织的战略选择能够与外部环境的变化相适应，并最终取得好的结果。要素绩效是组织实现战略目标的基础保障。它涵盖了组织内部的各种生产要素，包括人力资源、财力资源、技术条件等。要素绩效的优化意味着组织能够合理配置和高效利用各种资源，确保在战略执行过程中不出现资源瓶颈或浪费现象。通过不断提升要素绩效，组织能够增强自身的竞争实力，为实现战略目标提供强有力的支撑。流程绩效则是连接战略绩效与要素绩效的桥梁。它关注组织内部流程的设计、执行和监控，确保各流程环节之间的顺畅衔接和高效协同。通过优化流程，组织能够减少浪费和延误，提高整体运营效率和服务质量。流程绩效的优化不仅需要关注单一流程的改善，还需要从整体角度出发，协调各流程之间的关系，形成高效协同的组织运营体系。

综上所述，战略绩效、流程绩效与要素绩效共同构成了组织绩效管理的三维框架。在这个框架中，战略绩效为组织提供了明确的发展方向和目标追求；要素绩效保证了实现这些目标所需的资源基础；而流程绩效则通过优化资源配置和流程设计，促进了战略目标与要素效能之间的有效转化和最大化利用。

📝 微案例 1.1

绩效考核只重结果不重过程问题案例

我在中国移动一个下属分支机构的集团客户部工作，我的岗位是政企解决方案经理，负责为政府和企业客户提供专业的解决方案，以满足客户特定的业务需求。

目前我们的绩效管理中存在的一个重要问题是仅考核结果，而对过程重视不足。去年，我们团队负责了一个集团企业的大型信息化建设项目，持续三个多月，在这期间，我们多次深入企业了解客户需求，协调公司内部相关部门，不断对解决方案进行修改和优化，大家做了大量工作，也付出了很多努力，但遗憾的是我们最终还是没有能够拿到这个项目。

由于项目没能成功落地，也就没有形成可以用于绩效考核的成果，按照目前的绩效考核制度，我们三个月在这个项目上投入的时间和大量精力也就没有办法在绩效考核中得到体现，不仅不能得到相应的奖励，而且还影响了正常的绩效考核结果，让大家有一种很强的挫败感。但问题是像这种业务大多具有很大的风险性，有的时候周期比较长，如果能够成功，就能够为公司带来一笔不小的收入，但是如果不能够成功，付出的时间和精力也比较多，因此损失也不小。

所以，对于这种工作，如果只看结果、不看过程的话，大家可能就会畏首畏尾，存在很多顾虑，不敢放心大胆地去干，因此，我觉得在绩效管理中既要关注最终成果，也要充分考量员工在实施过程中的付出，因为我觉得绩效考核以结果为导向应该是以多出成果、取得好的结果为导向，并考虑过程，而不是只看考核结果，这样才能更好地调动大家的积极性和创造力，营造一个积极向上的氛围。

（资料来源：本案例由作者根据有关材料编写而成）

第二节 绩效管理的概念

一、绩效的来源

绩效是从哪里来的？

从组织层面来说，绩效主要来源于战略规划、战术和生产要素三个方面。其中，战略规划如同指南针，指引着组织的长远发展路径、目标定位和前进方向，对组织绩效具有决定性的影响。俗话说，选择往往比努力更重要，一个正确、具有前瞻性的战略方向能够引领组织找到发展的最优路径，抢占有利地位，从而获得竞争优势，实现效益最大化，并以最小的代价获取最佳成果，达到事半功倍的效果；反之，倘若战略规划出现误判或偏差，则可能导致资源配置的低效甚至浪费，使组织陷入被动境地，无法释放全部潜能，并可能错失市场趋势和发展良机，从而影响组织的整体绩效表现及未来的可持续发展能力。

战术是将战略愿景转化为现实成效的关键环节。战术表现为一系列具体行动方案和操作策略，旨在通过科学合理地整合与调配各类生产要素，创造出超越单个要素简单叠加的价值效应。如果说战略规划的主要作用是明确发展方向和发展路径，通过方向和路径优选保证在同等的努力下获得更高绩效的话，战术则是落实战略所采取的具体行动方案和操作策略，通过对生产要素的高效组合来获得比各个生产要素简单叠加而更高的绩效。业务流程作为战术的具体承载形式，其设计与执行效率直接反映了战术层面的绩效，即流程绩效。战术布局的精妙与否及执行力的强弱，对组织日常运营能否快速响应环境变化、精准捕捉机遇至关重要。高效灵活的流程体系能够确保资源被高效、精确地投入关键业务领域，极大地提升组织的整体运作效能。因此，战略与战术在组织绩效生成的过程中互为补充，缺一不可，共同推动着组织不断向前发展。

在组织绩效的形成过程中，各种生产要素，包括人力资源、物质资源、技术资源和信息资源等要素，同样起着非常重要的作用。通过利用这些生产要素，组织不断生产出相应的产品和服务，从而产生绩效。组织利用生产要素的能力，就是组织能力；而利用生产要素的过程，就是战术的体现。

从个体层面来说，绩效主要来源于能力、努力和支持三个方面。能力指员工的专业技能、知识水平、思维能力、适应与创新能力以及人际沟通能力等多维度能力所构成的能力体系，是绩效的基础。不同岗位对员工能力的要求也不同。能力较强的员工通常能够更轻松地解决工作中遇到的问题，并在复杂环境中发挥关键作用，从而能够更高效地完成任务，获得更高的绩效。然而，能力只是绩效的基础，并不是绩效的上限，或者说，能力决定了绩效可能达到的较高水平，仅有能力并不足以保证能够有优秀的绩效，因为工作并不仅仅是技能的运用，还需要个体的努力以及系统的支持。

努力是指个体在工作中的投入程度，是员工工作积极性以及工作态度的表现。一个人虽然专业能力很强，但是如果他不愿意在工作上投入更多的时间和精力，那么也很难取得理想的绩效。相反，一个人虽然能力上稍逊一点，但他非常努力的话，也能取得不错的绩效结果。因此，努力是能力转化为绩效的重要桥梁，只有员工更加努力，不断自我提升和完善，才能在既定的能力基础上进一步提高工作效率与质量，实现更高的个人绩效产出。

支持也是影响个体绩效的重要因素，它包括来自组织、团队和上级的支持。一个有着良好工作环境、充足资源和有效指导的个体，往往能发挥出更大的潜力，取得更好的绩效。相反，如果个体在工作中得不到足够的支持，即使他们有能力并且非常努力，也难以取得理想的绩效。

二、绩效管理的概念

绩效管理就是系统地对绩效进行管理不断提升绩效和增强绩效能力以达到绩效目标的过程，它包括绩效计划制订、绩效过程监控与辅导、绩效考核评价、绩效反馈和结果应用、绩效改进等环节，见图1.1。

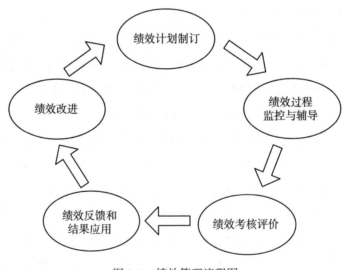

图 1.1 绩效管理流程图

绩效管理是组织运营管理和人力资源管理的核心职能之一。绩效管理是一个完整的系统，由以下几个环节组成：

第一，绩效计划制订。绩效计划制订的核心任务是确定绩效目标，制订绩效计划。在这个过程中，需要确定明确可衡量的工作目标，制订绩效计划，明确工作要求和期望。绩效计划的制订是绩效管理的基础。

第二，绩效过程监控与辅导。绩效计划监控与辅导的核心任务是为管理对象提供指导、辅导和支持。在绩效计划的实施过程中，管理者需要和下属保持沟通，持续跟进实施情况，对下属进行及时的指导、辅导和支持，确保下属能够按照绩效计划完成工作任务，并使其能力得到提高。绩效过程监控与辅导是绩效管理发挥作用、达到目标的关键环节。

第三，绩效考核评价。绩效考核评价的核心任务是准确度量管理对象的绩效结果。在这个过程中，通过一定的评价标准和评价方法，对管理对象在一定周期内的工作成果进行评估，给出考核结果，为绩效结果应用和绩效改进提供依据。绩效考核评价是绩效管理的核心环节。

第四，绩效反馈和结果应用。绩效反馈和结果应用的核心任务是基于绩效考核评价结果，激活激励约束机制，以激发员工潜能、改进工作行为和提升绩效。在这个过程中，需要向管理对象反馈绩效考核的结果，并根据绩效考核评价结果进行经济奖惩、职位晋升或岗位调整、培训等，是绩效管理的关键环节。

第五，绩效改进。绩效改进的核心任务是分析绩效差距和原因，制定并实施绩效改进计划。在这个过程中，需要对绩效考核评价中发现的问题和不足，进行深入的分析和讨论，找出绩效差距的原因，并制定具体的绩效改进计划和措施。绩效改进计划需要明确改进目标、时间节点、责任人和所需资源等，确保计划的可行性和有效性。通过绩效改进计划的实施，不断提升个人和组织的能力和工作效率，实现个人和组织的共同成长。绩效改进不仅是绩效管理循环的闭合阶段，也是新一轮绩效提升周期的启动点，对于保持组织竞争力和实现长期成功具有重要意义。

三、绩效管理的作用

绩效管理的最终目的是通过一系列系统的管理活动，实现绩效目标、提升和增强绩效能力。具体来说，绩效管理的直接目的包括：

（1）导向目的：在绩效管理过程中，组织将战略目标明确并层层分解，通过目标、指标、标准的合理设置，为管理对象的绩效行为提供导向，使其与组织目标和组织战略一致。

（2）动力目的：通过激励与约束机制，为管理对象符合组织期望的绩效行为提供动力。

（3）支持目的：通过配置组织资源，为管理对象符合组织期望的绩效行为提供支持。

（4）发展目的：通过绩效沟通、反馈、辅导与绩效改进，促使管理对象增强绩效能力，获得成长。

（5）公平目的：通过客观评价和认可管理对象的绩效成果，维护组织公平。

绩效管理的间接目的是通过直接目的间接达成的组织或团队的绩效管理目的。绩效管理的间接目的可以总结为以下几个方面：

（1）战略目标目的：为管理对象的绩效行为提供导向，使其与组织目标和组织整体战略方向保持一致，确保组织与部门战略目标落地。

绩效管理直接目的中的导向目的与战略目标目的之间的关联最为紧密。

（2）组织效能目的：为管理对象的绩效行为提供动力，确保组织与部门战略目标落地的效率和效果（质量），把组织能力转变为实际效能，在竞争中获得优势地位。

绩效管理直接目的中的动力目的和支持目的与组织效能目的之间的关联最为紧密。

（3）能力发展目的：管理对象绩效能力的增强，使组织能力得到发展，增强组织的竞争能力。绩效管理通过持续的绩效跟踪、评估、反馈、辅导和改进活动，增强组织的运营能力，提升员工的个体能力，促进员工的职业发展。按照吴春波的观点，企业经营管理的核心就是组织能力的持续提升，[①] 这里说的组织能力，就是组织的运营能力、绩效能力。在华为公司，绩效管理的目的被形象地比作多打粮食和增加土地肥力。其中，多打粮食是指增加绩效产出，而增加土地肥力就是增强绩效能力，从而为未来的绩效做好储备。

绩效管理直接目的中的动力目的和发展目的与能力发展目的之间的关联最为紧密。

（4）组织信任目的：通过维护组织公平，维系和增进组织信任，确保激励有效、约束有力。

---

① 吴春波. 华为没有秘密2：华为如何用常识塑造伟大 [M]. 北京：中信出版社，2018.

绩效管理直接目的中的公平目的、动力目的、导向目的与组织信任目的之间的关联最为紧密。

绩效管理的直接目的与间接目的之间的逻辑关系以及它们之间的相互作用关系见图1.2。

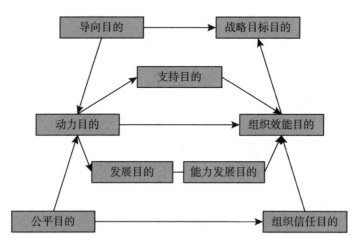

图 1.2　绩效管理的直接目的与间接目的之间的关系

（1）导向目的（直接目的）与战略目标目的（间接目的）：

导向目的通过设置明确合理的目标、指标和标准，确保员工的工作行为与组织的战略目标相一致。这种一致性直接服务于战略目标目的，即确保组织及部门战略目标能够有效落地执行。

（2）动力目的（直接目的）与组织效能目的（间接目的）：

动力目的通过激励与约束机制激发员工积极性，促进他们达到组织期望的绩效水平。

组织效能目的则是在动力目的的基础上，通过资源支持进一步转化为实际的组织效能，提高组织在市场竞争中的效率和效果。

（3）支持目的（直接目的）与组织效能目的（间接目的）：

支持目的为员工实现预期绩效提供必要的资源保障。

组织效能目的在充足且有效的资源配置下得以实现，从而提升整体组织能力并转化为竞争优势。

（4）发展目的（直接目的）与能力发展目的（间接目的）：

发展目的通过沟通、反馈和辅导帮助员工提升绩效能力。

能力发展目的则是将个体层面的能力提升汇聚成整个组织能力的发展，从而增强组织竞争力。

（5）公平目的（直接目的）与组织信任目的（间接目的）：

公平目的旨在保证评价体系客观公正，使员工感受到平等对待。

组织信任目的是基于公平评价而产生的，公平环境有助于建立和维护组织内部的信任关系，进而保证激励机制的有效性和约束措施的执行力，同时也有助于加强团队凝聚力和协作精神。

以上各直接目的之间并非孤立存在，而是相互关联、互为支撑。例如，导向目的为动力目的提供了方向指引，动力目的又与支持目的结合起来促进组织效能目的的实现；同时，发展目的与导向目的、动力目的共同作用于能力发展目的；公平目的不仅对动力目的有直接影响，也对组织信任目的起着关键性作用。这些目的间形成了一种循环递进、相互强化的关系网络，共同促进组织绩效管理系统的高效运行。

绩效管理的作用主要体现在以下几个方面：

（1）对于组织而言，绩效管理有助于目标分解，从而将整体战略目标转化为具体的绩效目标，使各部门和员工明确自己的工作职责和方向；同时，绩效管理衔接了组织目标和个人目标，将各部门和员工的行为统一到组织战略和组织目标的方向上，强化了实现组织目标的行为，有利于保证人力资源的有效性。此外，绩效管理通过绩效监控，确保各部门和员工按照既定的目标和计划开展工作，及时发现和解决问题，最终促进绩效目标的达成。

（2）对于管理者而言，在绩效管理过程中，通过传达组织目标，有助于管理者获得下属认同。同时，绩效管理也为管理者提供了一种有效的管理工具，帮助管理者明确工作期望、监控工作过程、评估工作成果，并据此进行奖惩、晋升、培训等决策。通过绩效管理，让管理者能够更好地履行其管理职责，提高管理效率，提升组织绩效。通过绩效管理，管理者可以加强与下属的沟通，及时为下属提供工作支持、辅导和指导，有利于提高领导力，增强团队的凝聚力和战斗力，改善管理效果。

（3）对于员工而言，通过绩效管理，能够使员工对组织的价值贡献获得认可，进而获得激励和成长动力。同时，通过绩效辅导环节，有利于提高员工的专业技术能力，促进个人成长。另外，通过绩效结果的使用，可以促进员工的职业发展。

德鲁克曾经提出，管理主要有三个方面的使命，① 分别是绩效使命、成就使命和社会使命。关于绩效使命，德鲁克认为，企业存在就是为了经济绩效。通过绩效管理，组织可以确保经济绩效的实现，为社会创造更大的价值。关于成就使命，德鲁克认为，管理要促使工作具有生产力，让员工具有成就感。在绩效管理中，通过明确绩效目标，加强绩效辅导，有助于最大限度地发挥员工的潜能，提高员工的能力和绩效，从而使员工获得更大的成就感，提高工作满意度。在社会使命方面，德鲁克则认为，要管理企业的社会影响与社会责任，关注组织对社会和环境的影响，推动组织的可持续发展。要实现上述三大使命，并在各种使命中保持平衡，绩效管理提供了重要手段。

📝 **微案例 1.2**

日常考核与年度考核衔接不合理案例

我所在的单位是市消防救援支队，我们的主要职责是火灾隐患的防控治理和各类应急灾害的事故救援。我们的人员主要包括干部、消防员、政府专职队员以及消防文员等。支队下属单位有驻扎在各县、区的消防大队、消防站，以上单位的绩效管理都由支队负责。

在干部绩效考核方面，我们包括平时考核与年度考核，主要通过民主评议、现场核查等形式进行。其中，平时考核每月进行，分为好、较好、一般、较差四个等级，其中"好"的比例不超过40%，考核结果与每月的考核奖金挂钩。年度考核每年进行一次，分为领导干部和非领导干部两类，分别进行考核；考核结果分为优秀、称职、基本称职和不称职四个档次，其中领导干部"优秀"比例每年不超过25%，非领导干部"优秀"比例每年不

---

① ［美］德鲁克. 管理：使命、责任、实践［M］. 陈驯，译. 北京：机械工业出版社，2021.

超过 20%；对称职、基本称职、不称职的比例没有硬性要求。在年度考核中考核为"称职"以上等次的，在下一年度工资晋升一级，同时，这一年在职务晋升时可以算作有效任职年限；年度考核"基本称职"或"不称职"的，要进行一定程度的处理。

现在的主要问题是，在我们的绩效考核中，平时考核对年度考核没什么参考价值。按道理来说，年度考核是对全年工作情况的总结，所以，年度考核结果为"优秀"的，应该优先从平时考核被评为"好"的等次比较多的人员当中选取。但由于平时考核的标准不太精细、执行得不够认真，而且平时考核的结果还与月度奖金挂钩，因此，只要干部本人不存在违规违纪情况，一年下来，大家平时考核结果得到"好"的次数基本差不多，存在"轮流坐庄""平衡照顾"的情况。所以平时考核的结果实际上对于年度考核也就基本上没什么参考价值，正常情况下平时考核应该占很大比重的年度考核最终成了"一考定输赢"的一次性考核。在这样的情况下，有的干部本来平时就兢兢业业，对工作认真负责，但由于性格、人际关系等因素，在年终考核的民主测评中不够突出，没有取得"优秀"等次，影响了工作积极性。

比如，有个兄弟在火灾救援的时候经常冲在最前面，日常训练和隐患排查一丝不苟，大家都认可他的工作成绩，但由于性格直爽，不太善于人际交往，所以在年度考核的民主测评中得分并不理想，考核也就没能获得"优秀"。

在这种考核方法的影响下，久而久之就形成了恶性循环：大家都把目光集中在年底的一次性测评上，平时工作不努力、不认真，快到年终考核的时候临时抱佛脚、拉选票，不仅没有促进绩效的提高，反而还助长了不良风气，影响了正常的工作秩序。

（资料来源：本案例由作者根据有关材料编写而成）

第二章 绩效管理基础理论

第一节 目标管理理论

一、目标管理的基本理念与核心原则

目标管理（Management by Objectives，MBO）是由彼得·德鲁克 1954 年在他的著作《管理的实践》中首次提出的一种管理方法。在这本书中，德鲁克强调了目标对于组织和个人工作的重要性，并主张通过设定、分解、实施和检查目标，以实现组织和个人的最佳业绩。可见，目标管理是一种以目标为导向的管理方法，该方法通过目标的设定、分解、实施和检查等步骤，将工作目标具体化、明确化，进而促进目标的达成。

目标管理的基本理念是：

第一，以目标为导向。目标管理是以目标为导向的管理方式，它要求组织和个人都围绕目标开展工作，确保工作成果符合预期目标。

第二，参与式决策。目标管理强调上下级共同参与目标设定，通过协商和讨论确定目标，增强员工的责任感和主动性。

第三，自我控制。目标管理要求员工在达成目标的过程中进行自我控制，自我评估和调整，提高工作效率。

第四，注重成果。目标管理的最终目的是取得最佳业绩，它关注的是员工的工作成果，而非工作过程。

目标管理的核心原则包括：

第一，参与性原则。强调上下级共同参与目标的设定，确保目标具有可接受性和可行性。

第二，明确性原则。要求目标必须具体、明确，能够清晰衡量和评估，避免模糊不清导致执行困难。

第三，可衡量原则。目标管理中的目标可衡量，便于评估和追踪进度。

第四，挑战性原则。目标既要具有一定的难度，能够激发员工的潜力，又不能过高，使员工感到无法实现。

第五，时限性原则。每个目标都应该有一个明确的时间期限，促使员工把握时间，确保工作的及时性。

第六，协调性原则。在目标管理中，目标的设定应该与组织整体战略和部门目标相协调，确保组织目标与个人目标的一致性。在绩效管理过程中，组织的各个目标之间不一致主要包括两种形式：一是各目标之间不相容、不一致；二是虽然各目标之间相互一致，但是每个目标的实现都需要资源，而资源是有限的，因此目标之间容易发生冲突。

二、绩效目标设定的 SMART 原则

绩效目标是绩效管理的目的，为绩效管理工作提供了指南和努力的方向，是绩效管理的指挥棒。在绩效目标设定时，需要遵循 SMART 原则。

SMART 原则是对目标设定具体化、可衡量、可达成、相关性和时限性的概括，是目标设定和评估的工具，它能够帮助组织和个人完成目标设定任务。

Specific（具体性）：绩效目标应当具体明确，不含有任何歧义，以便员工清楚地知道目标完成的具体结果。

Measurable（可衡量性）：目标必须能够量化或衡量，以便在执行过程中能够评估目标完成的情况和进度。

Achievable（可达成性）：目标应当基于员工的能力和资源设定，既要有一定的挑战性以促进成长，又要确保在付出合理努力后可以实现。

Relevant（相关性）：绩效目标应与组织的战略方向、部门的任务以及员工的岗位职责紧密相连，确保目标与整体业务发展密切相关。

Time-bound（时限性）：目标应该具有明确的完成时间，以便及时跟进和评估。

三、目标管理难点与应对策略

目标管理作为一种有效的管理工具，在实际操作中也会遇到一些挑战和难点。主要体现在以下几个方面：

第一，目标设定的挑战。确定具体、可衡量、既具有挑战性又切实可行的目标并非易事。目标过于简单可能缺乏挑战性，而目标过于复杂则可能导致员工困惑和不满。正确设定既具有挑战性又切实可行的目标，一方面需要对组织需求、现有条件、员工能力等多方面因素进行深入分析和准确把握；另一方面，上下级之间要加强沟通交流，这样才能不断增进理解，增强共识，确保所设定的目标具有较强的可行性。

第二，目标分解的挑战。在将组织整体目标逐层分解到各部门和员工时，如何保证目标之间相互衔接、协调一致、充分完备是一大挑战。为此，首先，在对绩效目标进行分解时，需要考虑这三个方面的来源：一是自上而下的目标来源，也就是来自员工企业战略以及部门任务的目标；二是自下而上的目标来源，也就是来自员工岗位职责和个人要求的目标；三是源于需求的目标来源，也就是来自流程驱动和客户需求的目标。其次，在进行目标分解时，要根据部门和个人职责采用不同的目标分解方法。在多部门或多层次组织中，要注意避免不同部门或多层次之间的目标出现不一致甚至冲突的情况。最后，组织目标中通常既包含长期目标，又包含短期目标，因此，在目标分解时需要做好长期目标与短期目标之间的平衡，确保组织在追求短期利益的同时不能忽视长期发展。

德鲁克认为，在设定目标的过程中，企业首先要重视两个关键决策，其次努力做到三个平衡。首先要重视的两个关键决策是：一是专注决策，二是市场地位决策，因为任何一家非常成功的企业都一定会在诸多选项上深思熟虑，最后做出专注决策。没有专注决策，企业的资源将无法得到合理分配，从而不能产生绩效。需要努力做到的三个平衡是：一是目标必须与可实现的利润率保持平衡。二是目标必须在"较近未来"的需要与"较远未来"的需要之间保持平衡。三是各个目标之间必须平衡，在各个领域的预期绩效之间应该合宜调适。①

第三，目标实施监控与支持的挑战。在目标管理过程中，监控目标实施进度，及时识别存在的问题和障碍，并进行相应的辅导和支持，乃至对目标进行调整以适应内外部环境变化也是目标管理过程中的一个挑战。一方面，组织始终要把工作的重点放在辅导与支持上，而不是把重点放在监控上，更要构建并不断完善相应的管理、技术以及物资支持机制；另一方面，要充分发挥直线经理在目标管理过程中的辅导和支持作用，以便及时发现偏差并采取措施纠偏。同时，还要建立目标的动态调整机制，允许在必要时对原定目标进行合理修订，保证目标与实际情况相吻合。

第四，激励与约束机制有效性的挑战。确保目标与激励措施之间紧密关联，从而激发员工的积极性和主动性，是目标管理成功的关键之一。因此，组织要设计多元化的激励方案，包括物质奖励、职业发展、精神激励等。另外，建立相应的约束机制，对未达成目标的情况予以相应的处理。

微案例2.1

工人缘何长期蒙住井下传感器？
——国家矿山安全监察局贵州局查处一起违法违规行为

"这次我知道错了，以前一直觉得蒙住传感器不是什么大事，没想到是违法行为。"近日，国家矿山安全监察局贵州局监察执法八处查实辖区内安顺市普定东光煤矿长期蒙住甲烷和一氧化碳传感器的重大违法违规行为。接受调查询问时，该矿一名陈姓瓦检员认识到自己的违法行为。

贵州局党组指出，这起案件组织严密、性质恶劣、后果严重，要深挖蒙住传感器的深层次原因，对背后的指使者绝不姑息！为此，监察执法八处处长钟吉华要求该处监察员深挖根源，全力杜绝此类重大违法违规行为再次发生。

"得知你们要来检查后，我们就急忙把套在11601采面回风巷的T0、T1

---

① ［美］德鲁克.管理：使命、责任、实践［M］.陈驯，译.北京：机械工业出版社，2021.

甲烷传感器上的塑胶手套扯了下来。平时，采面进行放炮等作业时，会把甲烷传感器、一氧化碳传感器蒙住，避免传感器超限报警。"陈姓瓦检员如实说道。

井下一线职工为何会频繁蒙住传感器？调查人员把目光放在该矿矿长身上。面对询问，矿长一直坚称是矿工私自行为，他也不清楚为什么会这样："工作面近期其实并不着急出煤，看到瓦斯没有超限，我也就没有多想，真不知道矿工为什么会这样做！"

事实果真如此吗？在调查人员的反复询问下，该矿矿长终于道出了实情："工人的奖金都是和出煤量挂钩的，井下如果发生瓦斯超限或者工伤，井下当班职工当月奖金就会被全部扣除。所以，现场人员才会采取蒙住传感器这样的非法手段，确保收入不被影响。现在想想的确不应该。"

原来，该矿按照出煤量的多少将绩效考核从管理人员一层一层传递到基层一线，瓦检员与安全员一同被纳入了绩效考核体系。

"只要超限影响出煤量，瓦检员和安全员都可能面临处罚甚至被辞退，让本就工资不高的他们想尽一切办法保证收入，比如采取塑胶手套蒙住传感器等手段来避免传感器超限报警，逃避监管。而矿上对此睁一只眼闭一只眼，任由井下职工违法违规操作。"调查组一针见血地指出，企业只求数量而忽视安全的管理考核方法，既简单又缺乏安全性，无疑是把一线职工生命安全当儿戏。

为进一步吸取教训，监察执法八处联合安顺市组织召开了公开裁定会及全市警示教育大会，责令该矿停产整顿20天，处以303.5万元罚款，对矿长处以20万元罚款，并将有关人员共10人移送公安机关调查处理。

"此次警示教育大会采取线上线下的方式召开，要求全市煤矿从业人员全部参加。我们就是要向一线工人传递出强烈的安全警示信息，鼓励工人敢于举报，同时要求煤矿在制定制度方面更加全面和科学，要废止一切不合理的标准和制度，从根源上坚决杜绝重大违法违规行为！"贵州局相关负责人严肃指出。（张安妮 聂东）

（来源：《中国煤炭报》）

第二节　激励与行为科学理论

一、需求层次理论

需求层次理论首先由美国心理学家亚伯拉罕·马斯洛（Abraham Maslow）于 1943 年在《人类激励理论》论文中提出，它描述了人类动机的基本构成，以及人类需求从基本到复杂的层次结构，因此又称为"马斯洛需求层次模型"。该理论将人的需求从低到高依次分为五个层次，见图 2.1。

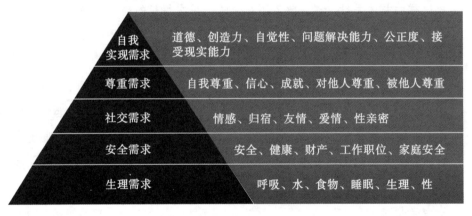

图 2.1　马斯洛需求层次理论示意图

（1）生理需求。这是人类最基本的需求，包括食物、水、睡眠、呼吸等维持个体生存所必需的物质条件。这些需求如果得不到满足，人类就无法生存。

（2）安全需求。在满足生理需求的基础上，人们会追求安全、稳定、秩序和免受威胁。这包括身体健康、经济安全、职业安全等。

（3）社交需求。当生理和安全需求得到满足时，人们开始寻求归属感和被接纳的感觉，这包括友情、爱情、家庭关系以及社会认可。

（4）尊重需求。这一层次的需求包括自我尊重和他人尊重两个方面。自尊需求涉及个人对于自我价值、成就、能力和独立性的追求；而他人尊重则涉及他人对自己的尊重，如名誉、地位、权力和认可。

（5）自我实现需求。这是人类需求的最高层次，指个人对发挥自己的潜能、实现自我价值、成为自己所能成为的最优秀的人的追求和愿望。

在马斯洛的需求层次理论的基础上，美国耶鲁大学的克雷顿·奥尔德弗（Clayton Alderfer）结合实证研究结果，于 1969 年提出了 EGR 理论，将人的核心需要分为生存需要、相互关系需要和成长发展需要。其中，生存需要对应于马斯洛需求层次理论中的生理需求和安全需求，涉及个体维持基本生活条件和安全感的需求，如食物、水、住所、稳定的收入和健康保障等；相互关系需要类似于马斯洛的社交需求，以及尊重需求中的外部因素（他人尊重），包括友谊、爱情、家庭联系以及组织内部或外部的团队协作等；成长发展需要类似于马斯洛的尊重需求中的内在因素（自我尊重）和自我实现需求，强调个人在知识、技能、潜能上的发展和自我价值实现，追求个人成就和创造力的发挥。

与马斯洛的需求层次理论相比，ERG 理论的区别主要在于：

第一，需求的结构和满足顺序方面。马斯洛的需求层次理论是一个刚性的台阶式上升结构，认为较低层次的需求必须在更高层次的需求得到满足之前先得到满足。然而，ERG 理论并不强调这种严格的顺序，它认为即使在某些低层次的需求没有得到完全满足的情况下，人们也可能去追求更高层次的需求，多种需要可以并存。

第二，受挫后的反应。马斯洛认为，当一个人的某一层次需求未能得到满足时，他可能会停留在这一需求层次上直到获得满足；而 ERG 理论则认为，如果较高层次需要的满足受到抑制的话，那么人们对较低层次需要的渴望会变得更加强烈。

需求层次理论为绩效管理提供了重要的理论支持和实践指导。在绩效管理过程中，应了解员工需求层次，关注员工需求，提供相应的支持和激励，激发员工的积极性和创造力，提高组织的整体绩效水平。与此同时，还要注意加强对员工需求层次的引导，推动干部员工不断提高需求层次。对此，欧洲著名管理学者马利克认为，在这方面，管理者必须走得比普通人更快一步，率先实现从被激励到自我激励的跨越，然后要把尽可能多的管理者，特别是他直接管理的那些员工，指引到这条道路上，让他们从依赖于别人激励转变为自我激励。在马利克看来，这才是管理人真正的人文关怀。①

二、双因素理论

双因素理论又称为激励-保健理论，是由心理学家弗雷德里克·赫茨伯格（Frederick Herzberg）在 20 世纪 50 年代提出的。该理论探讨了工作满意和工作不满意的因素，并将这些因素分为两类：保健性因素和激励性因素，如图 2.2 所示。

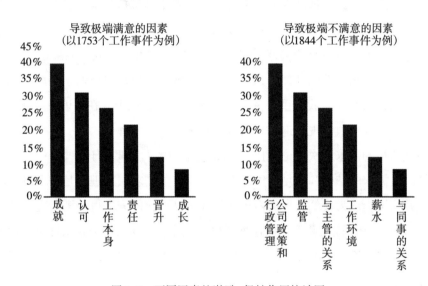

图 2.2　不同因素的激励-保健作用统计图

资料来源：斯蒂芬·罗宾斯（Stepen P. Robbins），蒂莫西·贾奇（Timothy A. Judge）. 组织行为学（第 18 版）[M]. 孙健敏，等，译. 北京：中国人民大学出版社，2008：184.

其中，保健性因素即工作环境和工作关系方面的因素，保健性因素包括公司政策、管理措施、工作条件、人际关系、工资福利、职业稳定性等。如果这些因素得不到满足，会导致员工的不满和消极情绪。然而，即使这些因素得到了满足，也不会激发员工的积极情绪和动力。相比而言，激励性因素通常与工作本身相关，激励性因素包括成就感、同事认可、上司赏识、更大的职责或更大的成长

① [奥] 弗雷德蒙德·马利克. 管理技艺之精髓 [M]. 刘斌，译. 北京：机械工业出版社，2010.

空间与发展机会等。如果这些因素得到满足，能够激发员工的积极情绪和高昂的工作动力。

在绩效管理中，双因素理论提示管理者需要同时关注和改善两方面因素。一方面，要通过设置具有挑战性和吸引力的工作任务，提供发展和晋升的机会，并给予公正及时的认可等方式，激发员工内在动力；另一方面，要确保组织内部有良好的工作环境、合理的薪酬制度、有效的沟通机制等，并消除可能引发员工不满的因素，从而整体上提升员工的工作满意度和组织的整体绩效水平。

需求层次理论和双因素理论可以用于提取和确定绩效诱导因素。基于诱导因素和实际情况，来设计激励措施，配置奖酬资源，进而调动被管理对象的积极性。比如，华为公司的激励体系就是基于 ERG 理论和双因素理论来进行设计的。首先，对于 ERG 理论中的三种核心需要，华为结合人力资源实际管理进行了如下转译：生存需要，即员工的薪酬福利（物质）和工作环境；相互关系需要，即员工在与上级、同事、下属相处的过程中，有足够的尊重、信任，对自己所在的团队、部门，甚至对公司，有足够的归属感；成长和发展需要，即员工具备充足的工作表现机会，有任职资格体系或职业发展通道牵引员工发展，员工能够得到合理赋能或相应的辅导。

根据需求层次理论，不同层级的员工在工作中具有不同的底层动机，因此，在设计激励机制过程中，华为充分利用员工不同层次的需求，遵循"让基层的员工有饥饿感，中层的员工有危机感，高层的员工有使命感"的指导原则，设计了健全的薪酬福利体系、任职资格体系和职业发展体系，通过激励机制将员工的需求与公司目标捆绑在一起，将其转化为员工的工作动力，激励、引领员工不懈奋斗，取得工作业绩，形成了独具特色的奋斗者激励体系。[①] 对此，华为管理顾问田涛认为，对欲望的激发和控制构成了一部华为的发展史。

华为公司对于不同员工的差异化激励体系见表 2.1。

---

① 陈雨点，王旭东. 华为绩效管理：引爆组织活力的价值管理体系（第一版）［M］. 北京：电子工业出版社，2023.

表 2.1   华为公司的差异化激励体系

员工类别	划分标准	机会	工资	奖金	股票
普通劳动者	12 级及以下 未申请成为 奋斗者 放弃奋斗者 资格	无	平均水平或 稍好	无	无
一般奋斗者	普通绩效 踏踏实实做 好工作 贡献大于成 本	考察锻炼 等待机会	稍好	平均水平	正常饱和度
有成效的 奋斗者	高绩效 有使命感	及时任用 担当责任	明显高于平 均水平	高于平均 拉开差距	更高的饱和度

如表 2.1 所示，华为将员工分为普通劳动者、一般奋斗者和有成效的奋斗者三种类型，并制定了不同的激励措施。

（1）普通劳动者。华为将 12 级及以下员工或未申请成为奋斗者的员工划为普通劳动者。对于这类人的待遇，按照法律法规的相关报酬条款，在保障他们利益的同时，根据公司经营状况，给他们平均水平或稍好一点的报酬。

（2）一般奋斗者。这类人需要平衡家庭和工作，因而并不是真正意义上的积极奋斗者，他们可以准点上下班。对于这类人，华为指出：只要他们所作的贡献大于支付给他们的成本，公司就会接受他们，而且会给他们稍高于社会一点的报酬。

（3）有成效的奋斗者。这类人是华为事业的中坚力量，是华为最需要的人，他们有权以奖金和股票的方式与公司分享利益。

图 2.3 是华为公司的奋斗者管理流程。

下面是华为的奋斗者申请书。

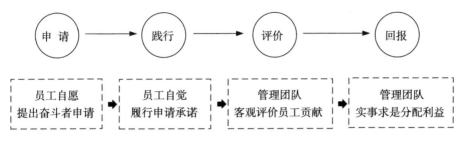

图 2.3　华为的奋斗者管理流程

资料来源：陈雨点，王旭东．华为绩效管理［M］．北京：电子工业出版社，2021：11.

奋斗者申请书

以客户为中心，以奋斗者为本，长期坚持艰苦奋斗是华为的胜利之本。二十多年来，公司从小到大，靠的是奋斗；从弱到强，靠的也是奋斗；未来持续领先，更要靠奋斗。公司的成长发展，要靠集体的奋斗；个人的成长发展，与公司一样，也要靠个人的奋斗。我愿意通过不懈地奋斗，实现人生价值，让青春无悔！

我愿意成为与公司共同奋斗的目标责任制员工，与公司共同奋斗、成长，一起分享公司发展的成果，共同承担公司经营风险。我也理解成为奋斗者的回报是以责任贡献来衡量的，而不是以工作时间长短来决定。

基于以上认识和理解，我自愿申请成为"与公司共同奋斗的目标责任制员工，自愿放弃带薪年休假及非指令性加班费"，我十分珍惜在华为公司的奋斗机会，也相信只有通过不断奋斗，才能为公司发展作出贡献，才能为家人创造美好生活，才能对社会有所贡献。

特此自愿申请成为"奋斗者"，恳请公司批准！

申　请　人：

申请日期：

三、公平理论

公平理论又称为社会比较理论，由美国行为科学家、心理学家约翰·斯塔西·亚当斯（John Stacey Adams）提出。该理论有两种情况，员工的满意程度取决于一个社会比较过程，他不仅关心自己的绝对收入的多少，而且关心自己相对收入的多少。每个人会把自己付出的劳动和所得到的报酬与他人付出的劳动和所得到的报酬进行社会比较，同时也会把自己现在付出的劳动和所得到的报酬与自己过去付出的劳动和所得到的报酬进行历史比较，如果发现自己的投入-产出比率与他人的投入-产出比率相等，或现在的投入-产出比率与过去的投入-产出比率相等时，他就会觉得现在所得到的报酬公平、合理，从而心情舒畅，努力工作，否则就会产生不公平感，内心不满，工作积极性下降。同样，经过比较，如果员工认为自己的投入-产出比率高于他人，就会感到内疚或不安，同样会影响他们的工作动力。可见，员工不仅关注自己所获得的报酬本身，更关注自己所获得的报酬与自身的投入是否匹配，以及和他人相比是否公平，只有当个人感到自己的"投入-产出"比率与他人相当时，才会觉得公平，从而产生满足感和积极性。

公平在激励体系中处于基础地位，是激励措施发挥作用的前提和条件。谷歌前首席人才官拉斯洛认为，公正的考评可以让做出成绩的员工得到应有的回报，而不公正的考评则会大大降低员工的积极性。[①]

公平理论提醒我们在绩效管理中关注员工的公平感知，确保报酬与投入的公平性，包括横向（和其他员工比）和纵向（和自己的过去状况）两个维度上的公平。通过营造公平、公正的工作环境，可以有效提高员工的工作满意度和组织承诺，进而提升整体的绩效水平。

四、期望理论

期望理论又称为"效价-手段-期望理论"，由美国心理学家和行为科学家维克多·弗鲁姆（Victor Vroom）1964年在《工作与激励》中提出的激励理论。这一理论阐述了个体动机和行为之间的关系，指出员工的工作积极性不仅取决于目

---

① 拉斯洛·博克（Laszlo Bock）. 重新定义团队 [M]. 宋伟，译. 北京：中信出版集团，2019.

标本身的价值，即效价；还取决于实现目标的期望概率，即期望值。期望理论可以用下式表示：

$$激发力量 = 期望值 × 效价$$

激发力量指调动个人积极性，激发人内部潜力的强度；期望值是根据个人的经验判断达到目标的把握程度；效价则是所能达到的目标对满足个人需要的价值。

根据期望理论，在绩效管理过程中，想要保证取得良好的激励效果，一方面要保证管理对象对实现目标有较高的期望值；另一方面要保证实现目标对于管理对象而言具有较高的效价。

五、社会学习理论

社会学习理论由美国当代著名心理学家阿尔伯特·班杜拉（Albert Bandura）于 1952 年在爱荷华大学学习期间提出。该理论认为，在社会交往中，人会通过观察和模仿他人的行为来学习新的行为和技能，而不是仅仅通过试错和自我发现。

社会学习理论主要包括以下三个核心概念：观察、模仿和反馈。其中，观察是指人通过观察他人的行为及其结果（包括奖励和惩罚）来学习新的行为和技能，而无需亲自体验这种行为的结果；模仿是指人在观察他人的行为后，尝试复制这些行为，尤其是当模仿对象得到正强化时，个体更倾向于模仿他们的行为；反馈是指人在模仿他人的行为后，会通过自己收到的信息来调整自己的行为。社会学习理论还认为，人的行为是通过注意、记忆、复制和激励四个过程来学习的。根据社会学习理论，正强化、负强化、惩罚和消退等都是塑造行为的重要手段。

此外，班杜拉还提出了自我效能感（self-efficacy）的概念，指个体对自己有能力执行特定行为并取得成功的信念。自我效能感影响着个体选择何种行为去尝试、面对困难时的坚持程度以及最终是否成功。

六、强化理论

强化理论也叫作行为修正理论，主要由行为主义心理学家 B. F. 斯金纳（Burrhus Frederic Skinner）提出，该理论主要关注的是如何通过奖惩来影响和调整人的行为。强化理论认为，人为了达到某种目的，会采取一定的行为。当这种行为的后果对他有利时，比如得到奖励，这种行为就会在以后重复出现；对他不利时，比如受到惩罚，这种行为就减弱或消失。

强化理论的核心在于理解和应用正强化、负强化、惩罚和消退等机制。正强化指的是通过给予奖励来增强某一行为的频率；负强化则是通过消除不愉快的刺激来增强某一行为；惩罚是对不期望的行为给予不愉快的结果，以减少其发生的可能性；消退则是指对某一行为不给予任何强化，使其自然减少。

在绩效管理中，可以用正强化或负强化来修正管理对象的行为，从而对管理对象的行为进行导引、导向，塑造员工行为，提高组织绩效。

七、行为动机理论

行为动机理论综合了多位心理学家的观点，主要包括马斯洛的需求层次理论、赫茨伯格的双因素理论以及斯金纳的强化理论等，旨在解释和预测个体行为的内在驱动力。它认为，人的行为是由内在动机和外部诱因共同驱动的，这些动机因素既可以是基本需求的满足，也可以是对成就、认同、成长的追求，或是对外部强化物的响应。根据这一理论，人的行为是为了满足自身的某种需求或实现某种期望，当需求得到满足或期望得以实现时，个体就会感到满足和愉悦，从而增强相应的行为动机；反之，如果需求得不到满足或期望落空，个体就会感到不满和沮丧，导致行为动机减弱。

根据行为动机理论，按照激励的来源不同，可以将激励分为内在激励和外在激励。其中，内在激励是工作本身带来的乐趣和满足感，是代理人的内心感受，包括价值感、尊重感等，是工作动力的持续性来源，用于满足高层次需要。外在激励是完成任务后获得奖酬的预期，是对个人劳动的回报与补偿，用于满足低层次需要。外在激励通过内在激励起作用。

图 2.4 揭示了工作本身的特征带来乐趣和满足感的机理。

从图 2.4 可以看出，工作的自主性有利于增强员工对工作的可控性，进而增强员工的责任感；工作任务的重要性有利于赋予员工使命感，从而激发更高的工作热情；工作任务的完整性有利于员工感受到工作任务的重要性，理解工作的意义和目标，增强方向感和成就感；工作任务所需要的技能的多样性能够使工作内

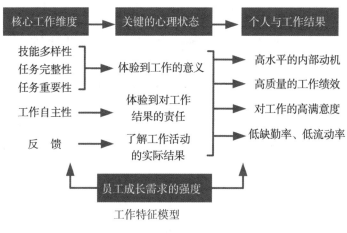

图 2.4　工作特征模型图

资料来源：斯蒂芬·罗宾斯（Stepen P. Robbins），蒂莫西·贾奇（Timothy A. Judge）. 组织行为学（第 18 版）[M]. 孙健敏，等，译. 北京：中国人民大学出版社，2008：213.

容更加丰富，同时使工作更具有挑战性，有利于减少单调重复带来的厌倦感，提升员工的工作兴趣，从而增强工作满意度和内在工作动力。上述这些，都有利于员工体验到工作的意义，增强工作的责任感，进而激发更高水平的工作动机，提高工作的满意度，最终提高工作绩效。

在绩效管理中，行为动机理论有助于管理者理解员工行为背后的动因，从而制定出有针对性的激励措施，充分调动员工的积极性和创造性。

八、成就动机理论

成就动机理论最早由美国心理学家戴维·麦克莱兰（David McClelland）提出，关注的是个体追求成功和避免失败的内在驱动力。该理论认为，人们都有追求成功的渴望，同时也存在对失败的担忧和恐惧。这两种力量相互作用，共同影响着个体的行为选择和努力程度。当个体对成功的期望较高时，他们会更加努力地追求目标，克服困难和挑战；而当个体对失败的担忧较重时，他们可能会产生焦虑和压力，甚至回避那些具有挑战性的任务。

此外，成就动机理论还涉及个体对成功和失败归因的解释。个体往往会根据自己的能力和努力程度来解释成功和失败的原因，这些归因方式会影响他们的自信心和行为动机。例如，将成功归因于自己的能力和努力，会增强个体的自信心和成就动机；而将失败归因于外部因素或不可控因素，则可能减轻个体的自责和焦虑。

在绩效管理中，成就动机理论提示管理者要设置明确、具有适度挑战性的目标，并提供实时反馈，鼓励员工追求卓越和自我超越，以此激发他们的内在成就动机，提高工作绩效。

📝 微案例2.2

绩效主义毁了索尼

2006年索尼公司迎来了创业60年。过去它像钻石一样晶莹璀璨，而今却变得满身污垢、黯淡无光。因笔记本电脑锂电池着火事故，世界上使用索尼产锂电池的约960万台笔记本电脑被召回，估计更换电池的费用将达510亿日元。

PS3游戏机曾被视为索尼的"救星"，在上市当天就销售一空。但因为关键部件批量生产的速度跟不上，索尼被迫控制整机的生产数量。PS3是尖端产品，生产成本也很高，据说卖一台索尼就亏3.5万日元。据索尼的销售部门预计，2007年3月进行年度结算时，游戏机部门的经营亏损将达2000亿日元。

多数人觉察到索尼不正常恐怕是在2003年春天。当时据索尼公布，一个季度就出现约1000亿日元的亏损。市场上甚至出现了"索尼冲击"，索尼公司股票连续两天跌停。坦率地说，作为索尼的旧员工，我当时也感到震惊。但回过头来仔细想想，从发生"索尼冲击"的两年前开始，公司内的气氛就已经不正常了。身心疲惫的职工急剧增加。回想起来，索尼是长期内不知不觉慢慢地退化的。

"激情集团"消失了

我是1964年以设计人员的身份进入索尼的。因半导体收音机和录音机的普及，索尼那时实现了奇迹般的发展。当时企业的规模还不是很大，但是

"索尼神话"受到了社会的普遍关注。从进入公司到 2006 年离开公司，我在索尼愉快地送走了 40 年的岁月。

进入公司第二年，奉井深大总经理的指示，我到东北大学进修。其间我提出了把天线小型化的理论并因此获得了工学博士学位。其后我带领项目小组，参与了 CD 技术以及上市后立即占据市场头把交椅的商用电脑的开发工作，最近几年还参加了机器狗"爱宝"的开发工作。

我 46 岁就当上了索尼公司的董事，后来成为常务董事。因此，对索尼近年来发生的事情，我感到自己也有很大责任。伟大的创业者井深大的影响为什么如今在索尼荡然无存了呢？索尼的辉煌时代与今天有什么区别呢？

首先，"激情集团"不存在了。所谓"激情集团"，是指我参与开发 CD 技术时期，公司中那些不知疲倦、全身心投入开发的集体。在创业初期，这样的"激情集团"接连不断地开发出了具有独创性的产品。我认为，索尼当初之所以能做到这一点，是因为有井深的领导。

井深最让人佩服的一点是，他能点燃技术开发人员心中之火，让他们变成为技术献身的"狂人"。在刚刚进入公司时，我曾和井深进行激烈争论。井深对新人并不是采取高压态度，他尊重我的意见。

为了不辜负他对我的信任，我当年也同样潜心于研发工作。比我进公司更早，也受到井深影响的那些人，在井深退出第一线后的很长一段时间，仍以井深的作风影响着全公司。当这些人不在了，索尼也就开始逐渐衰败。

从事技术开发的团体进入开发的忘我状态时，就成了"激情集团"。要进入这种状态，其中最重要的条件就是"基于自发的动机"的行动。比如"想通过自己的努力开发机器人"，就是一种发自自身的冲动。

与此相反就是"外部的动机"，比如想赚钱、升职或出名，即想得到来自外部回报的心理状态。如果没有发自内心的热情，而是出于"想赚钱或升职"的世俗动机，那是无法成为"开发狂人"的。

"挑战精神"消失了

今天的索尼职工好像没有了自发的动机。为什么呢？我认为是因为实行了绩效主义。绩效主义就是："业务成果和金钱报酬直接挂钩，职工是为了拿到更多报酬而努力工作。"如果外在的动机增强，那么自发的动机就会受到抑制。

如果总是说"你努力干我就给你加工资"，那么以工作为乐趣这种内在的意识就会受到抑制。从 1995 年左右开始，索尼公司逐渐实行绩效主义，成立了专门机构，制定非常详细的评价标准，并根据对每个人的评价确定报酬。

但是井深的想法与绩效主义恰恰相反，他有一句口头禅："工作的报酬是工作。"就是说，如果你干了件受到好评的工作，下次你还可以再干更好、更有意思的工作。在井深的时代，许多人是为追求工作的乐趣而埋头苦干。

但是，因实行绩效主义，职工逐渐失去工作热情。在这种情况下是无法产生"激情集团"的。为衡量业绩，首先必须把各种工作要素量化。但是工作是无法简单量化的。公司为统计业绩，花费了大量的精力和时间，而在真正的工作上却敷衍了事，出现了本末倒置的倾向。

因为要考核业绩，几乎所有人都提出容易实现的低目标，可以说索尼精神的核心即"挑战精神"消失了。因实行绩效主义，索尼公司内追求眼前利益的风气蔓延。这样一来，短期内难见效益的工作，比如产品质量检验以及"老化处理"工序都受到轻视。

"老化处理"是保证电池质量的工序之一。电池制造出来之后不能立刻出厂，需要放置一段时间，再通过检查剔出不合格产品。这就是"老化处理"。至于"老化处理"程序上的问题是否是上面提到的锂电池着火事故的直接原因，现在尚无法下结论。但我想指出的是，不管是什么样的企业，只要实行绩效主义，一些扎实细致的工作就容易被忽视。

索尼公司不仅对每个人进行考核，还对每个业务部门进行经济考核，由此决定整个业务部门的报酬。最后导致的结果是，业务部门相互拆台，都想方设法从公司的整体利益中为本部门多捞取好处。

团队精神消失了

2004 年 2 月底，我在美国见到了"涌流理论"的代表人物奇凯岑特米哈伊教授，并聆听了他的讲演。讲演一开始，大屏幕上放映的一段话是我自进入索尼公司以来多次读过的，只不过被译成了英文。

　　"建立公司的目的：建设理想的工厂，在这个工厂里，应该有自由、豁达、愉快的气氛，让每个认真工作的技术人员最大限度地发挥技能。"这正是索尼公司的创立宗旨。索尼公司失去活力，就是因为实行了绩效主义。

　　没有想到，我是在绩效主义的发源地美国，聆听用索尼的创建宗旨来否定绩效主义的"涌流理论"。这使我深受触动。绩效主义企图把人的能力量化，以此做出客观、公正的评价。但我认为事实上做不到。它的最大弊端是搞坏了公司内的气氛。上司不把部下当有感情的人看待，而是一切都看指标、用"评价的目光"审视部下。

　　不久前我在整理藏书时翻出一封令我感慨不已的信稿。那是我为开发天线到东北大学进修时，给上司写信打的草稿。有一次我逃学跑去滑雪，刚好赶上索尼公司的部长来学校视察。我写那封信是为了向部长道歉。

　　实际上，在我身上不止一次发生过那类事情，但我从来没有受到上司的斥责。虽然这与我取得了研究成果有关，但我认为最根本的是他们信任我。上司相信，虽然我贪玩，但对研究工作非常认真。当时我的上司不是用"评价的眼光"看我，而是把我当成自己的孩子。对企业员工来说，需要的就是这种温情和信任。

　　过去在一些日本企业，即便部下做得有点出格，上司也不那么苛求，工作失败了也敢于为部下承担责任。另外，尽管部下在喝酒的时候说上司的坏话，但在实际工作中仍非常支持上司。后来强化了管理，实行了看上去很合理的评价制度。于是大家都极力逃避责任。这样一来就不可能有团队精神。

　　　　（资料来源：《牛津管理评论》（作者：索尼前常务董事　天外伺郎））

第三节　系统管理理论

一、系统基本概念

系统是由要素按照特定的结构组合而成的具有一定功能的有机整体。功能是系统所能够发挥的作用，是系统存在的理由。构成系统的要素可以是物质、能量、信息或者人员等，还可以是一道工序（节点）或一个管理环节，或者是各类要素的混合，它们之间通过一定的结构和规则进行连接和协调，以实现系统的整体目标。

结构指系统中各要素的组织形式，即各要素相互联系的形式，换句话说，系统的结构指的是系统内各要素组合的关系或集合，即系统内部各组成要素之间在空间和时间方面有机联系与相互作用的方式和秩序。系统的性质并非简单地由要素决定，更重要的是由要素排列组合而形成的有序结构决定的。

机制是指系统内部要素间的耦合关系与作用机理，是系统运行的内在逻辑，即如何从特定的结构产生特定的功能或行为。静态机制是指要素之间的相互关联和结构方式，动态机制是指要素之间的作用关系和运行功能。静态机制关注的是系统结构本身，即各部分是如何组合在一起从而形成了一个整体，在管理系统中，这包括组织结构、职责分配、资源布局等。比如，组织架构图展示的通常就是不同部门的设置及其相互关系，决定了信息流动的路径、决策权的分布，这就是组织管理的静态机制。而动态机制则涉及这些结构要素如何互动以响应外部刺激或内部变化，实现系统的功能和目标。比如，面对一项生产任务，各部门相互之间如何进行信息沟通、资源调动、履行职责、进行生产最后高效地完成生产任务的过程，就是动态机制的体现。机制是结构派生功能的内在原因。①

在管理中，制度通常是明文规定的行为规则，而机制则是制度运行的内在机理；制度通常是机制的外在形式，而机制才是制度的核心内涵；制度通过机制起作用。

系统具有整体性、层次性、动态性、开放性、自组织性等特点，能够适应环境变化，实现自我调节和优化。整体性指系统作为一个整体，其性能和功能不是各部分的简单相加，而是各部分相互作用的结果。层次性指大的系统可以逐层细分为若干小系统，是由小的系统组合而成的。动态性指系统随时间发生变化，不断适应外部环境的变化。开放性则指系统与外部环境进行物质、能量和信息的交

---

① 郝英奇. 组织管理的动力机制（第一版）[M]. 北京：经济科学出版社，2010.

换，从而保持系统的活力和适应性。

在绩效管理领域，我们可以将组织视为一个复杂的系统，系统的基本组成部分包括人员、物资、信息、技术等元素，它们通过特定的组织结构、流程和规则联结在一起，相互作用，共同影响组织的绩效表现。因此，运用系统管理理论来指导绩效管理实践，有助于我们更全面地理解绩效管理的本质和规律，提高绩效管理的效果。同时，绩效管理体系本身也是一个由不同绩效管理要素、流程和方法相互关联、相互作用构成的系统。这些要素包括绩效目标设定、绩效评估、绩效反馈、绩效改进等，它们共同构成一个完整的绩效管理系统。

二、系统的特征

系统具有以下显著特征：

1. 整体性

系统的整体性，主要体现在各子系统的分工与协调，从而发挥出系统的整体功能。由于系统是由要素集和关系集（即结构）共同构成的统一的整体，因此，要素间的相互关系也即要素组合的结构与要素本身一样重要，不可忽略。换句话说，系统的性能和功能并不是各部分的简单相加，而是整体协同作用的结果。要素通过结构形成系统，系统通过结构支配要素。系统功能与要素结构有序性之间的关系通常被称为系统的结构效应。

系统的结构可以分为静态结构与动态结构。其中，系统的静态结构决定于各要素的相对位置，如机构设置、职责划分；动态结构决定于各要素的相互作用方式，如不同人员之间的信息交流及其作用方式。

系统的功能指系统具有的能力和可以达到的作用，表征的是系统的潜力。系统实际发挥出来的功能和实际起到的作用称为功效。静态结构决定功能，是功效的前提和基础。构建管理体系，首先要对各子系统（要素）的责任进行分解，厘清体系中各要素的位置。比如，在管理体系中，物体或人员一般为管理的主体和管理对象，因此是系统的静态要素；管理工序和管理环节一般是管理的过程和方式，因此是系统的动态要素。静态要素主要是要素所处的位置，动态要素主要是在物质、精神、信息交换的过程中交换关系和交换链中所处的位置。系统要发挥出它所具有的功能，起到它应有的作用，通常还需要动力，而系统的动态要素就是系统动力的传输媒介。因此，系统要素、结构、动力、功能、功效之间的关系可以表示为以下形式：

$$静态要素 + 结构（静态结构） = 系统功能$$

$$系统功能 + 动力（动态结构） = 系统功效$$

动态结构是静态结构的延伸，决定系统的动态功能。动态功能是系统的目标。因此，动态结构是系统的关键。构建管理体系，必须在静态结构的基础上，设计好动态结构，最终形成动力机制。比如，在各种管理体系中，管理人员无疑是这个体系中最具有能动性、创造性的要素，但是管理人员之间的相互作用关系，也就是要素之间的结构对于系统功能来说则同样至关重要。而管理人员之间的相互作用关系则主要是由以下几方面因素决定的：第一，组织架构与职责分工；第二；管理流程与管理标准；第三，激励与约束机制。在这个系统中，管理人员是系统中的要素；组织架构与职责分工以及管理流程与管理标准共同决定了管理人员之间的静态的相互作用关系，是系统结构。因此，从理论上来说，当人员及其职责分工明确后，这个系统就具有了相应的功能，如果大家能够各司其职、各负其责，就可以完成相应的任务了。但实际上往往还不能，因为这时的系统还缺少运行的动力，而激励与约束机制的作用就是为这个系统提供动力。

激励与约束机制设计得越好，这个系统的动力往往就越充足，系统运行就越高效，系统既定功能就越能够充分发挥，从而形成相应功效。因此，从这个意义上来说，组织架构与职责分工以及管理流程与管理标准决定了管理系统的功能，关系着管理系统的设计是否正确；而激励与约束机制则决定了管理系统的运行动力，关系着管理系统设计的优劣。正因为如此，欧洲著名管理学家马利克认为，管理正确和错误的评判依据是效能，而好与不好的区分依据则是效率，[1] 见表2.2。

---

① ［奥］弗雷德蒙德·马利克 . 管理技艺之精髓 ［M］. 刘斌，译 . 北京：机械工业出版社，2011.

表 2.2 正确的管理与错误的管理的区别

		效 能	
		正 确	错 误
效率	好	正确的管理得到了正确的执行，可以创造效能和效率	错误的管理得到了正确的执行，即错误的管理理念被坚决、彻底、有力量地推广实施，者往往会造成可怕的灾难性后果
	不好	正确的管理也有可能由于错误的执行而失去了效率。这虽然很遗憾，但至少总比错误的管理得到了正确的执行所造成的负面影响要小得多	错误的管理被错误地执行，这种情况的后果就无需赘述了

2. 层次性

系统的层次性是指一个系统可以细分成若干个小的子系统，子系统嵌套在大系统中，是构成大系统的要素；而子系统本身又可以进一步细分为更小的系统，是由更小的要素构成的。系统的每个层级都有其特定的功能和作用，它们之间相互联系、相互制约，共同构成系统的整体。

大系统有时又被称为体系，或者被称为复杂巨系统。体系是一定范围内或同类的事物按照一定的秩序和内部联系组合而成的整体，是不同系统组成的系统。可见，体系本质上就是系统。

3. 动态性

系统的动态性主要包括两个方面的含义，一方面，系统功效是系统的动态特征；另一方面，系统是动态变化的过程，其结构和功能会随着时间、环境和条件的变化而发生变化，具有适应性和进化性。系统的动态适应性越强，系统的生命力越强。系统动态变化的过程称为系统演化。系统演化的方向既可能是优化，有利于更好地发挥其功能；也有可能是劣化，不利于更好地发挥其功能。

4. 开放性

系统与环境之间存在物质、能量和信息的交换，这使得系统能够不断适应外部环境的变化，保持自身的稳定性和发展性。

5. 自组织性

自组织性就是在系统状态发生异常时，在没有外部干预的情况下，管理机构和系统内部各子系统能够按某种原则自行或联合有关子系统采取措施，以应对新的情况。系统的自组织能力决定了系统的适应性。适应能力是指人们通过共同行动在社会—生态系统中构建弹性的一种能力，脆弱的社会—生态系统是指失去了弹性的系统。失去弹性也就意味着失去了适应能力。因此，自适应能力是衡量组织优劣的一成不变的原则。① 在系统的自组织性中，系统的鲁棒性指系统经受干扰后恢复原状所需要的时间，考察的是系统在承受变化压力的过程中吸收干扰、进行结构调整，以保持系统功能不发生根本性变化的一种能力。系统的自组织性要求系统采用开放的系统结构，有充分的信息保障，各系统之间能够形成良好的协调关系。管理系统的自组织通常是沿着有利于组织利益的方向进行的内部结构调整从而达到稳定态的过程，以适应外部环境的过程。这里的外部环境包括制度环境、任务环境等。

为了增强组织的适应能力，不少企业进行了有益的探索。比如，稻盛和夫为了增强京瓷集团的适应能力，创造了阿米巴经营模式。阿米巴经营之所以具有很强的自适应能力，关键在于三个方面的措施②：措施一是采用了单位时间核算制。这一措施让每个阿米巴能够清晰地了解自己在单位时间内创造的附加值，从而迅速识别效率高低，促使团队快速调整工作方法，提高生产或服务效率，对市场变化作出敏捷反应。措施二是每个阿米巴相互独立地进行核算。这个措施把每个阿米巴变为相对独立的经营主体，自主决策，从而提高了整个组织的灵活性和适应性。第三项措施是阿米巴之间相互核算的价格与市场挂钩，根据市场变化及时调整，从而促使各个阿米巴不断寻求成本降低和价值提升的途径，以快速响应市场变化，调整资源配置，保持竞争力。

再比如，为了增强碧桂园的适应能力，从 2011 年至 2016 年，碧桂园进行了类似的划小经营单元的工作。2010 年 7 月，莫斌出任碧桂园总裁，在杨国强主席的授权下，展开了一场全面的管理架构变革，以提升运营效率。从那时开始，碧

---

① ［美］吉尔里·A. 拉姆勒（Geary A. Rummler），艾伦·P. 布拉奇（Alan P. Brache）. 绩效改进［M］. 朱美琴，彭雅瑞，译. 北京：机械工业出版社，2005.

② ［日］稻盛和夫. 阿米巴经营［M］. 曹岫云，译. 北京：中国大百科全书出版社，2021.

桂园集团开始不断授权给区域，下放职能，促进区域实体化，帮扶落后区域，把一个碧桂园划小为 10 个"小碧桂园"，每个区域开始成为碧桂园旗下的"小王国"，自成一体。区域总裁被称为"小国王"，评判他们功绩的是区域的销售业绩。放权让区域更有活力，让区域感受到了自主运转的甜头，使碧桂园的适应性大大增强，成为企业成倍增长的内在驱动力量。如表 2.3 所示，经过几年的快速发展，2016 年，碧桂园实现 3088.4 亿元的销售额。①

表 2.3　　　　　　　　　**碧桂园 2010—2015 年的销售额**

年度	销售额（亿元）	年度	销售额（亿元）
2011	423	2014	1288
2012	476	2015	1402
2013	1060	2016	3088

三、系统的演化

系统的演化是指系统从一种状态向另一种状态转变的过程。这种演化可能是自发的，也可能是受到外部因素的驱动。在系统的演化过程中，可能会出现新的要素、结构和功能，也可能会有旧的要素和结构被淘汰或替代。

系统的进化，一方面靠系统要素的进化，另一方面靠系统要素结构的进化。对于管理系统来说，进化的前提是系统具有自组织的能力。进化的途径有两个：一是要素选择与进化；二是通过对要素进行自组织，优化结构，从而完成进化。如果该系统没有自组织能力，那么该系统只有适应行为，没有进化行为。

在组织管理中，系统演化表现为组织结构调整、业务流程再造、技术创新和战略变革等形式。系统演化受到内部创新力、外部竞争压力、环境变化和资源约束等因素的影响。

对于绩效管理而言，系统的演化意味着绩效管理理念、方法和工具的不断更新和升级。随着组织的发展和市场环境的变化，绩效管理需要不断地适应新的需

---

①　陈春花．激活组织［M］．北京：机械工业出版社，2022.

求和挑战，通过引入新的理念和方法，优化绩效管理的流程和机制，以提高组织的绩效水平。

四、系统的动力

系统动力是指维持系统运行、推动系统发生变化以及决定系统发展方向的力量。可见，对于系统而言，动力的作用主要包括两个方面：一是维持系统运行，保障系统功能的发挥；二是促进系统演化，保障系统的适应性。动力机制是体系正常运转的关键。在动力缺失的情况下，系统中的每个要素、每个环节都有劣化的趋势。

系统中的动力包括物质动力、精神动力和信息动力。其中，物质动力是由物质形成的动力。物质是人生存和发展的基本需求，是生产系统运行的基本输入，是系统运行的基础。精神动力是人的根本动力。信息动力是由信息形成的动力。信息是各要素之间联系的纽带，是精神动力的直接激发媒介。

在管理体系中，动力的来源是个人，体系运行的动力是由个人汇聚而成的。因此，体系动力机制设计的核心就是汇聚个人力量，而汇聚个人力量的方法就是将组织目标与个人目标协调一致，发掘员工的进取动力。鉴于动力在绩效管理中的重要作用，因此，罗塞特认为，下列4种因素往往会成为绩效成功的最大障碍：① ①技术、知识和信息的缺乏；②有缺陷的激励机制；③有缺陷的环境、工具和流程；④动机的缺乏。他还认为，动力是"刺激绩效'增长'的决定性因素"。

第四节　信息与控制理论

一、信息的概念

信息是传达和表达的内容或数据，是人或事物发出的消息、指令、数据、符

---

① ［美］达琳·M. 范·提姆，詹姆斯·L. 莫斯利，琼·C. 迪辛格 . 绩效改进基础 ［M］. 易虹，姚苏阳，译 . 北京：中信出版社，2013.

号等所包含的意义。信息的传递需要以下三个条件：

第一，信息源。信息要进行保存和传递，必须经过变换，成为一定形式的信号。不同形式的信号特点不同，传递途径和传递能力也大不一样。

第二，接受者。信息接受者越多，显然发挥的作用就越大。

第三，传递通道。一条信息通道在单位时间内可以传递的最大信息量称为通道容量。

二、信息的作用

信息的作用是消除不确定性，是主体与客体之间的桥梁，是人们认识和改造世界的基础。通过接收、处理和解读信息，人们可以获取新的知识、更新旧的认识，以及作出决策和采取行动。

信息在系统中扮演着至关重要的角色，它是连接系统各部分的关键纽带。系统究竟是靠什么把部分协调起来，形成一个有机的整体呢？既不是物质，也不是能量，而是信息。任何系统必须获得一定的信息并具有一定的信息交流才可能组织起来，而"任何组织所以能保持自身的内稳定性，是由于它具有取得、使用、保持和传递信息的方法"。信息是管理体系的精髓。信息的获取、处理、存储和传递构成了系统内部和外部交流的基础，通过信息的有效管理，组织能够实现资源优化、效率提升和目标达成。系统的组织程度越高，信息就越丰富，信息交流的方式也就越复杂。

三、信息与控制原理

人们根据一定目的，在事物发展过程中施加一定约束，使事物沿着可能性空间内某种特定的方向发展，就是控制。控制的实质是在可能性空间中进行选择的过程。每施加一次控制，事物发展的可能性空间就会相应地缩小一些。施加的控制越多，事物发展的可能性空间就越小。可能性空间缩得越小，也就意味着控制的能力越强。1916 年，法国管理学家亨利·法约尔在《工业管理与一般管理》中提出了管理的五项基本职能，包括计划、组织、指挥、协调和控制，其中就将控制作为管理的基本职能之一。著名管理学家马利克认为，① 控制论是管理的基础，因为它是一门涵盖了规范、调节、控制、发展，以及对某一系统，特别是目的导向型高端复杂系统进行控制的综合科学。因此，从系统复杂性的角度出发，无论本人愿意与否，是否知道，每个管理者其实都应当是一位控制论专家，充当起一个掌舵人的角色。他认为，作为管理者所承担的五项基本任务分别是：满足目标所需、组织、决策、控制、对人的培养和发展。可见控制在管理中的重要地位。

那么，信息与控制有什么关系呢？在《人有人的用处》一书中，维纳这样解释：当我去控制别人的行动时，我得给他通个消息，尽管这个消息是命令式的，但其发送的技术与报道事实的技术并无不同。何况，如果要使我的控制有效，我就必须审查来自他那边的消息，这些消息表明命令是否被理解和是否被执行。② 这里所说的向管理对象通报消息其实就是反馈。反馈又称回馈，指把系统的输出返回到输入端进而以某种方式改变输入、影响系统功能的过程。反馈是控制的重要条件。任何系统只有通过反馈才能实现控制，没有反馈，就谈不上控制。

反馈分为正反馈和负反馈。正反馈是指输出对输入起到正向作用，从而使系统偏差不断增大的过程。负反馈是指输出对输入起到反向作用，从而使系统偏差不断减小的过程。在员工落实措施不到位的时候，如果能得到及时制止或者受到相应的惩罚，这就是负反馈，员工的违规行为就会有所收敛；如果得不到及时制止，或者得到现场管理人员的默许甚至表扬，这就是正反馈，员工的违规行为就会得到强化。

负反馈调节机制包含两个环节：第一，系统一旦出现目标差，便自动出现某种减少目标差的反应；第二，减少目标差的（管理）调节要一次一次地发挥作用，使得对目标的逼近能积累起来。这个意思是说，负反馈调节机制通常需要在多次控制的过程中，才能起到比较好的效果，形成控制的积累效应，从而最终达到目标。单凭一次的控制，难以达到理想的管控效果。反馈又分为低级反馈（简

---

① ［奥］弗雷德蒙德·马利克. 管理技艺之精髓［M］. 刘斌，译. 北京：机械工业出版社，2011.

② ［美］维纳（Norbert Wiener）. 人有人的用处——控制论与社会［M］. 陈步，译. 北京：北京大学出版社，2010.

单反馈）与高级反馈。低级反馈是作用于直接导致结果的简单的动作反馈，而高级反馈则是与后果相关的系统策略的调整。① 在各种管理体系中，低级反馈通常被称为"纠正"，高级反馈通常被称为"预防"。比如，某个企业的产品合格率突然下降，经过调查发现，问题主要是由于新进的一批原材料质量不达标导致的。对于这个问题，可以只采取纠正措施，比如立即停止使用这批原材料，对已生产的不合格产品进行返工或报废处理，同时对供应商进行质量警告或更换供应商，确保当前批次的问题产品不再流入市场。同时，对于这个问题，还可以采取更加系统性的措施，比如在供应链管理中引入以下措施：建立更严格的供应商准入与评价体系，定期对供应商进行质量审计；引入原材料入库前的抽检机制，确保每批材料都符合质量标准等。这些措施都是为了预防未来可能出现的类似问题，属于高级反馈，即预防。

从维纳的著作中还可以看出，信息是反馈的形式，是控制的根据。控制是通过"监督"和"纠偏"来实现的，这就要求控制系统具有良好的信息系统，一方面可以用于预警，一方面有利于发现探查出"偏差"产生的原因。因此，要实施有效的控制，首先就要有合适的可观察变量，有足够的反馈信息。观察变量越多，反馈信息越充分，对输出偏差的测量才能越准确，控制的精度才能越高。与此同时，信息也是实施控制的重要手段。有效的控制，不仅需要有一定的可观察变量，还需要一定的可控制变量，而信息则是重要的可控制变量。显然，可控制变量越多，控制能力通常也就越强。在绩效管理的设定目标、绩效评价、比较偏差、绩效改进的整个过程中，信息起到了衡量基准、发现问题和指导行动的作用。

反馈在绩效管理中的重要作用还体现在信息是员工用于自我评估和自我引导的工具。正因如此，德鲁克指出，要求工作者负责任的一个先决条件是对其绩效提出反馈信息。责任要求自我控制，而自我控制则要求获取绩效的连续信息。在图2.5中，拉姆勒给出了对于绩效反馈的几个原则②：相关、准确、及时、具体

---

① ［美］维纳（Norbert Wiener）. 人有人的用处——控制论与社会［M］. 陈步，译. 北京：北京大学出版社，2010.

② ［美］吉尔里·A·拉姆勒（Geary A. Rummler），艾伦·P·布拉奇（Alan P. Brache）. 绩效改进［M］. 朱美琴，彭雅瑞，译. 北京：机械工业出版社，2005.

和易于理解。

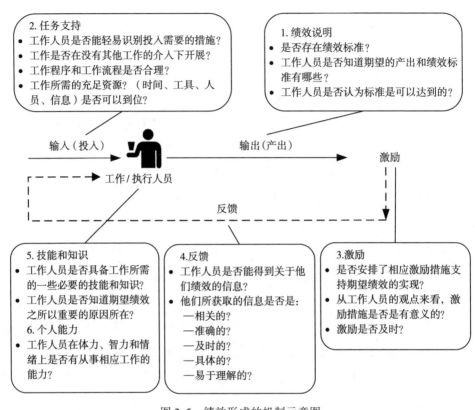

图 2.5 绩效形成的机制示意图

这些原则揭示了有效的绩效反馈的要点，即及时、连续、具体。

第五节 资源基础理论

一、资源基础理论的主要观点

资源基础理论强调组织内部资源对于竞争优势的重要性。该理论认为，组织的竞争优势来源于其内部独特且有价值的资源，这些资源是组织在市场中取得成功的关键。资源基础理论将资源划分为不同的类型，包括有形资源（如物质资产和设备）和无形资源（如技术、品牌、组织文化和人力资源等）。通过有效管理和开发这些资源，组织能够创造出可持续的竞争优势。

二、资源对绩效管理的作用

在绩效管理中，资源基础理论提醒我们关注组织内部资源的配置和利用效率，通过合理配置和优化使用这些资源提升组织整体绩效。有效的绩效管理需要充分利用组织的资源，包括人力资源、技术资源、财务资源等，以实现绩效目标。同时，绩效管理不仅要关注短期的业绩指标，还要着眼长远，关注资源的开发和培养，以确保组织在未来能够持续获得竞争优势。

具体来说，资源基础理论在绩效管理中的应用体现在以下几个方面：首先，通过识别和评估组织的内部资源，确定哪些资源对绩效目标的实现具有关键作用。其次，制定资源管理策略，包括资源的获取、配置、开发和保护等，以确保资源的有效利用。对此，德鲁克认为，每隔 3 年，组织都应该针对每一个产品、服务、政策和销售渠道提出以下质疑：如果我们没有进入这个行业，现在还会进入吗？这种质疑可以让组织清楚自己处在什么样的环境中。在德鲁克先生看来，没有系统化和有目的的放弃，组织就会疲于奔命，就会把最好的资源浪费在它不应该再做的事情上。最后，通过绩效评估和反馈机制，不断优化资源配置和利用效率，提升组织的整体绩效水平。

第三章 绩效管理体系

第一节 绩效管理体系构建

一、绩效管理体系的要素

绩效管理体系的构成要素主要包括绩效管理主体、绩效管理客体、绩效管理目标、绩效管理方法。

（1）绩效管理主体。绩效管理主体是指负责绩效管理体系的设计、运行、监督和改进，并对绩效管理效果负责的团队，通常由组织的高级管理层、相关职能部门（人力资源部门、企业经营管理部门或组织中其他承担类似管理职责的职能部门）、直线经理等构成。在绩效管理体系的策划阶段，绩效管理团队承担着设计绩效评价体系、设计绩效激励机制、设计绩效管理政策等职责。在绩效管理体系的运行阶段，绩效管理团队需要及时解答组织内利益相关者提出的各种问题，定期组织绩效评估，并为各级管理对象实施绩效管理提供技术指导、技术支持和技术帮助。同时，绩效管理团队还要随时监测和评估绩效管理体系的运行情况，及时识别各种问题并提出相应的解决方案，确保绩效管理体系沿着预定的方向发展，达到预期目标。

（2）绩效管理客体。绩效管理客体是指绩效管理的对象，具体包括在绩效管理过程中组织内部的绩效创造部门、团队乃至员工。确定绩效管理对象，关键是确定绩效管理的深度，或者说，关键是要确定绩效管理需要深入到哪一级组织单元。绩效管理的深度越深，绩效管理体系通常就越复杂，绩效管理团队在体系构建和运行过程中的工作量往往就越大；反之，绩效管理的深度越浅，绩效管理体系通常就越简单，绩效管理团队在体系构建和运行过程中的工作量往往就越小，但与此同时，也就相当于有一部分影响绩效的管理对象游离在绩效管理体系之外，没有得到有效管理。由于员工是绩效的最终创造者，因此，要想取得比较理想的绩效结果，绩效管理体系就应该深入到员工层面，以员工绩效为绩效管理的最终落脚点。

（3）绩效管理目标。绩效管理目标指的是通过实施绩效管理期望达到的目标。实施绩效管理的目标通常包括以下几种情况：一是实现组织在某一阶段的战略目标；二是实现某项具体工作任务的预期目标；三是增强组织的绩效能力。其中，前两个目标的期限通常都相对较短，可以认为是短期目标，例如市场份额增长、产品质量提升、成本降低等。第三个目标通常并没有明显的时间界限，是组织为了在未来的发展和竞争中获得优势的追求。当然，在实施绩效管理体系时，组织也可能会在远期目标、中期目标和近期目标之间寻求一种平衡，对此，华为CEO任正非形象地称之为"田里有稻，仓里有米，锅里有饭"。因此，实施绩效管理体系时，首先就要明确通过绩效管理要达到什么样的目标，这是整个绩效管理体系设计的指南针。

（4）绩效管理方法。绩效管理方法涵盖了绩效管理全过程的一系列操作和技术手段，包括每个绩效管理周期内各部门、团队、个人的绩效目标的设置程序和方法，绩效评价指标遴选和确定的程序和方法，绩效评价的程序和方法，绩效辅导与绩效改进的程序和方法，以及绩效激励与约束的方法与手段等。

二、绩效管理体系的结构

系统的结构是指系统各组成要素之间相互关联、相互作用的规则和方式。绩效管理体系是绩效管理主体、绩效管理客体、绩效管理目标和绩效管理方法这四个要素相互关联、相互支撑所形成的有机整体，这些要素在绩效管理体系中扮演着不同的角色，共同构成了绩效管理体系框架。因此，该体系的结构就是这四个要素相互关联、相互作用的规则和方式。

在绩效管理体系的四个构成要素中，绩效管理主体和绩效管理客体是绩效管理体系中的实体生产要素，绩效管理目标和绩效管理方法是将这两个实体要素联系起来的带有中介性质的管理要素，决定了绩效管理主体与绩效管理客体之间相互影响、相互作用的方式。其中：

绩效管理主体在绩效管理体系中发挥着主导作用，需要全面考虑绩效管理体系的构建和运行，确保绩效管理体系的有效性和高效性，通过制定绩效评价体系、设计绩效激励机制和绩效管理政策等方式，为绩效管理体系的顺利运行提供有力保障。

绩效管理客体包括组织内部的绩效创造部门、团队乃至员工，是绩效管理体系的焦点和落脚点。绩效管理客体通过参与绩效评价、接受绩效辅导和绩效改进等方式，不断提升绩效水平，增强绩效能力，进而推动组织整体绩效的提升。

绩效管理目标是整个绩效管理体系的核心指引，它决定了绩效管理活动的方向和重点，为绩效管理主体与绩效管理客体之间相互影响、相互作用的关系提供了导向。通过明确绩效管理目标，组织可以清晰地了解绩效管理体系所期望达到的效果，从而为绩效管理体系的构建和运行提供方向。

绩效管理方法则在绩效管理目标提供导向的基础上，进一步为绩效管理主体与绩效管理客体之间相互影响、相互作用的关系提供具体规则，是绩效管理体系的关键。绩效管理方法涵盖了绩效管理全过程的一系列操作和技术手段，这些环节相互衔接、相互支持，共同构成了绩效管理体系的方法体系。

可见，在绩效管理体系中，绩效管理主体与绩效管理客体之间的互动构成了绩效管理活动的基础，绩效管理主体通过科学有效的管理方法引导和促进绩效管理客体提升绩效水平。在这个过程中，绩效管理主体根据绩效管理目标和绩效管理客体的特点，选择合适的绩效管理方法；绩效管理方法则通过具体的操作和技术手段，推动绩效管理目标的实现；绩效管理目标的实现又进一步促进了绩效管理客体的绩效提升，从而形成了绩效管理体系的良性循环。

在上述关系的框架下，绩效管理主体负责绩效管理方法的设计、实施、监督和优化，这些绩效管理方法包含特定时期内各绩效管理客体所应达到的绩效目标、度量方法、沟通方式和相应的绩效激励机制，是实现绩效管理目标的关键工具和途径。绩效管理方法从绩效目标的设定开始，包含了目标分解、度量方法（评价指标、评价实施）、沟通方式（绩效辅导、绩效反馈、绩效改进）直至绩效激励等环节，形成一个闭环的递进结构。在这个结构中，各环节紧密衔接，形成一个完整的过程循环，以保证绩效管理体系的有效运行。绩效目标的设置是整个绩效管理体系的前提和基础，绩效评价指标的遴选和确定则直接关系到绩效评价的准确性和有效性；绩效评价的实施是绩效管理的核心环节，通过科学、公正、客观的评价，可以准确反映绩效管理客体的绩效水平；绩效辅导、绩效反馈与绩效改进则是对绩效评价结果的反馈和应用，通过针对性的辅导和改进措施，帮助绩效管理客体提升绩效水平，增强绩效能力；绩效激励则为整个绩效管理体系的运行提供了动力，见图 3.1。

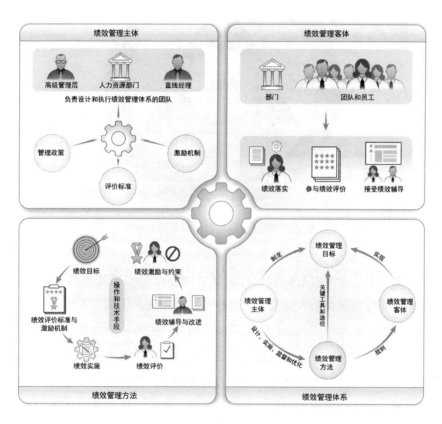

图 3.1 绩效管理体系示意图

在绩效管理方法中，激励机制的核心内容是激励管理客体达到绩效目标的办法，或者在未达到绩效目标情况下绩效管理客体所面临的不利后果。按照绩效管理主体所设计的绩效管理方法，绩效管理客体在绩效激励约束机制所形成的引力和压力共同形成的绩效政策张力的影响下，在现有平台的助力下，基于自身的内驱力，选择最有利于本人和本部门利益的行为，最大限度地接近自己的能力边界，得到相应的绩效结果，并承担对自己有利或不利的后果。上述关系可以直观地用图 3.2 表示。

图 3.2　绩效激励机制作用结构示意图

在图 3.2 中，内驱力是指管理对象发自内心想要实现某种愿望或目标的力量。这种力量往往源自个人价值观、兴趣爱好等方面，反映了人的内心追求，也是整个激励机制发挥作用的内核。在同样的引力、压力和助力下，内驱力强的人更容易释放自己的潜能，接近或达到自己的能力边界。引力是指那些吸引、引领管理对象努力的力量，通常来源于内部与外部激励。在引力的作用下，管理对象倾向于更加积极主动地投入工作，从而提高绩效水平。压力通常来源于绩效约束机制。在压力的作用下，管理对象即使内心不愿意去做某件事情，但为了避免惩罚或其他损失，往往也会去做，达到相应的绩效要求。助力是指组织通过提供资源、服务、机会等方式，为员工完成某项工作、做成某件事情、取得某项成绩创造的有利条件和绩效支持。内驱力是管理对象行动的内因，而引力、压力和助力是管理对象行动的外因。在图3.2中，能力是指管理对象的知识、技能等。在内驱力与引力、压力和助力等所形成的外力的共同作用下，管理对象只有具备相应的能力并充分发挥，才能取得相应的成果。因此，能力决定了管理对象可能达到的边界。

总之，绩效管理体系的结构是一个有机整体，各要素之间相互关联、相互作用，共同构成了绩效管理体系的完整框架。理解并把握这些要素之间的逻辑关系，对于构建和运行有效的绩效管理体系具有重要意义。

三、绩效管理制度

管理体系文件是组织建立并实施管理体系的指南。它详细描述了组织在某方面进行管理的政策、目标、过程、程序、要求以及执行步骤，为组织内部进行这方面的管理活动提供了统一的标准和操作规范。绩效管理体系是管理体系的一种，因此也需要有自己的体系文件。按照管理体系文件通常的分级方法，绩效管理体系文件可以分为以下几个层次：

第一层次：体系手册文件。体系手册位于管理体系文件结构的顶层，是组织建立和实施管理体系的基础性和纲领性文件。它如同管理的"宪法"，通常申明管理的基本原则、目的、适用范围以及整个管理体系的整体框架。体系手册中通常会包括以下几个方面的内容：

一是管理方针，以及与之配套的目标。这些方针和目标为整个管理体系提供了战略指导，并明确了组织期望达到的标准和追求的方向。

二是列出管理体系的组织结构、职责分配、过程接口等内容，勾勒出组织内各层级和部门之间的相互关系及工作流程。

三是明确管理体系所覆盖的产品和服务范围，明确管理体系的边界。

四是程序文件索引。体系手册通常会包含对下级支持性文件（如程序文件、作业指导书等）的引用和简要说明，作为整个管理体系文件架构的总览。

第二层次：程序文件。程序文件是管理体系手册的下一层级文件，它将手册中概述的原则、政策和目标进一步具体化为可操作的过程和步骤，描述了执行特定管理活动的程序，规定了各项管理活动的输入、输出、过程控制点，以及相关的职责分配，从而实现对管理中的关键过程进行控制和管理。对于绩效管理体系而言，程序文件需要就绩效管理各阶段的操作步骤和执行要求作出规定，如绩效计划制定、实施监控、辅导、评价与反馈、激励与改进等各个具体环节的操作规程。

第三层次：标准文件。标准文件是程序文件的进一步细化，详细规定了每个活动的执行标准和要求，为活动的实施提供了清晰的操作指引，确保在实际工作中能够准确地遵循管理体系的要求。标准文件通常有多种表现形式，如管理标准、评价标准、作业指导书等。通过编制标准文件和作业指导书，组织可以对每一项具体任务或工作环节进行细致的过程控制，实现标准化管理或作业，减少因个人原因导致的差异。因此，如果说程序文件主要解决的是先干什么、后干什么、谁来干的问题，那么，标准文件解决的就是每一步怎么干、干到什么程度的问题。就绩效管理体系而言，标准文件通常需要针对不同层级、部门或岗位，明确绩效目标设定的原则、评价指标的选择标准、评价周期的确定方法等具体操作指南。

管理体系文件中的体系手册、程序文件和标准文件之间层层细化的层次关系，有点类似于建筑设计中的概要设计、单体设计和施工设计之间的关系。在建筑设计中，概要设计是建筑项目的宏观规划，主要解决的是建筑的整体功能布局，比如，要建设一个住宅小区，首先需要确定的是这个地块上要布置多少栋楼，分别布置在哪里，小区内的道路怎么布置等；而接下来的单体设计则是在概要设计的基础上，对每栋楼分别进行详细设计，包括内部布局、结构细节、材料选择等。最后的施工设计是最具操作性的设计阶段，它为施工人员提供详细的施工图纸和具体施工方法，确保建筑按照设计意图精确建造。在管理体系文件中，体系手册就是管理体系的概要设计，它明确了体系的覆盖范围和总体框架；程序文件在体系手册的大框架下，分别针对某个环节制定详细的执行流程、责任分配和控制点，确保各项管理活动能够有效且有序地展开；而标准文件则详细规定了每一项管理活动的具体操作步骤、执行标准和质量要求，相当于为组织成员提供了"施工图纸"，确保每个人在进行管理作业的过程中有明确的标准和指导，从而保证工作的标准化和一致性。

第四层次：记录文件。记录文件是管理体系运行过程中各项活动完成情况的直接证据，如检查记录、审批记录、测试报告、过程监控数据等。这些记录是管理对象在工作过程中遵循相应的程序文件、执行相应的标准文件而留下的痕迹，为识别潜在问题、进行管理改进提供了可追溯的依据。通过对记录文件的分析和研究，组织可以找出管理体系中的薄弱环节，采取纠正措施和预防措施，推动持续改进的过程。在绩效管理体系中，记录文件包括但不限于绩效考核表、目标设定表、辅导记录表、反馈报告模板等。

　　体系文件之间的层次结构如图 3.3 所示。

图 3.3　管理体系文件层次结构示意图

　　在国内，出于习惯做法，很多组织是使用管理制度的形式来明确管理方法的。这种管理制度通常会将某项工作的程序文件和标准文件内容直接融在一起，放入制度文件中，并以某某管理制度、某某管理办法、某某管理细则等方式进行命名。这样做的优点是将相关的程序文件和标准文件融合、汇集在一个管理文件中，相对比较集中，便于查找和理解，使得管理体系文件比较精简；缺点是不利于单独对程序文件和标准文件中的某部分内容进行修改和维护，特别是当这项工作的管理涉及不同部门、不同管理人员时，不利于相对独立地各司其职、各负其责。绩效管理体系也是如此，组织通常会把程序文件与标准文件融为一体，体现在绩效管理制度中。这样，绩效管理制度就成了将绩效管理体系的构建要素、运行结构和实施流程具体化、规范化的重要载体，为组织内部有效开展绩效管理工作提供了制度保障和操作依据。

在绩效管理制度中，通常需要包括以下几个方面的内容：

（1）绩效管理主体。明确指出负责绩效管理工作的责任主体及其职责范围。

（2）绩效管理对象。界定绩效管理所覆盖的组织单元、团队和个人范围，保证绩效管理的全面性和针对性。

（3）绩效目标与指标。对绩效管理周期内的绩效目标的设定程序、方法进行界定，确保所设定的绩效目标符合组织战略和发展需求。

（4）绩效评价方法。对绩效评价周期、程序、标准进行明确，确保绩效评价过程公正、公平和公开，提高绩效评价的科学性和准确性，促进绩效管理对象不断提高绩效水平。

（5）绩效支持、辅导和激励措施。对绩效支持、辅导和激励措施和机制进行设计，以便能够为管理对象提高绩效提供更好的条件支持、更及时有效的辅导和激励机制，激励管理对象不断提高绩效。

通过建立健全的绩效管理制度，组织能够系统地推进绩效管理活动的有效实施，促进绩效管理主体与客体之间的良性互动，从而达到预定的绩效管理目标，最终提升组织的整体效能和竞争力。同时，绩效管理制度也强调了激励与约束机制在实现绩效目标过程中的重要作用，确保绩效管理体系不仅关注结果评价，更注重过程管理和持续改进。

📝 微案例 3.1

绩效考核方案频繁调整案例

我所在的企业是一家城市商业银行的全资子公司，我所在的部门是徐州业务部，我们的主要业务是小微租赁，这项业务的核心是以"融资+融物"的模式为小微企业提供金融支持。具体而言，我们通过"回租"和"直租"两种方式，针对中小制造企业在设备更新、产能升级以及流动资金补充等方面的需求，切实解决他们在转型升级过程中遇到的"融资难、融资贵、融资慢"等痛点问题。比如说，有一家企业需要引进一批先进设备以提高产能和产品质量，但是由于资金有限不能一次性购买这些设备，这时就可以采取

"直租"的方式，也就是由我们出资购买设备然后再出租给它，它分期支付租金，这样就大大缓解了企业一次性投入大量资金的压力，解决了"融资难"的问题。所谓"回租"，就是企业可以把自己的设备卖出以便回笼资金，然后再通过租赁的方式继续使用，这样既能把资产盘活，同时又能确保企业正常的生产和运营。

至今为止，我们的小微租赁业务已经累计为2万多家企业提供定制化的金融服务解决方案。为了拓宽金融服务覆盖面，我们还与众多设备生产厂商及代理商建立了合作关系，目前已经携手百余家厂商和代理商，以"融资+融物"的合作模式，服务于其下游客户，助力实体经济发展。

我们部门的员工都是业务人员，收入主要取决于个人绩效的达成情况，是以绩效为基础计算提成的。但是，目前在绩效管理过程中存在的一个问题是，公司不停地对绩效考核的指标和标准进行调整，导致大家无所适从。具体来说，调整的重点就是调整各项绩效考核指标的权重，把完成得好的那些绩效考核指标的权重降低，把完成得不好的那些绩效考核指标的权重提高，这样，给大家的感觉就是好像这个绩效考核的目的就是让大家通不过考核。

就拿2023年来说，公司几乎每个季度都会修改绩效考核方案，先后修改了4次，甚至到2023年第四季度还在修改2023年的绩效考核方案。但是，对业务经理们来说，第四季度已经是全年工作的收尾阶段，再去改变工作成果的可能性已经微乎其微，但是最后一看最终确定的年度绩效考核方案，大家都觉得自己一年的工作都没有落在正确的方向上，辛辛苦苦一年，做了很多无用功。

特别是有一个经理带的团队，市场开拓能力很强，团队士气也很好，拿到的项目也多，按照原来的绩效考核方案，业绩是排在全公司比较靠前的位置，但是到了第四季度，年度绩效考核方案修改之后，业绩排名从原来排名靠前一下子变成了业绩平平。团队士气严重受挫，大家开始质疑公司绩效管理的公平性和合理性，工作积极性明显下降，团队几名骨干也产生了离职意向。

所以，我觉得绩效考核方案实际上是给大家设置了一个游戏规则，决定了大家的努力方向，这个方向必须要明确，而且要有一个稳定性，否则大家就会迷失工作方向，不好判断各项工作的优先级和关键点，从而影响到工作效率和效果。此外，频繁地修改游戏规则也会影响员工对管理层的信任，很容易让大家觉得绩效考核不够公平公正，从而使绩效激励失效。

（资料来源：本案例由作者根据有关材料编写而成）

第二节　绩效管理流程

一、绩效计划制订

（一）绩效计划的主要作用

绩效计划制订是绩效管理的起点，它为后续的绩效实施、监控、评价与反馈提供了清晰的目标和方向，扮演着目标设定、沟通桥梁、行为导向、评价基准、发展驱动以及激励依据的角色，对于提升员工绩效、实现组织战略、优化资源配置、强化内部沟通、促进个人发展，以及构建公平激励体系都具有极其重要的作用。具体包括：

（1）明确目标与期望。绩效计划为员工提供了清晰的工作目标和绩效标准，明确了组织和个人在一定时期内应达成的具体成果。这些目标通常与公司的战略方向、部门职责和个人岗位要求紧密相连，确保员工的努力与组织的整体目标保持一致。通过设定明确、可度量、可达成、相关性强和有时间限制（SMART）的目标，绩效计划确保员工清楚知道他们的工作重点和成功标准，有助于集中精力在最有价值的任务上。

（2）强化沟通与共识。制定绩效计划的过程本身就是上下级沟通的重要环节，双方共同讨论、设定和确认绩效目标，增强了管理者的指导作用和员工的参与感。这种互动有助于增进理解，确保双方对目标、责任、资源和支持有共同的理解和期待，从而减少误解和冲突。达成共识的绩效计划能够增强员工对目标的承诺感和责任感，因为他们亲自参与了目标的制定，了解其重要性和实现路径，这有助于提升执行力。

（3）引导行为与资源配置。绩效计划中的目标和指标为员工指明了工作行为的方向，有助于引导他们在日常工作中做出符合组织期望的决策和行动。同时，计划中可能还包括关于技能提升、知识学习、团队协作等方面的预期，这些都对员工的行为模式产生导向作用。绩效计划有助于资源的有效配置，无论是时间、人力、财力还是其他资源，都可以根据计划中的优先级进行合理安排，确保关键任务得到充分支持，提高工作效率和效果。

（4）提供评价基础。绩效计划为后续的绩效考核提供了客观、公正的基准。在考核时，可以直接对照事先设定的目标和标准，评估员工的实际表现，减少了主观判断和偏见的影响。这样既保证了考核的公平性，也使得员工对自己的绩效评价有明确的认知。绩效计划的明确性使得考核结果更具说服力，有助于员工接受并理解评价结果，为后续的反馈、辅导和激励措施奠定了坚实的基础。

（5）驱动个人与组织发展。绩效计划不仅关注短期业绩，还关注员工的长期发展。通过设置与职业发展相关的学习和发展目标，绩效计划可以促进员工的知识、技能和能力提升，支持其职业生涯规划。对于组织而言，绩效计划有助于监测战略执行情况，及时发现并解决执行过程中的问题，确保战略目标的实现。同时，通过绩效计划的周期性修订和完善，组织能够动态调整人力资源策略，适应内外部环境变化，推动持续改进和创新。

（6）激励与奖惩依据。绩效计划与薪酬、晋升、培训等人力资源决策紧密关联。基于绩效计划的结果，组织可以公平、透明地实施奖励与惩罚措施，对优秀表现予以表彰和物质激励，对不足之处提供有针对性的改进措施，形成正向激励机制，激发员工的工作积极性和创新精神。

（二）绩效计划制订环节的主要工作内容

在绩效计划制订阶段，主要包括以下工作：

（1）明确组织战略与目标。绩效计划应紧密围绕企业的整体战略和年度经营目标展开。管理者需梳理并传达公司的长期愿景、中期战略目标以及短期业务重点，确保各级员工理解并认同这些目标。

（2）目标分解与定位。将组织战略目标逐层向下分解至部门、团队和个人层面，形成具有层次性和关联性的目标体系，主要包括设定结果目标（如销售额、市场份额、项目完成率等）和行为目标（如技能提升、团队协作、客户服务等），确保各层级目标与上一级目标逻辑一致，形成合力。

（3）选择与设计绩效指标。基于岗位职责和业务特点，选择能够有效反映工作成果和行为表现的关键绩效指标（KPIs）。这些指标应符合 SMART 原则，具备可度量性、相关性、可达成性、时限性和重要性。

（4）设定绩效标准与权重。为每个绩效指标设定具体的绩效标准（如定量的数值目标或定性的描述性标准），并根据其对实现组织目标的重要性分配权重。这有助于量化评估和比较不同员工或部门的绩效。

（5）选择绩效评价方法。结合组织特点和岗位性质，选用适合的评价方法，如 360 度反馈、平衡计分卡、行为锚定法、关键事件法等，确保全面、准确地反映员工绩效。

（6）设计激励机制。根据组织战略、文化、行业特点和员工需求，设计多元化的激励措施，包括薪酬调整、晋升机会、奖金发放、股权激励、荣誉表彰、培训与发展机会等，确保激励与绩效评价结果紧密挂钩，体现差异化和公平性。

（7）沟通与达成共识。与员工进行沟通，解释绩效计划的目的、内容和评价标准，确保员工理解并接受所设定的绩效目标。通过双向对话，调整目标以确保其合理性和挑战性，促进员工承诺并积极参与绩效计划的执行。

（8）签订绩效合同。将最终确定的绩效计划以书面形式记录，形成绩效合同或协议，由员工与直接上级共同签字确认，并将绩效合同作为绩效管理周期内的指导文件和评价依据。

二、绩效实施监控

（一）绩效实施监控的主要作用

绩效实施监控是持续关注绩效管理对象在绩效周期内工作进展的过程，旨在及时发现偏差、提供支持和辅导、调整策略，确保绩效计划的顺利推进。可见，绩效实施监控在绩效管理中具有实时纠偏、持续沟通、数据采集、风险预警、激励维护以及促进学习等功能。其作用主要体现在以下几个方面：

（1）及时纠偏与指导。绩效实施监控是对员工在达成绩效目标过程中行为与结果的实时或定期跟踪观察，一旦发现偏离目标或出现困难，管理者能够及时介入，提供必要的指导、支持和资源，帮助员工调整策略、解决问题，确保绩效目标的顺利推进。这种即时反馈有助于预防小问题演变成大障碍，避免绩效滑坡，确保工作按计划进行，维持组织运营的稳定性和效率。

（2）持续沟通与反馈。绩效实施监控过程伴随着频繁的沟通与反馈，管理者与员工就工作进展、难点、成绩与挑战进行深入交流，这种持续的互动加强了上下级之间的联系，促进了信息的流通，有助于形成开放、协作的工作氛围。及时的反馈有助于员工了解自身的绩效表现，明确改进方向，增强自我调整能力，同时也让管理者能够及时了解到员工的需求、困惑和建议，以便提供更有针对性的支持。

（3）绩效数据收集与分析。绩效实施监控过程中收集到的实时数据和信息，是绩效评价的重要依据。这些数据包括但不限于工作产出、工作质量、客户反馈、项目进度等，能够准确反映员工在绩效周期内的实际表现。通过对这些数据的分析，管理者可以精准识别绩效亮点与短板，为后续的绩效评价、辅导、激励等环节提供量化支撑，确保决策的科学性和公正性。

（4）绩效风险预警。通过绩效实施监控，管理者能够及时发现可能影响绩效达成的潜在风险，如市场变化、内部流程瓶颈、人员变动、技术难题等，并提前采取应对措施，防止风险升级，保障组织目标的实现。同时，监控过程也能揭示组织层面的问题，如战略执行偏差、资源配置不合理、管理制度缺陷等，为管理层调整策略、优化流程提供依据。

（5）激励与士气维护。有效的绩效实施监控能够及时肯定员工的优秀表现，通过表扬、奖励等正面激励手段，激发员工的工作热情和积极性，维持团队士气。同时，对于表现不佳的情况，监控过程中的及时干预和辅导，能够帮助员工找到问题根源，提供改进建议，避免因挫败感而导致的士气下降，保持团队的稳定性和凝聚力。

（6）促进学习与成长。绩效实施监控不仅仅是对结果的追踪，也是对员工学习过程的观察。通过监控，管理者可以了解员工在技能提升、知识应用、问题解决等方面的表现，为制订个性化的培训与发展计划提供依据。通过对绩效实施过程的反思与讨论，员工能够从实践中学习，不断提升自身能力，实现个人与组织的共同发展。

(二) 绩效实施监控环节的主要工作内容

绩效实施监控环节的工作内容包括：

（1）定期检查与数据收集。利用信息化系统或手动方式定期收集绩效数据，监控关键绩效指标的完成进度。这可能包括定期报告、项目里程碑检查、客户满意度调查等。

（2）过程跟踪与辅导。观察员工的工作行为、技能运用和团队协作情况，提供实时反馈和指导，帮助员工改进工作方法、解决问题，促进绩效能力提升。

（3）风险预警与问题解决。识别影响绩效达成的风险因素和潜在问题，及时制定应对策略或调整资源分配。对于出现的问题，及时进行干预，提供必要的培训、资源支持或调整绩效目标。

三、绩效辅导

(一) 绩效辅导的主要作用

绩效辅导是管理者通过提供及时、针对性的指导和支持，帮助员工提升工作能力和绩效水平的过程，在绩效管理中发挥着提升员工绩效、强化目标认同、促进沟通、支持个性化发展、提供及时反馈与激励、预防与解决问题等作用，对于实现组织绩效目标、提升员工满意度、塑造积极工作氛围、促进组织持续发展等具有深远影响。绩效辅导在绩效管理中的作用主要体现在以下几个方面：

（1）提升员工绩效。绩效辅导是管理者与员工一对一讨论绩效表现、识别问题、制定改进策略的过程，通过针对性的指导和反馈，帮助员工提升技能、优化工作方法、解决障碍，从而直接提升个人绩效。辅导过程中，管理者可以针对员工的绩效短板提供专业知识、实践经验或外部资源支持，促进员工在关键能力上的提升，确保绩效目标的实现。

（2）强化目标认同与承诺。绩效辅导过程中，管理者与员工共同回顾绩效目标，确认理解的一致性，增强员工对目标的认同感。通过深入讨论目标的价值、意义和实现路径，可以激发员工的内在动机，增强对目标的承诺感，促使他们更加积极地投入工作。

（3）促进沟通与理解。绩效辅导是管理者与员工深度沟通的平台，双方可以就工作中的疑虑、困难、期望等进行开放、坦诚的交流。这种沟通有助于消除误解，增进相互理解，营造良好的工作关系，促进团队协作。

（4）个性化发展支持。绩效辅导关注员工的个体差异和发展需求，管理者可以根据员工的特性和职业发展愿望，提供个性化的学习资源、职业规划建议、技能提升方案等，支持员工的长期职业发展。通过绩效辅导，员工可以明确个人发展路径，制定并执行个人发展计划，与组织目标保持一致，实现个人与组织的共赢。

（5）及时反馈与激励。绩效辅导过程中，管理者可以及时对员工的绩效表现给予正面或建设性的反馈，肯定成绩，指出不足，提供改进建议。这种及时反馈有助于员工调整行为，保持正确的工作方向，同时也能激发员工的积极性和创新精神。正确运用绩效辅导中的反馈，可以形成有效的激励机制，通过表扬、奖励、晋升等手段，激励员工持续提升绩效，实现组织目标。

（6）预防与解决问题。绩效辅导有助于提前发现并预防可能出现的绩效问题，如技能欠缺、工作态度问题、团队冲突等。通过及时的干预和辅导，管理者可以帮助员工调整心态、提升技能、解决冲突，避免问题升级，保障组织绩效的稳定。对于已经出现的问题，绩效辅导可以提供有效的解决方案，帮助员工快速恢复绩效，重新投入到工作中。

（二）绩效辅导的主要原则与方法

在绩效辅导过程中，必须坚持以下原则：

第一，尊重个体差异。每个员工在能力、性格、经验、学习风格、工作偏好等方面存在差异，尊重个体差异意味着承认并接纳这些不同，避免采取一刀切的辅导方式，根据员工的独特性量身定制辅导策略。因此，在绩效辅导中，管理者应深入了解员工的强项、弱点、兴趣点和职业发展目标，据此设计个性化的发展路径和辅导内容。这可能包括采用不同的沟通方式以适应员工的接收习惯，提供与员工技能水平相匹配的学习资源，以及在设定绩效目标时考虑员工的职业抱负和个人生活情况。尊重个体差异还意味着在评价绩效时，充分考虑员工所处环境、角色特点以及不可控因素的影响，确保评估的公正性和合理性。

第二，聚焦未来改进。绩效辅导不应仅仅停留在对过去行为和结果的回顾上，而应着重于引导员工识别改进机会、制订行动计划并展望未来的绩效提升。聚焦未来改进意味着辅导过程应具有前瞻性，帮助员工从当前绩效中提炼经验教训，转化为未来行动的指南。在绩效辅导过程中，管理者应该与员工共同分析绩效数据，找出影响绩效的关键因素，明确需要提升的领域，并合作制定具体的、可衡量的改进目标。辅导对话应围绕如何提升技能、优化工作流程、改善协作关系、调整工作策略等未来行动展开，而非过多纠结于过去的错误。此外，应鼓励员工设立个人发展计划，将短期的绩效提升与长期的职业发展规划相结合。

第三，鼓励自主思考。绩效辅导不仅是上级向下属传授知识和技能的过程，更是激发员工主动参与、自我反思和创新思考的过程。在实际辅导过程中，管理者可以通过提问引导员工深入思考自身绩效问题的根源，如"你觉得哪些因素影响了这个项目的完成效率？"或"你认为可以采取什么策略来改善客户满意度？"在讨论解决方案时，给予员工充分表达意见的空间，鼓励他们提出自己的行动计划，并在必要时提供指导和反馈。同时，培养员工自我监控和自我评估的习惯，让他们学会定期审视自己的工作进展和绩效表现，形成自我驱动的改进动力。

第四，保持持续性。绩效辅导不是一次性事件，而是贯穿于整个绩效周期的持续过程。保持持续性意味着建立常态化的沟通机制，确保辅导活动的连贯性和深度，而非仅限于年度或季度评估时的临时性对话。因此，应将绩效辅导嵌入日常工作流程中，如通过周计划管理制度和例会制度，实时跟进员工的工作进度和面临的问题。此外，辅导内容应随着绩效周期的变化和员工成长阶段的不同而适时调整，始终保持对当前绩效挑战的关注。管理者应当持续提供反馈、支持和资源，帮助员工持续改进，形成螺旋上升的绩效提升循环。

在进行绩效辅导时，要选择合适的辅导时机，特别要抓住新任务开始时、绩效下滑时、面临挑战时、职业发展转折点等关键节点进行辅导，确保辅导的时效性和针对性。

在辅导方法方面，可以综合采用面谈、示范、观察、反馈、教练、角色扮演等多元化辅导手段，针对员工的不同需求和学习风格提供个性化支持，并通过定期跟进、对比辅导前后绩效变化、员工反馈等方式，评估辅导效果，及时调整辅导策略，确保辅导活动对绩效提升产生实质影响。

在辅导过程中，还可以与员工共同制订能力提升计划和具体行动计划，明确需要提升的技能、知识、态度，设定短期和长期发展目标，以及达成目标所需的资源和支持。

四、绩效评价与反馈

（一）绩效评价与反馈的主要作用

绩效评价与反馈是指根据预先设定的工作目标或绩效标准，对绩效管理对象在绩效周期内的工作目标达成情况或职责履行程度进行评价，并将评价结果和改进建议反馈给绩效管理对象的过程。绩效评价与反馈在绩效管理中发挥着衡量绩效成果、提供改进依据、促进沟通与理解、激励与激励机制、塑造企业文化等作用，对于实现组织绩效目标、提升员工满意度、优化人力资源配置、推动组织持续发展等具有重要意义。其重要作用具体体现在以下几个方面：

第一，衡量绩效成果。绩效评价是对绩效管理对象在一定周期内工作成果的系统性、客观性评估，它通过对比预设的绩效标准或目标，量化或定性地衡量管理对象的工作产出、工作质量、工作态度、技能水平等方面的表现，来判断绩效管理对象是否达到或超越了预期的绩效要求。

从管理控制的程序角度，管理控制系统是由标准确定系统、业绩衡量系统、偏差纠正系统所构成的。业绩衡量既是对预定标准的测定，又是偏差纠正的依据，起到承上启下的作用。度量是管理的基础。有效的管理必须建立在度量的基础上。彼得·德鲁克说，如果不能度量，就无法管理。绩效评价结果提供了管理对象绩效的度量，是判断组织绩效达成情况、评估人力资源配置有效性、进行战略调整的重要依据。不过，应该强调的是，在绩效管理中，绩效评价的最终目的通常并不是评价本身，而是提高绩效和增强绩效能力。因此，在进行绩效评价时，不一定要追求非常精确的考评结果，只要有助于达到最终目的就可以了。

第二，提供改进依据。绩效评价揭示了员工在工作中的优点和不足，为制订绩效改进计划提供了具体、明确的依据。通过分析评价结果，管理者可以识别出员工在哪些方面表现出色，应继续保持和强化；又在哪些方面存在短板，需要针对性地进行提升。

第三，促进沟通与理解。绩效评价与反馈是上下级之间深度沟通的重要环节，通过面对面的评价会议或书面反馈报告，管理者与员工可以就绩效表现、工作方法、职业发展等进行开诚布公的讨论，增进相互理解，消除误解。

第四，激励与激励机制。绩效评价结果通常与薪酬调整、晋升、培训、奖励等人力资源决策密切相关，通过与绩效挂钩的激励机制，可以激发员工的工作积极性，增强其对组织的承诺感，推动他们持续提升绩效。因此，通过公平、公正、透明的绩效评价与反馈，能够树立正确的激励导向，让员工看到付出与回报之间的明确关联，从而激发他们的工作动力。

第五，塑造企业文化。绩效评价与反馈是企业文化建设的重要工具。通过绩效评价与反馈，企业可以传达对优秀绩效的赞赏，强调绩效导向、公平竞争、持续改进等价值观，形成以绩效为导向的工作氛围，塑造积极向上、追求卓越的企业文化，推动全体员工追求更高的绩效水平。

（二）绩效评价与反馈阶段的工作内容

绩效评价与反馈阶段的主要工作任务包括：

（1）收集与整理绩效数据。收集绩效管理对象在绩效周期内各项工作的具体表现数据，包括但不限于工作成果、项目完成情况、客户满意度、工作量统计、关键绩效指标（KPIs）达成情况等。整理与核实这些数据的准确性、完整性，确保评价依据的客观、公正。

（2）进行绩效评价。根据预先设定的绩效标准、目标和权重，对绩效管理对象的绩效数据进行定量和定性的评估，计算得分或等级，得出综合绩效评价结果。对于多维度或多层级的绩效评价体系，可能需要进行多层次、多角度的评价，如上级评价、同事评价、自我评价、下属评价（如有）等反馈。

（3）进行绩效反馈。向绩效管理对象详细解释绩效评价结果，提供具体、实例化的反馈，既要肯定成绩，也要指出不足，确保反馈的建设性与启发性。

五、绩效激励与绩效改进

（一）绩效激励与绩效改进的作用

绩效激励与绩效改进旨在通过激励措施激发绩效管理对象的积极性，同时根据评价结果制定个人与组织层面的改进措施，二者共同致力于提升组织和个人的绩效水平，促进持续成长和发展。其中，绩效激励的具体作用包括：

第一，激发工作积极性，提供绩效动力。绩效激励通过设置明确的绩效目标和对应的奖励机制，为员工提供追求卓越的动力。它使员工清楚地看到个人努力与收获之间的直接联系，从而提高工作积极性和主动性。

第二，为行为提供导向。绩效激励制度有助于塑造期望的工作行为和价值观，引导员工聚焦于关键绩效指标（KPIs），确保个人工作与组织战略目标的一致性。通过奖励高价值行为和成果，激励制度能够推动员工朝着有利于组织发展的方向努力。

第三，提高工作效率与质量。受到激励的员工通常更愿意投入时间和精力提升工作效率，注重工作质量，因为他们知道这些会直接影响到自身的奖励。绩效激励能够促使员工优化工作方法，提高产出效率，同时关注工作细节，减少错误，提升整体工作质量。

第四，提升员工满意度与忠诚度。公平、透明且与个人贡献相匹配的绩效激励能够增强员工对组织的认可度和归属感，提高员工满意度。满意的员工更可能长期留在组织中，提高员工保留率，进而增强组织稳定性。

第五，促进员工发展与技能提升。通过与职业发展、培训机会、晋升挂钩的激励机制，员工有动力自我学习、提升技能，以达到更高的绩效标准。这种内在驱动有助于构建学习型组织，保持组织竞争力。

绩效改进的具体作用包括：

第一，识别与弥补绩效差距。绩效改进过程旨在发现个人或团队当前绩效与预期目标之间的差距，分析产生差距的原因，然后制定并实施具体的改进措施。这有助于及时发现问题，避免绩效停滞不前或下滑。

第二，促进个体与组织绩效能力提升。绩效改进关注的是提升员工的技能、知识和能力，以及改善工作流程、工具和技术，以提高整体绩效水平。通过培训、辅导、反馈和资源支持，帮助员工克服绩效障碍，持续提升专业能力。

第三，实现绩效的持续增长。绩效改进不是一次性活动，而是持续进行的过程。通过定期评估、调整改进策略，确保绩效呈螺旋式上升，不断逼近或超越既定目标，推动组织绩效的长期增长。

第四，增强组织适应性与竞争力。绩效改进聚焦于提升组织的核心能力和应对市场变化的能力。通过改进工作流程、提升技术应用、优化资源配置等，使组织能够快速响应市场需求变化，保持或增强市场竞争力。

总之，绩效激励与绩效改进在绩效管理中相辅相成。绩效激励侧重于通过正面刺激激发员工潜能，引导正确行为，而绩效改进则专注于识别并消除绩效瓶颈，提升个体与组织的整体能力，实现绩效的持续提升。

（二）绩效激励与绩效改进的工作内容

绩效激励与绩效改进的具体工作内容包括：

（1）绩效激励兑现。根据绩效激励政策和绩效评价结果，将各项绩效激励措施落实到位，使激励与绩效评价结果紧密挂钩，确保绩效激励与约束机制发挥作用。

（2）绩效改进。针对评价中发现的个体或组织层面的问题，与绩效管理对象进行沟通，制订科学可行的绩效改进计划，包括具体目标、行动步骤、所需资源、时间表等，并对绩效改进计划的落实情况进行跟踪。

（3）绩效管理系统的持续优化。收集员工、管理者及外部专家的反馈，定期评估绩效管理体系的有效性、适应性和满意度。根据评估结果，调整绩效指标、优化流程、提升评价技术、强化辅导与培训，持续改进绩效管理系统，确保其与组织发展动态相适应。

第三节　激励与约束机制的设计

一、激励因素

(一) 内部激励因素

内部激励因素是指能够使绩效管理对象自身产生内在工作积极性的激励因素，是提升绩效管理对象工作绩效动力的内在来源。内部激励因素对于绩效管理对象具有以下重要作用：

第一，提供持久驱动力。内部激励因素直接关乎员工的内在动机和工作热情，如职业发展、工作自主性、工作挑战性、工作兴趣与价值观契合、工作认可与尊重等。这些因素触及员工的深层次需求，如自我实现、尊重、胜任感和成就感，当员工感到工作与个人成长、兴趣、价值观相一致，且有机会发挥自主性和创造力时，他们更愿意主动承担任务，积极应对挑战，展现出更高的工作积极性与主动性。因此，内部激励因素能够激发并维持员工长期、持续的工作积极性。在内部激励因素的作用下，出于内在的兴趣、职业抱负和个人价值实现的需要，员工会持续致力于提高工作质量和效率，不易受短期经济波动或奖励变化的影响，从而保证组织绩效的稳定性和持续性。而相比之下，外部激励（如薪酬、福利等）虽能短期激发行为，但若无内部激励的支持，其效果可能难以持久。

第二，激发创新与卓越表现。内部激励因素与员工的内在兴趣、专业技能、个人价值观紧密相连，能够激发员工主动探索新思路、新方法，追求工作质量的提升和工作效率的优化。这种源于内心的创新欲望和追求卓越的动力，对于推动组织创新、提升产品质量、优化服务体验等方面具有不可替代的作用。同时，在内部激励因素中，职业发展机会和工作挑战性有利于促使员工积极参与专业培训、寻求知识更新、主动承担复杂任务，从而不断提升个人技能与能力。这种自我驱动的学习与成长过程，不仅直接提升了员工个体的绩效水平，也为组织整体能力升级和适应变革奠定了基础。

第三，降低对外部激励的依赖。当员工受到强大的内部激励时，他们对工作的投入更多源自内心的热情与满足感，对外部经济性奖励的敏感度可能会降低。这意味着组织在面临经济波动、预算限制或其他外部压力时，员工的工作积极性和绩效表现相对更为稳定，有助于保持组织的整体效能。

第四，提升员工满意度与忠诚度。内部激励因素有利于满足员工对工作意义、个人成长、工作环境及人际关系等深层次的心理需求。当这些需求得到满足，员工对工作的满意度会大幅提升，从而产生强烈的组织归属感，更愿意长期留在组织内，表现出更高的组织承诺和工作忠诚度，降低离职倾向。这对于维持组织的人力资源稳定性、减少人才流失成本、保持业务连续性至关重要。

第五，优化团队协作与组织氛围。内部激励因素如工作认可与尊重、共享价值观等，能够营造积极、互助、尊重个体差异的组织文化。这样的文化环境不仅有利于吸引和保留与之价值观相符的高素质人才，还能提升整个组织的凝聚力和协同效率，促进健康、积极的工作氛围的形成。

内部激励因素提供了激发员工潜力、维持长期工作热情、推动创新与卓越表现、降低对外部激励依赖、提升员工满意度与忠诚度，以及塑造积极企业文化的关键动力，在激励体系中居于核心地位。20世纪中叶以来，全球知名的民意测验和商业分析公司盖洛普对从业人员的行为与工作态度进行了深入研究。经过数十年对全球各国企业数百万员工的广泛调查与分析，盖洛普发现，那些能够持续激发员工潜能、维持高绩效的组织往往具备一些共通的管理特质，经过对这些特质的凝练，盖洛普提出了"伟大管理的12要素"。这12个要素依次是：

（1）我知道对我的工作要求。

（2）我有做好我的工作所需要的材料和设备。

（3）在工作中，我每天都有机会做我最擅长做的事。

（4）在过去的七天里，我因工作出色而受到表扬。

（5）我觉得我的主管或同事关心我的个人情况。

（6）工作单位有人鼓励我的发展。

（7）在工作中，我觉得我的意见受到重视。

（8）公司的使命/目标使我觉得我的工作重要。

（9）我的同事们致力于高质量的工作。

（10）我在工作单位有一个最要好的朋友。

（11）在过去的六个月内，工作单位有人和我谈及我的进步。

（12）过去一年里，我在工作中有机会学习和成长。

容易看出，在这 12 个要素当中，除了要素 1、要素 2 与基本工作条件相关之外，其他 10 个要素都属于针对需求层次理论中较高层次需求的内部激励因素。在设计和实施绩效管理体系时，充分考虑并有效利用内部激励因素在设计和执行绩效管理体系时，深入理解、充分考虑并有效利用这些要素，将员工的内在需求与组织目标进行捆绑，通过满足员工深层次的心理和职业发展需求，构建一个既高效又人性化的激励体系，是提升绩效管理效果的关键所在。

内部激励因素通常包括以下几个方面：

（1）职业发展机会。提供清晰的职业晋升路径、专业技能提升课程、跨部门轮岗机会，以及参与决策的机会，让员工看到职业发展的可能性，增强其工作满意度和内在驱动力。

（2）工作自主权。赋予员工一定的工作决策权，允许他们在一定范围内自行安排工作进程、选择工作方法，从而激发其创新精神和责任感。

（3）工作挑战性。设置具有适度挑战性的任务和项目，使员工能够在解决问题的过程中获得成就感，满足其自我实现的需求。

（4）工作内容与价值观契合。确保员工的工作内容与其个人兴趣、特长和价值观相吻合，使工作成为一种乐趣而非负担，进而提升其内在工作动机。

系统组织理论的创始人切斯特·巴纳德（Chester I. Barnard）说，员工个人认为通过自己的努力和牺牲，能使组织的目标得以实现，从而有利于个人目标的实现；如果员工个人认为自己所做的努力和牺牲不利于个人目标的实现，他可能就不愿意做出努力和牺牲。因此，巴纳德建议：第一，要让组织成员了解组织要求他们做什么；第二，必须让他们看到建立共同目标对整个组织所具有的意义；第三，要让他们知道个人目标怎么通过组织目标的实现而实现，并获得相应的满足。巴纳德还因此提出了一个著名的关系式：诱因≥贡献。所谓诱因，是指组织给成员个人的报酬，这种报酬可以是物质的，也可以是精神的。所谓贡献，是指个人为组织目标的实现而做出的努力和牺牲。

（5）工作认可与尊重。通过定期的表扬、表彰、公开赞扬等方式，对员工的贡献给予及时且真诚的认可，营造尊重个体差异和成就的企业文化氛围。

（二）外部激励因素

外部激励因素主要指来自组织或环境层面的刺激，是能够间接影响员工的工作态度和行为的激励因素。外部激励因素对于绩效管理对象通常具有以下作用：

第一，直接刺激工作产出。外部激励，特别是经济性激励（如薪酬、奖金、福利、股权等），为员工提供了直接、可见的经济回报。这种物质激励是最基本也是最直接的激励手段，能够满足员工的生存和发展需求，直接影响其生活质量，因此能够迅速、直观地激发员工的工作积极性，促使他们更加专注于任务完成，努力提高工作效率和工作质量，以期获取更高的经济回报。经济激励的吸引力和强度往往直接影响员工的工作积极性、工作满意度以及对组织的忠诚度。

第二，塑造市场竞争力，吸引与保留人才。在竞争激烈的劳动力市场中，外部激励是组织吸引、选拔和留住人才的关键要素之一。具有竞争力的薪酬结构、丰厚的福利待遇、股权激励等外部激励因素，可以增强组织对优秀人才的吸引力，降低员工流失率，在人才争夺战中脱颖而出，确保组织拥有稳定且高质量的人力资源。

第三，明确绩效导向。外部激励通常与具体的绩效指标紧密关联，通过设定明确的绩效目标和奖励标准，为员工提供了清晰的工作导向。这有助于员工理解组织期望的行为和成果，使他们知道如何通过自己的努力来获取更多的奖励，从而引导员工将个人努力与组织战略目标相统一。

第四，调节工作行为。外部激励能够灵活地调整员工的工作行为，特别是在短期内需要快速响应市场变化或完成特定任务时。相比于内部激励，外部激励往往对员工行为具有更强的即时效应。通过调整短期激励措施，如设置一次性奖金等特殊奖励手段，组织可以引导员工优先关注特定的工作领域或任务，迅速调整工作重心，从而在短期内集中精力应对特定任务或应对市场变化。

第五，强化公平感知。外部激励的分配通常遵循公平原则，如基于绩效的薪酬制度、透明的晋升通道等。公平的外部激励不仅能够防止内部冲突，维护组织和谐，还能激发员工的公平感，使其相信付出的努力会得到相应的回报。当员工认为他们的努力与所得回报之间存在公正的关系时，他们更可能接受绩效评价结果，提高工作满意度，并愿意在未来继续付出努力，从而增强工作动力。

第六，满足基本生活需求。经济性外部激励直接满足了员工的基本生活需求，如支付生活费用、保障退休生活等。满足这些基本需求是员工安心工作、全身心投入的前提，对于维持员工的生活质量和工作稳定性具有基础性作用。

可见，外部激励因素在绩效管理中起着直接刺激工作产出、吸引与保留人才、明确绩效预期、调整工作行为、强化公平感知、满足基本生活需求以及塑造市场竞争力等重要作用。与内部激励因素相辅相成，外部激励是构建全面、有效绩效管理体系不可或缺的一部分。有效的激励策略应兼顾内外部激励，充分发挥各自优势，共同驱动员工绩效提升和组织目标达成。

常用的外部激励因素主要包括：

（1）薪酬与福利。设计公平、竞争性的薪酬体系，包括基本工资、绩效奖金、股权激励、福利待遇等，确保员工的付出与回报成正比，满足其经济需求。

（2）工作环境。提供舒适、安全、支持协作的工作物理环境，以及开放、包容、积极向上的心理环境，降低员工的工作压力，提升其工作效率。

（3）社会地位与声誉。通过提升企业品牌形象、参与社会公益活动等方式，提高员工的社会认同感和职业自豪感，使其感受到工作的社会价值。

二、激励手段

（一）经济性激励手段

经济性激励手段与员工的经济利益直接相关。常见的经济性激励手段包括：

（1）绩效奖金。根据员工个人或团队的绩效成绩，发放一次性或周期性的奖金，作为对其优秀表现的即时奖励。

（2）股权激励。通过股票期权、限制性股票、员工持股计划等形式，将员工个人利益与公司长期发展紧密捆绑，激发其主人翁精神。

（3）福利待遇。提供包括医疗保险、退休金、带薪休假、员工福利餐、健身设施等在内的福利体系，提升员工生活质量，增强组织吸引力。

（4）晋升与调薪。基于绩效考核结果，对表现优秀的员工进行职位晋升或薪资调整，作为对其长期贡献的认可。

经济性激励手段在激励体系中具有基础导向作用。《华为绩效管理：引爆组织活力的价值管理体系》一书认为，任何一家企业的员工都可以划分为三类：奉献者（贡献大于回报）、打工者（贡献等于回报）和偷懒者（贡献小于回报）。在正常情况下，奉献者、打工者和偷懒者应该得到与其贡献相匹配的回报。而在一个不好的机制下，当奉献者老是吃亏时，他就会反思，对自己的行为产生怀疑，进而减少自己的贡献，使贡献与回报低层次相等，从而变成打工者。同样，打工者也会向偷懒者转变。最终导致奉献者变成了打工者，打工者变成了偷懒者，最后大家都偷懒了，没有付出和贡献。让奉献者得到更合理的回报，拿得更多，分享自己奋斗的胜利果实，打工者就会因为羡慕而向他们看齐；偷懒者将会受到惩罚，他们只有两个选择，要么离开公司，要么增加投入，使自己变成打工者和奉献者。①

（二）非经济性激励手段

非经济性激励手段侧重于满足员工的精神需求和社会需求。常见的非经济性激励手段包括：

（1）职业发展支持。提供培训、进修、导师指导、职业规划咨询等资源，帮助员工提升职业技能，实现职业发展目标。

（2）荣誉与表彰。设立各类奖项、荣誉称号，举办表彰大会，公开表彰优秀员工和团队，提升其职业荣誉感。

（3）工作生活平衡。推行弹性工作制、远程办公、家庭关怀计划等措施，尊重员工个人时间，支持其在工作与生活之间寻求平衡。

（4）参与决策。邀请员工参与决策过程，如参加项目组、加入员工委员会、提出改进建议等，增强其归属感和责任感。

（5）文化与社交活动。组织团队建设、庆祝活动、员工俱乐部等社交活动，增进员工间交流与合作，营造积极和谐的组织氛围。

（三）工具性激励与认同性激励

工具性激励是指通过提供具体的、物质性的或经济性的奖励来直接刺激和引

---

① 陈雨点，王旭东.华为绩效管理：引爆组织活力的价值管理体系（第一版）[M].北京：电子工业出版社，2023.

导员工的行为，以实现特定的组织目标。这些奖励通常与员工的工作绩效直接关联，作为对员工努力工作、达成业绩或实现特定成果的直接回报。工具性激励侧重于满足员工的外在需求，特别是经济需求，其特点是具有明确的功利性质和可量化的价值。工具性激励的具体形式主要包括：

（1）货币性报酬：如基本工资、绩效奖金、年终奖、销售提成等，直接以货币形式支付给员工。

（2）股权激励：如股票期权、限制性股票、员工持股计划等，使员工持有公司股份，分享企业成长收益。

（3）福利待遇：如医疗保险、养老保险、住房补贴、交通补贴、餐饮补贴等非现金形式的物质性奖励。

（4）晋升机会：职务升迁带来的地位提升、责任增加以及伴随的薪酬增长。

认同性激励是指通过满足员工的内在心理需求，如成就感、归属感、自我实现感、尊重感等，来激发其工作热情和忠诚度。这种激励方式侧重于建立员工与组织之间的深层次情感联系和价值观认同，强调员工对组织使命、愿景、价值观的接纳和共鸣，以及由此产生的内在工作动力。认同性激励的具体形式主要包括：

（1）职业发展机会：提供培训、进修、职业规划指导、晋升通道等，支持员工个人技能提升和职业成长。

（2）工作自主权：赋予员工一定的决策权和创新空间，让他们能在工作中发挥主动性，实现自我价值。

（3）工作认可与尊重：公开表扬、颁发荣誉、举行表彰仪式，对员工的贡献予以正式和公开的肯定。

（4）企业文化建设：营造积极、包容、尊重个体差异的工作环境，倡导共享价值观，增强员工对组织文化的认同感。

（5）社会地位与声誉：通过提升组织形象、参与社会责任项目等方式，提升员工对自己职业身份的自豪感和社会认同感。

总的来说，工具性激励主要通过物质利益的直接交换来驱动员工行为，而认同性激励则更侧重于激发员工的内在情感和价值观认同，以培养员工对组织的忠诚度和持久的工作热情。在实际管理实践中，有效的激励策略往往需要结合使用这两种类型的激励，以实现短期绩效目标与长期组织凝聚力的双重提升。

（四）多元激励策略

多元激励策略是指组织在管理与激励员工时采用多种不同类型的激励手段和方法，以满足员工多元化的需求，激发其工作积极性，提升个人与团队绩效，促进组织整体目标的实现。

在激励约束机制中，采用多元激励策略的必要性是：

第一，满足员工多元化需求。员工的需求通常是多元化的，包括经济需求（如薪酬、福利）、职业发展需求（如晋升、培训）、社会需求（如认可、尊重）、自我实现需求（如工作挑战、创新机会）等。单一的激励方式往往难以全面覆盖这些需求，而多元激励策略则能够提供多样化的激励手段，针对性地满足不同员工在不同阶段、不同情境下的个性化需求，从而更有效地激发其工作积极性和创造力。比如，华为的激励手段既包括物质激励，也包括精神激励。从物质激励来看，主要包括工资、奖金和股票分红。从精神激励来看，华为设置了最高管理奖——"蓝血十杰"奖，截至2019年8月已经有1077人荣获该奖项；"明日之星"奖，已有15万多人获奖；还有家属奖。此外，还有各种部门级奖项等，层出不穷。

第二，适应组织多元化目标。组织在不同发展阶段或面临不同市场环境时，可能有短期业绩提升、长期战略实施、创新能力培养、团队凝聚力增强等多种目标。多元激励策略可以根据这些目标灵活调整激励组合，如在追求短期业绩时加强绩效奖金激励，而在推动战略落地时强调股权激励和职业发展机会，确保激励措施与组织目标紧密对接，提高激励效果。

第三，应对人才多元化特征。现代职场中，员工年龄、性别、文化背景、职业发展阶段、个人价值观等差异显著。多元激励策略能够兼顾这些差异，提供定制化的激励方案，如针对年轻员工可能更重视职业成长机会和工作灵活性，而资深员工可能更关注薪酬待遇和工作稳定性。这种差异化激励有助于提升各类人才的满意度和留存率，构建多元化、包容性的人才队伍。

第四，应对市场与行业竞争。在激烈的市场竞争和人才争夺中，单一的激励手段容易被竞争对手复制，难以形成持久的吸引力。而多元激励策略结合了多种激励手段，形成独特的激励组合，可以增强组织在人才市场上的竞争力，吸引和留住关键人才，助力组织战略实施和竞争优势构建。

第五，提升激励效果的持久性与稳定性。单一的激励方式可能随着时间推移、环境变化或员工需求变化而失去效力。多元激励策略通过多种激励手段的相互补充和协同作用，能够降低对任何单一激励手段的过度依赖，提高激励体系的韧性和稳定性。即使某一激励手段的效果减弱，其他手段仍能起到激励作用，确保员工工作积极性的持续性。

第六，促进组织文化建设与价值观传递。除物质性激励外，多元激励策略还包括非经济性激励，如工作环境改善、职业发展支持、企业文化建设等，这些激励手段有助于塑造积极的工作氛围，传递组织价值观，增强员工对组织的认同感和归属感，培养忠诚度高的员工队伍，为组织的长期发展奠定坚实基础。

可见，多元激励策略的必要性在于其能够全面、精准地满足员工多元化需求，适应组织多元化目标，应对人才多元化特征，提升市场与行业竞争力，保持激励效果的持久与稳定，以及促进组织文化建设与价值观传递。因此，构建并实施多元激励策略是现代人力资源管理中提升组织绩效、激发人才潜能、塑造竞争优势的重要手段。

三、激励约束机制设计方法

(一) 激励约束机制设计的基本原则

第一，公平性。公平性是激励机制的根基。如果激励制度不公平，就会影响员工对组织的信任，导致激励失效，并引发团队凝聚力降低、内部矛盾激化、员工士气低落。陈春花认为，公平对于员工来说非常重要，因为在人们心目中，只有公平存在，考核和奖励才会真正有效，如果公平本身已经不存在了，那么考核和奖励只是形式上的，而不是真正意义上的。因此，当人们觉得被不公平对待的时候，任何激励措施都是无效的。① 她还列举了导致激励失效的三种情形：第

① 陈春花. 管理的常识：让管理发挥绩效的 8 个基本概念 [M]. 北京：机械工业出版社，2010.

一，工作超量所造成的疲惫；第二，角色不清，任务冲突；第三，不公平的待遇。她认为，上述三种情况会导致激励政策失效，无法发挥应有作用。

公平性原则要求激励分配应基于明确、客观的绩效标准，排除个人偏好和关系因素的干扰，确保每位员工都有平等的机会去通过努力获得应有的回报。

第二，透明度。透明化是构建信任的桥梁，有助于消除信息不对称，确保员工清晰了解激励的依据、规则及实际结果。为此，组织要保证激励标准、计算方法和分配结果清晰透明，确保员工明白如何通过自身努力获取激励。同时，保持透明度也有助于对激励机制的运行进行监督，防止暗箱操作或滥用权力。

第三，关联性。激励与绩效、贡献紧密相关是机制有效性的核心。关联性原则要求激励机制满足激励相容条件，也就是当管理对象的行为使组织绩效达到最大化时，管理对象根据激励设计所得到的个人回报也会同时达到最大化。关联性原则意味着激励必须与工作绩效、贡献大小、达成目标的程度等密切关联。在这种关联性的引导下，员工会理解哪些行为和成果会得到奖励，进而有目的地调整工作行为，聚焦于高价值活动，提升工作效率和质量。关联性原则还要求在建立正向激励的同时，还要建立相应的负激励，也就是约束机制。通过约束抑制、减少乃至消除逆向选择，包括偷懒、欺骗、合谋或其他损害组织利益的行为。同时，关联性也有助于避免"干好干坏一个样"，强化员工优秀表现，减少或改进低效行为。

第四，平衡性。平衡性原则强调的是激励与约束的均衡配置。理想的激励约束机制应当是以激励机制所形成的张力为主导，以绩效支持所形成的助力为辅助，以约束机制形成的压力为补充（见图3.4b），确保激励与约束机制相互配合，避免过分严厉或宽松的管理风格，促进组织目标与个人目标的协调一致。

在激励约束机制中，如果压力过大而张力和助力不足（见图3.4a），就容易导致员工产生职业倦怠，甚至引发高离职率，团队氛围消极。如果激励不足，员工就容易缺乏追求更高成就的动力，工作积极性和效率降低。同时，即便激励与约束适当，如果缺乏组织支持所形成的助力，员工也可能因资源受限或环境不佳而无法充分发挥潜力，影响绩效表现。

平衡性原则要求在激励约束机制设计中，细致考虑激励、约束与组织支持之间的相互作用，确保三者之间形成一种既激励又约束，同时提供足够支持的均衡

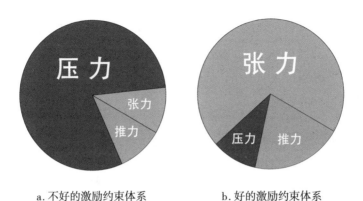

a. 不好的激励约束体系　　　　　　b. 好的激励约束体系

图 3.4　不同激励约束机制区别示意图

状态，以促进组织的长期发展与员工的职业成长。

第五，适应性。激励约束机制必须能够较好地适应组织内外环境变化、员工多样性及战略目标的演进。在情况发生变化时，僵化、适应性不足的激励约束机制可能会成为前进的桎梏。

适应性原则对激励约束机制的设计提出了以下要求：首先，机制设计应具有前瞻性，充分考虑行业趋势、技术进步和市场变化对组织及员工需求的潜在影响，确保激励措施能够随环境变化而调整。其次，激励方案应具备多层次、多样化的特点，能够根据不同部门、职位、员工个人特点及职业发展阶段设计差异化激励方案，满足多元化需求。再次，建立定期评估与反馈机制，对激励机制的效果进行持续监测，及时收集员工反馈和市场信息，根据评估结果灵活调整激励策略。最后，组织应培养一种学习与迭代的文化，鼓励管理层与员工共同参与激励机制的持续优化，确保机制能够持续适应组织发展与员工成长的需要。通过这些措施，确保激励约束机制不仅符合当前的管理需要，更能预见并适应未来的变化，为组织的长远发展提供有力支持。

第六，可持续性。可持续性关乎激励机制的长期有效性以及组织财务健康。过度或不恰当的激励虽然能够在短期内提振员工积极性，但若导致资源枯竭、财务压力过大，将对组织长远发展造成不利影响。

可持续性原则要求组织在设计激励机制时充分考虑激励成本、组织盈利能力、市场竞争力等因素，确保激励资源的长期稳定供给。这包括合理设定激励预算，避免短期过度激励导致长期财务困境；平衡短期激励与长期激励，如设置递延支付、股权激励等长期绑定机制，确保激励效果持久；以及定期评估激励效果，根据实际情况调整激励策略，确保激励机制既能激发当下积极性，又能支撑组织长期战略目标的实现。

（二）激励约束机制设计的理想状态

理想的激励约束机制，应该符合以下几个条件：

（1）目标相容。有利于达到预期效果/目标的关键行为能够得到激励，不利于达到预期效果/目标的主要行为能够受到抑制。

（2）奖惩并重。激励与约束并存，且激励与约束之间相对平衡、以激励为主。

（3）易于实施。激励与约束政策逻辑清晰，易于理解和实施，操作性强。

（4）反馈及时。激励与约束信息能够及时地被管理对象感知，作用及时。

（5）效果连续。政策具有时间上的延续性，（相同或不同）管理对象会多次受到激励与约束政策的影响，有调整行为的机会，从而能够形成政策的累积效应。

（三）激励约束机制设计的步骤

激励约束机制设计的目的是创建一套既能激发员工积极性，又能有效约束不当行为的管理体系。通常情况下，设计激励约束机制的步骤如下：

第一，明确和细化绩效管理目标。首先，明确绩效管理总的目标或目标导向，以便设计的激励约束机制能够围绕总目标，切实服务于绩效目标达成。然后，对管理目标进行细化、具体化。细化就是要分别写出所有参与方（即所有绩效管理对象）的目标或目标导向；具体化就是不能笼统，比如某某方面达到先进，要具体到各个参与方的具体的目标行为导向。

第二，进行目标导向相容性检查。目标导向的相容性检查主要是检查各个参与方的目标行为导向是否相互协调或者相互兼容。如果不协调甚至相互矛盾，就要确定以哪些行为导向为主，以哪些行为导向为辅，分别体现到什么程度，从而形成行为导向的目标集合，包括核心目标、主要目标、次要目标。在设计激励约束机制时，要锁定核心目标，重视主要目标，兼顾次要目标。

第三，分析参与方的动机与需求。基于心理学理论、激励理论和实际调研，识别参与方的参与动机和个性化利益需求。比如，年轻员工可能更重视职业发展和学习机会，而资深员工可能更注重工作与生活的平衡。同时，还要识别、分析和确定各个参与方可能出现的行为偏差或风险点，为约束机制设计打下基础。

第四，设计利益锁，形成元规则。分别为各个参与方设计利益锁，利益锁的一侧是他的动机和利益需求取向，另一方是他的目标导向。所谓利益锁，就是将参与方的个人动机与利益需求取向与组织的目标导向联结在一起，使各个参与方在基于个人动机、追求自身利益的过程中，会自觉不自觉地采取与组织希望的目标导向相一致或相协调的行为。基于这样的利益锁，参与方为了追求自身利益，就会不断地去解锁组织的目标导向，从而形成推动系统运行的原动力。进而，各个参与方（包括管理对象、管理主体、监督方、协同方）分别基于各自的利益追求，在激励政策给定的框架内，不断地解锁各自的利益锁，做出有利于实现组织目标导向的行为，使得这些行为相互作用，相互制约，最终使合力指向总的目标导向，实现这个目标成为大家的理性追求。

基于构造的利益锁设计的主要游戏规则称为元规则。元规则是利益导向规则，是针对这个参与方的激励约束机制的核心规则。换句话说，这个规则一定是各个参与方怎么做、在什么情况下才能获得利益的利益政策。激励机制设计的目的是借助参与方的利益追求和博弈，将其合力的方向导向总目标，最终实现资源自协同、发展自激励、风险自约束的理想状态。

例如，一家软件开发公司为提升项目交付速度和质量，设计了如下利益锁：程序员的目标行为取向是按时完成高质量代码编写。公司为此设立了积分系统，每完成一个模块且通过测试可获得积分，累积积分可以兑换额外休息日、专业培训机会或项目奖金。这样，程序员在追求个人积分增加的同时，其行为自然而然地与公司提高项目效率和质量的目标相一致。

第五，完善优化激励措施。不同岗位、不同层级、不同阶段的工作可能需要不同的激励。例如，对于高度依赖创新和创意的岗位，认同性激励（如提供充足的自主权、尊重创新失败、公开表彰创新成果等）可能更为重要；而对于重复性劳动或明确量化目标的岗位，工具性激励（如计件工资、绩效奖金等）可能更直接有效。完善激励措施就是以激励对象的需求、工作特点、组织文化为基础，将工具性激励措施与认同性激励措施进行组合，设计出既满足物质需求又满足精神需求，既符合短期目标又符合长期目标，既考虑个体差异又考虑团队整体的多元化激励组合。比如，针对研发岗位，采用项目奖金+专利分红的组合激励；而生产线员工，则以计件工资+安全绩效奖的形式，确保激励措施的全面性和针对性。

第六，完善优化约束政策。根据各个参与方可能出现的行为偏差或风险点，设计和明确相应的约束措施，以规范参与方行为，防范逆向选择和其他风险。设计和明确约束措施的具体方式包括：

（1）明确行为规范。通过制定员工手册、职业道德准则、岗位职责说明书等方式，明确积极与消极行为规范。

（2）明确处罚措施。对违反行为规范、绩效不达标、损害组织利益等情况，设置相应的处罚措施，包括警告、经济处罚、降级、解雇等。

（3）明确审查措施。通过绩效评价、管理审批、内部审计等措施，对可能出现的行为偏差或风险点进行审查。

第七，完善配套政策。对个体行为的影响通常需要综合发挥多种手段的作用，具体包括：

（1）以个人需求为基础，运用激励约束手段形成诱导作用；

（2）以主流价值为基础，通过强化措施产生导向作用；

（3）以行为规范为基础，通过强制手段形成约束作用；

（4）以群体遵从为基础，通过群体示范形成同化作用；

（5）以思想灌输为基础，通过重复教育形成归化作用。

因此，需要综合考虑目标实现的难度与实际情况，在已有的主要激励约束措施的基础上，完善相应的配套政策，以便发挥多种手段的合力。

第八，进行激励约束机制评价。主要包括三个方面：一是激励措施与约束措施的平衡性，确保激励与约束二者之间相互协调、互为补充，既要避免过度激励导致的成本失控或道德风险，又要避免过于严格的约束抑制参与方的积极性。二是激励约束机制的最大可参与性。所谓最大可参与性，就是在激励约束机制的设计中，应该将所有愿意参与活动的员工都包括进来。或者说，只要员工愿意，就随时可以参与到激励约束机制的游戏规则当中，不能被排除在外。例如，如果员工在这个绩效管理周期没有参与这项活动，那么下个绩效管理周期仍然有机会参与这项活动。比如，海尔公司提倡的"人人都是人才，赛马不相马"的人力资源理念，打破了伯乐通过相马将千里马的命运掌握在自己手中的约束条件，转而通过赛马来发现千里马，极力为更多的员工提供一个公平的竞争环境，就体现了最大化可参与性原则。三是执行成本审核。确保激励约束政策易于执行，不需要过高的执行成本。

第九，细化实施方案。确定激励约束措施的具体实施步骤、责任人、时间节点，包括政策宣贯、系统建设、数据采集、考核评价、奖励发放、违规处理等环节，确保机制能够有序、高效地落地执行。

第十，持续监测与调整。实施过程中，定期收集数据，分析激励机制的实际效果，根据反馈及时调整激励策略和约束机制，确保与组织发展、员工需求和市场环境保持同步。

📝 微案例3.3

维保操作人员销售电梯维保合同和零配件的绩效管理案例

LT公司是全球电梯和自动扶梯产业最大的供应商之一。目前，我就职于LT公司徐州分公司，主营业务是所辖范围内的电梯销售、安装、售后服务等工作。

今天要跟大家讨论的是售后部门的维保操作人员的绩效管理问题。在我们公司，电梯维保的销售工作是由销售团队负责的，维保操作人员主要负责维护保养业务。类似的职责分工方式在很多公司都能见到。但是，由于维保操作人员长期在现场进行电梯维护保养服务，对电梯状况非常清楚，而电梯状况又决定了客户对电梯维护保养以及零配件采购等方面的需求，因此，维保操作人员对客户在这方面的相关需求也就非常清楚和了解。同时，由于经常和客户进行接触，因此维保操作人员与客户之间的关系也比较紧密，这对于拓展公司的销售业务非常重要。

但是，现在的问题在于，在公司目前的绩效管理办法中，对于维保合同以及零配件销售的考核和激励政策都集中在销售团队身上，而维保操作人员的绩效考核主要集中在维护和保养工作方面，并没有维保合同和零配件销售的内容，因此也就没有相应的配套激励政策。在这样的情况下，主管和部门经理对于维保操作人员销售维保合同和零配件的绩效评价就比较随意，甚至还经常忽略他们的贡献，导致维保操作人员无法得到激励，严重打击了他们配合公司做好维保合同和零配件销售工作的积极性。

　　例如，曾经有一个小区一直是由我们提供电梯保养服务，但是，在年底合同快要到期的时候，公司销售人员发现有多家竞争对手通过低价、拉拢相关决策人等方式跟我们进行竞争，想获得这个小区的电梯保养合同，我们面临着丢掉这个电梯维保合同的风险。销售人员和部门经理都非常着急。在这个时候，负责这个小区的维保操作人员知道了这个信息后，亲自跑到这个小区的物业办公室，向物业经理诉说这么多年他在小区电梯维护保养方面的付出，包括对受困业主进行救援、提供帮助的服务过程，从我们的服务品质、响应度、业主的满意度等方面晓之以情、动之以理，还介绍了一旦更换保养单位可能带来的一些不良后果，最后成功地打动了物业经理，续签了合同。但是，后来这位员工并没有拿到自己该有的销售奖金。

　　在我们公司售后部门中，负责维保操作的员工很多，因此类似的案例也还有很多。目前的绩效管理政策导致这些员工抱怨很多，后来很多员工就说"我还是只干我的本职工作"吧，我就保养电梯，做好我的本职工作，不愿意再掺合这些维保合同和零配件销售的事了，导致很多有关系的或者跟物业关系非常好的维保操作人员也不愿意为公司做贡献了。现在，这个问题是我们绩效管理方面的一个很大的痛点。但是，实际上，跟这些员工私下沟通的时候，他们表示："我愿意做，但是，我做了销售该做的工作了，我就应该得到销售的分成，但是现在的情况是，我把合同给签回来了，最后销售的奖金还是销售员拿到了，那我的贡献体现在哪里呢？"当他一而再，再而三地失望的时候，他就不愿意再去做这个工作了，从而给公司带来很大损失。

（资料来源：本案例由作者根据有关材料编写而成）

第四章　绩效评价指标体系

第一节　绩效评价指标的概念

一、绩效评价指标的作用

绩效评价指标是绩效管理体系中的核心要素之一，它为评估个体、团队或组织的工作表现提供了明确、客观的依据。绩效评价指标在绩效管理体系中的作用主要体现在以下几个方面：

（1）目标导向作用。绩效评价指标是组织战略目标和业务目标在员工工作层面的具体化，通过设定与绩效目标紧密相关的指标，有助于引导员工将精力集中在与组织战略、业务目标及岗位职责紧密相关的任务上，从而明确工作重点，聚焦关键任务，确保个人努力方向与组织期望保持一致。

（2）业绩衡量作用。绩效评价指标体系为绩效评价提供了质量和数量等方面的标准，使管理者能够准确、客观地衡量员工在一定时期内完成工作的数量、质量、效率以及成本等方面的实际表现，为后续的绩效反馈、改进指导和激励分配打下基础。

（3）绩效监控作用。通过定期收集并分析绩效评价指标数据，管理者可以实时了解各项工作进度、成效以及潜在问题，对绩效进行动态监控，并及时进行调整和干预，确保工作按计划进行。

（4）评价与激励作用。基于设定的绩效评价指标，可以对不同个体或团队在同一标准下进行公正、公平的比较，识别出绩效优秀者与有待改进者，激发员工积极性，为人力资源决策（如晋升、调薪、培训、留任或淘汰）提供依据。

（5）绩效诊断作用。绩效评价指标体系不仅用于当前绩效的评估，还为制定绩效改进计划提供了切入点。通过深入剖析绩效评价指标的表现，有助于识别组织、团队或个人的优势与不足，为改进工作方法、优化资源配置、提升能力素质提供依据，从而有针对性地提出改进措施，驱动个体和组织持续提升绩效水平。

（6）沟通作用。绩效评价指标作为绩效管理的重要语言，有助于在组织内部建立统一、清晰的绩效期望，促进上下级之间、部门之间的有效沟通与协作。

可见，绩效评价指标在绩效管理过程中扮演着至关重要的角色，它既是战略落地的工具，又是业绩评估的尺度，也是绩效提升的动力源和沟通桥梁，对于推动组织和个人绩效的有效管理具有重要作用。

二、绩效评价指标的类型

（一）目标评价指标

目标评价指标是指直接反映组织战略目标、业务目标或岗位职责要求达成情况的绩效指标，用于衡量绩效管理对象是否实现了预定目标。目标评价指标通常与关键成果领域（Key Result Areas，KRAs）或关键绩效指标（Key Performance Indicators，KPIs）紧密相关。

目标评价指标可能包括下列指标：

（1）财务指标：如营业收入增长率、净利润率、成本控制率等，适用于对组织整体或特定业务单元的业绩评价。

（2）客户满意度指标：如客户满意度调查得分、客户留存率、新客户获取率等，用于衡量市场竞争力与服务质量。

（3）内部运营指标：如生产效率、库存周转率、项目完成率等，反映内部流程效率与效果。

（4）学习与成长指标：如员工培训覆盖率、知识共享指数、创新项目数量等，关注组织持续发展能力。

目标评价指标重点关注的是工作产出的结果，即目标的实现程度，而不是过程中的具体行动。例如，销售额增长、客户满意度提升、项目按时完成率等，都是直接反映工作成效的定量或定性指标。给定一项工作，这种目标评价指标从纵向上通常可以从三个角度提出：一是这项工作本身应该具有的功能目标，也就是这项工作本身的质量和数量特征指标，比如对于软件开发任务的评价指标"代码缺陷率"；二是这项工作在整个组织系统中的功能目标，也就是这项工作的结果的质量和数量特征指标，比如对于软件开发的成功程度的评价指标"市场增长贡献率"；三是为了实现这项工作的功能目标组织应有的条件，也就是这项工作的前因或上游工作、关键驱动因素的质量和数量特征指标，比如对于软件开发任务的评价指标"内部技术文档更新及时率"。

目标评价指标作为绩效管理体系的基石，其合理设定与有效运用对于确保组织战略执行、提升业务效能、激励员工达成目标具有决定性作用。

（二）因素评价指标

因素评价指标侧重于评价影响绩效达成的个体特质、能力和行为等因素。这些指标旨在评估绩效管理对象有可能对绩效结果产生影响的某方面因素，如员工在完成工作过程中展现出的综合素质，而不仅仅是工作产出的结果。因素评价指标关注的是"如何做"以及"为什么能做好"，它们对于理解员工的行为模式、职业素养以及发展潜力具有重要意义。常见的因素评价指标包括：

（1）工作态度评价指标：如责任感、敬业精神、诚信度、遵守规章制度情况等，体现员工对待工作的积极态度以及在职场中展现的职业操守。

（2）知识与技能评价指标：如专业技能掌握程度、行业知识熟悉度、外语水平、沟通与管理能力等，反映员工在特定岗位上所需的专业能力基础。

（3）发展潜力评价指标：如自我学习能力、适应变化能力、创新思维等，考察员工持续提升自我、应对挑战以及推动组织创新的能力。

因素评价指标通常采用行为锚定法、360度反馈、能力模型评价等方法进行量化或定性评估，有助于全面了解员工的综合能力与素质，为培训发展、职业规划、人才选拔等人力资源管理工作提供重要参考。

（三）过程评价指标

过程评价指标关注的是实现目标的过程而非最终结果，它用来评估工作执行过程中的方法、步骤、规范遵守程度以及资源利用效率等。这类指标有助于识别和改进工作流程，预防问题发生，提升整体绩效。具体包括：

（1）工作计划与组织：如任务分解的合理性、时间管理的有效性、资源调配的科学性等，反映绩效管理对象在项目管理、任务安排及资源配置上的规划与执行情况。

（2）标准化作业遵循度：如是否严格遵守操作规程、质量标准、安全规定等，评估绩效管理对象对工作流程、质量控制及安全管理规定的遵循情况。

（3）问题解决与改进：如发现问题的敏锐度、解决问题的时效性、持续改进工作的主动性等，考察绩效管理对象在面对问题时的反应速度、解决能力以及推动工作流程优化的积极性。

（4）信息管理与报告：如信息收集的全面性、数据分析的准确性、报告提交的及时性与质量等，评价绩效管理对象在信息处理、数据分析及报告撰写方面的专业性和效率。

（5）跨部门协作与沟通：如与其他部门合作的顺畅度、信息共享的开放性、协同解决问题的效果等，衡量绩效管理对象在跨部门协作、信息共享及团队合作中的表现。

过程评价指标往往结合工作日志、项目文档、观察记录、同事反馈等多种信息源进行评估，强调对工作过程的精细化管理，以期通过优化工作流程、提升工作效率，最终实现绩效目标的高质量达成。同时，过程评价也有助于培养员工良好的工作习惯，强化内部规范的执行力度，营造积极向上的工作氛围。

相比之下，因素评价指标和过程评价指标虽然都是绩效管理体系中的重要组成部分，但它们关注的焦点有所不同。因素评价指标侧重于评价个体特质、能力和行为等影响绩效达成的内在因素，而过程评价指标则关注实现目标的具体工作流程、方法和规范遵守程度等。

第二节 绩效评价指标的提取方法

一、目标评价指标的提取方法

（一）价值树法

价值树以组织的价值增值过程为主线，将组织价值创造的过程表示成树状结构，通过构建一棵反映组织战略目标与业务活动之间价值增值关系的"价值树"，从而确定关键绩效指标。使用价值树法提取绩效评价指标的具体步骤如下：

（1）确定组织战略目标。明确组织在一定时期内期望实现的长期愿景、使命或核心价值，以及具体的阶段性战略目标。

（2）拆解战略目标。将战略目标逐层细化为可操作的子目标或关键任务，形成自上而下的战略目标层次结构。每一层级的目标应与上一层级目标有直接关联，且能够被下一层级目标具体支撑。

（3）识别关键业务活动。针对每个子目标或关键任务，识别实现该目标所必需的核心业务活动或过程。这些活动应直接对目标达成产生显著影响。

（4）关联绩效指标。为每个关键业务活动选择或设计相应的绩效指标，确保这些指标能够准确、客观地衡量该活动的执行效果及其对目标达成的贡献。指标应具有可量化、可获取、可对比等特点。

（5）构建价值树。将战略目标、子目标、关键业务活动及对应绩效指标按照逻辑关系绘制在一张图中，形成"价值树"。树状结构清晰展示了从顶层战略到底层操作的因果链条，以及各层级指标间的关联性。

通过价值树法，组织能够系统梳理战略目标与日常业务活动的关系，确保提取的目标评价指标既符合战略导向，又能有效监控业务执行情况，为绩效管理提供有力支持。运用价值树法提取绩效评价指标的实质，就是从关键业绩角度来思考组织、部门、团队或个体的各项活动，在这个过程中，可以通过提出下列引导问题来获得启发：

设立这个部门、团队或开展这项活动的目的是什么，这个部门、团队或这项活动存在的价值是什么，它提供的关键业绩是什么，它与整个企业的关键业绩目标的关系是什么。

使用价值树提取绩效指标具有以下特点：

（1）系统性与结构性。价值树法通过构建一个层次分明、逻辑清晰的结构模型，将组织的战略目标、业务活动与具体绩效指标有机联系起来。这种结构化的方式确保了绩效指标体系的系统性和完整性，使得不同层级的指标间形成清晰的因果关系链，便于理解和管理。

（2）战略导向性。价值树提取的绩效指标直接源于组织的战略目标，确保了绩效管理与战略方向的高度一致性。每一个指标的选择和设定都是为了衡量与支持战略目标的实现，有助于确保日常运营活动与长远战略规划的紧密结合。

（3）聚焦关键性。价值树方法强调对关键业务活动的识别和分析，从而提取出对组织绩效影响最大的指标。这种方法有助于避免过度关注琐碎细节，确保指标体系集中于那些对战略目标达成起到决定性作用的关键环节，提高了绩效管理的效率和精准度。

（4）因果关联性。在价值树模型中，上层目标驱动下层活动，下层活动的绩效又直接影响到上层目标的实现。这种因果关联性体现在绩效指标之间，使得每个指标不仅反映了特定层面的绩效，还揭示了其对上层目标的贡献程度，有助于理解并优化绩效驱动因素。

（5）可视化与沟通便利。价值树以图形化方式呈现，直观展示了组织战略、业务流程与绩效指标之间的关系以及各业务单元、部门或岗位之间的相互依赖与协同关系，这种可视化工具不仅便于内部管理人员理解、讨论和调整绩效管理体系，也有助于向全体员工传达绩效管理的意图和要求，增强战略目标的透明度和全员共识；同时还有助于识别并设立跨部门的共同绩效指标，促进组织内部的协作与资源整合，确保绩效管理能够推动整体绩效提升。

由于价值树模型的构建过程高度聚焦于组织战略目标的实现路径以及与此相关的业务活动和绩效指标，因此它非常适合用来提取目标评价指标。这些指标直接反映了组织战略目标、业务目标或岗位职责要求的达成情况，如财务指标、客户满意度指标、内部运营指标和学习与成长指标等。

（二）工作产出分析法

工作产出分析法是一种基于工作岗位职责与工作产出关系的绩效指标提取方法，主要用于识别直接反映岗位核心职责及预期工作成果的关键绩效指标。使用工作产出分析法提取绩效评价指标的具体步骤如下：

（1）明确岗位职责。详细列出岗位所承担的主要工作任务、责任范围以及工作标准，确保覆盖岗位所有核心职能。

（2）界定工作产出。针对每个职责项，明确其应产生的具体工作成果或服务产品，该过程的实质是界定某项工作、某个组织或个体的工作结果，包括产品、报告、解决方案、服务体验等，这里的结果可以是有形的产品，也可以是某种服务或某种状态。

以客户为导向来界定工作产出是确定工作产出的基本方法。在界定工作产出时，可以使用如下引导问题：

①被评价对象的内、外部客户是谁？

②被评价对象向内、外部客户贡献的产品或服务是什么？

（3）设计绩效指标。为每个关键工作产出设定对应的绩效指标，指标应直接反映产出的质量、数量、时效、成本效益等关键维度。例如，对于销售人员，工作产出可能包括销售额、新客户开发数量、客户满意度等，对应的绩效指标则分别为销售额增长率、新客户获取率、客户满意度得分等。

在设计这些绩效指标的过程中，要将顾客（包括内部顾客和外部顾客）作为必不可少的要素来对待，最理想的状况是请顾客参与一同来设计，积极听取顾客的意见和建议，让顾客描述一下理想的工作标准应该是什么样的。在提取具体的绩效指标和标准时，可以使用如下引导问题：

①被评价对象向内、外部客户贡献的产品或服务，可以从哪些角度去描述其特征？

②内、外部客户希望被评价对象贡献的产品或服务具有哪些优秀特征？

（4）关联战略目标。确保提取的绩效指标与组织战略目标保持一致，可通过权重分配、目标值设定等方式，使岗位绩效指标直接或间接地支持战略目标的实现。

工作产出分析法的实质是从部门、团队或岗位职能与职责的角度来提取绩效评价指标，强调从部门和岗位实际工作出发，关注"做了什么"和"做得怎么样"，有助于提炼出贴近部门和岗位实际、易于理解与操作的目标评价指标。运用工作产出法提取绩效评价指标时，可以通过提出下列引导问题来获得启发：

这个部门包括哪些职能？要想更好地发挥这些职能，主要要求是什么？

这个岗位包括哪些任务？要想更好地完成这些任务，主要要求是什么？

使用工作产出分析法提取绩效指标具有以下特点：

（1）应用范围广。这种方法不仅可以应用于对个人的工作产出进行分析，还可以用于对团队的工作产出进行评估，甚至可以扩展到企业下属的各个部门，具有较强的通用性和适应性。

（2）跨岗位适用性。无论是在何种工作岗位，无论是技术、管理、销售还是支持性角色，工作产出分析法都能够帮助识别和衡量各类岗位的核心工作成果，确保绩效指标的设定能够全面反映不同岗位的贡献。

（3）客户导向。工作产出分析法通常借助客户关系图来描绘一个团队或员工个体对组织内部外部客户的工作产出，强调从客户需求和服务对象的角度出发，确保绩效指标与组织目标及客户价值紧密关联。其中，内部客户可以分为职能客户、职级客户和流程客户。职能客户是指将业务部门定义为职能部门（如 HR、财务等）的客户；职级客户是指将承担更大范围价值整合责任的上级定义为下级的客户；流程客户是指将下一道流程定义为上一道流程的客户。

（4）结构化与可视化。通过客户关系图的形式，将复杂的业务关系和工作流程以直观的图形展示出来，有助于清晰地识别各项任务、活动与最终产出之间的逻辑联系，使得绩效指标的提取更具系统性和条理性。

（5）关注结果与影响。工作产出分析法聚焦于工作最终的、可观察到的结果，如产品、服务、报告、解决方案等，以及这些产出对客户、组织乃至社会产生的具体影响，确保绩效指标直接对应于实际工作成果。

（6）兼顾效率与效果。工作产出分析法不仅能识别直接影响组织效率的指标，如产出数量、产出时效、成本控制等，还能捕捉反映工作效果的指标，如产出质量、社会效益、经济效益、客户满意度等，实现对工作效率与效果的双重评价。

工作产出分析法最适合用来提取目标评价指标和过程评价指标，因为这两种类型指标直接与工作产出及其形成过程紧密相关，而工作产出分析法的核心正是对这些内容的系统化梳理与量化评估。对于因素评价指标，虽然工作产出分析法在一定程度上可以触及，但更深入的分析可能需要借助其他专业的人力资源管理工具和技术。

二、因素评价指标的提取方法（鱼骨图法）

鱼骨图法是一种以问题为导向，通过分析影响工作绩效的各种潜在因素来提取评价指标的方法。这种方法借助鱼骨状的图形结构，将问题（即待改进的绩效表现）置于"鱼头"位置，将可能导致问题出现的诸多因素作为"鱼刺"排列在两侧，进而为每个因素设计相应的评价指标。以下是使用鱼骨图法提取因素评价指标的具体步骤：

（1）确定待改进的绩效表现。明确当前绩效管理体系中需要重点改善或提升的具体方面，如员工技能短板、团队协作效率低下、客户满意度下滑等，将其设定为鱼骨图的"鱼头"。

（2）识别影响因素。围绕"鱼头"，运用头脑风暴、专家访谈、数据分析等手段，系统地识别出可能导致上述绩效问题的各个因素。这些因素可能涵盖人力资源、流程制度、技术设备、市场环境等多个层面，按类别归类后作为"鱼刺"分布在鱼骨图上。

（3）细化子因素。对于每个主要因素，进一步拆解出更具体的子因素或原因，确保对问题根源的深入挖掘。这些子因素同样以"鱼刺"的形式延伸，形成层次分明的鱼骨结构。

（4）设计评价指标。为每根"鱼刺"（包括主因素和子因素）设计相应的评价指标，这些指标应能客观、准确地衡量对应因素的状态、变化或影响力。例如，针对"员工技能"因素，可能设计"技能培训参与率""技能认证达标率"等指标；针对"团队协作"因素，可能设计"跨部门项目协作效率指数""团队冲突解决速度"等指标。

（5）关联绩效改进措施。基于鱼骨图上识别出的影响因素及其评价指标，制定针对性的绩效改进策略和行动计划，确保绩效管理不仅停留在评价层面，还能引导组织采取有效措施提升整体绩效。

这种方法常常针对那些需要重点改善或提升的任务、流程或者对取得绩效有重要影响的能力，以便识别其中的重要影响因素并将其纳入绩效管理过程。在这个过程中，可以通过提出下列引导问题来获得启发：

要想进一步提升工作绩效，需要重点抓好哪些流程和哪些环节？

怎么样提升能力才能进一步改善和提升绩效？

使用鱼骨图法提取因素评价指标具有以下特点：

（1）因果关系明确。鱼骨图直观展现了影响绩效表现的各项因素及其相互关系，有助于理解问题的根源，确保评价指标能够触及影响绩效的关键因素，为后续的绩效改进提供方向。

（2）全面系统。鱼骨图法鼓励从多角度、多层次审视绩效问题，有助于避免遗漏重要影响因素，保证因素评价指标体系的全面性和系统性。

（3）逻辑清晰。鱼骨图的结构化布局使得各因素及其评价指标之间的逻辑关系一目了然，便于理解和管理复杂的绩效影响因素网络。

（4）问题导向。鱼骨图法以解决实际绩效问题为出发点，确保提取的评价指标紧密围绕组织关注的重点问题，有利于聚焦资源进行有针对性的改进。

鱼骨图法尤其适用于提取那些影响工作绩效的深层次、非直接产出的因素评价指标，如员工能力素质、组织氛围、知识管理、创新能力、外部合作关系等，为组织提供洞察问题、改善绩效的有力工具。

三、过程评价指标的提取方法

流程图法是一种通过描绘工作流程，识别关键节点和活动，从而提取过程评价指标的方法。这种方法利用图形化工具展现业务流程的全貌，帮助分析者理解流程的运行机制，找出影响流程效率、质量的关键环节，为这些环节设置评价指标。以下是使用流程图法提取过程评价指标的具体步骤：

（1）绘制流程图。详细描绘某项工作的完整流程，包括各个环节、决策点、输入输出、责任人、所需资源等信息，形成可视化的工作流程图。

（2）识别关键节点与活动。在流程图中标识出对最终结果影响显著、风险较高、资源消耗大或客户敏感度高的环节，这些通常是过程评价的重点。

（3）设计评价指标。针对每个关键节点或活动，设定相应的评价指标，如处理时间、错误率、资源利用率、客户满意度等，确保指标能够准确反映该环节的执行效果和对整体流程的贡献。

（4）建立流程指标体系。整合所有关键节点和活动的评价指标，形成一套完整的流程评价指标体系，确保对整个工作流程进行全面、均衡的监测和评估。

（5）关联流程改进计划。基于流程评价指标的分析结果，制定针对性的流程优化措施和持续改进计划，以提升流程效率、降低成本、提高服务质量。

使用流程图法提取过程评价指标具有以下特点：

（1）可视化与直观性。流程图将抽象的工作流程转化为易于理解的图形，便于快速识别关键环节和潜在瓶颈，使得过程评价指标的设定更具针对性。

（2）精细化管理。流程图法注重对流程内部运作的深度剖析，能够精确到具体活动或任务级别，有助于提取精细、量化的过程评价指标，实现对流程的精细化管理。

（3）连贯性与协调性。流程图展示了工作流程的连续性和各环节间的依赖关系，确保过程评价指标能够反映出流程的整体效能，以及各环节间的协同效果。

流程图法特别适合于提取那些反映工作流程效率、质量、客户体验等方面的过程评价指标，如订单处理周期、生产周期、服务响应时间、流程遵从率、流程成本等，为组织进行流程管理和持续改进提供数据支持和决策依据。

✍ 微案例 4.1

职能部门绩效考核指标设置不合理案例

我所在的企业是市属国有企业，公司成立于 2010 年，公司的主营业务是物业管理，管理项目类型有高档社区、办公楼、商业街区、商业综合体等。公司下设综合管理部、人力资源部、财务管理部、运营品质部、安全质量部、工程管理部、项目管理部、招标采购部 8 大职能部门，同时在 30 个项目都设有物业管理处。我所在的部门是综合管理部，部门职责包括档案管理、车辆管理、文宣管理、印鉴管理、资产管理、仓库管理、法务及合同管理等。

公司绩效考核层级包括公司经营班子、部门经理、部门主管及普通员工。其中，经营班子考核由上级公司负责，这里只讨论内部部门和部门经理以及以下人员的考核。内部部门的考核包括职能部门和项目管理处。考核周期包括月度考核、年度考核。

年度考核依据包括年度目标任务完成情况、360综合测评以及年度员工出勤情况及奖惩情况，执考部门为人力资源部及运营品质部。其中经理级年度考核分为两类，签订《任务书》的，年度绩效考核得分＝部门年度目标任务书×40%＋月度绩效考核平均值×30%＋360测评×30%；未签订《任务书》的，年度绩效考核得分＝月度绩效考核平均值×70%＋360测评×30%。基层员工年度考核分为三类，签订《任务书》的部门员工，年度绩效考核得分＝部门年度目标任务书×20%＋月度绩效考核平均值×50%＋360测评×30%；未签订《任务书》的部门员工，年度绩效考核得分＝月度绩效考核平均值×70%＋360测评×30%；未实施月度绩效考核的基层岗位员工，如工程维修人员、秩序维护人员、清洁卫生人员、园林绿化人员等，绩效考核得分＝360测评×100%。

在月度考核方面，对职能部门的月度考核指标主要包括三个方面：第一个方面是月度工作任务完成率，占比90%；第二个方面是其他，包括工作作风、态度、能力等，占比10%；第三个方面是加减分项，依据上级红头文件进行考核。对物业管理处的月度考核指标包括四个方面：第一个方面是月度工作任务完成率，占比70%；第二个方面是月度品质检查达标率，占比20%；第三个方面是其他，包括工作作风、态度及能力，占比10%；第四个方面是加减分项，依据上级红头文件进行考核。部门及管理处经理层月度考核由公司经营班子执考，普通员工由部门或管理处经理执考。

在目前的绩效管理中，我觉得最主要的问题就是职能部门的绩效考核指标设置不合理。主要表现就是在考核的定性指标多、定量指标少，考核指标没有细化；针对普通员工的月度考核指标也没有进一步细化，导致各岗位员工月度考核打分很难进行，存在"吃大锅饭"现象。

我本身是综合管理部负责人，负责为部门全体员工打分。本部门月度考核包括月度工作任务完成率（占比90%）、其他（包括工作作风、态度、能力，占比 10%）、加减分项（依据上级红头文件）三个方面。每月在进行打分时，部门员工分数很难拉开差距。一方面，工作计划都是由员工自己制定的，制定时存在"就低不就高"的情况；即使有临时交办的工作，员工们也基本上会在规定时间内完成，因此，这一项的得分基本上都是 100%。另外一方面，关于第二项考核内容的工作作风、态度、能力方面，打分的主观性又太强，很难打分。所以，每个月对员工的绩效考核本身也是我的一个痛点，每个月大家的得分都很难拉开差距，久而久之，就成了大锅饭。所以，到底该怎么样进一步完善和改进我们的绩效管理，也希望大家给我们提提意见。

（资料来源：本案例由作者根据有关材料编写而成）

第三节　绩效评价指标的量化方法

一、定量指标的量化方法

定量指标是指可以直接用数值进行度量的绩效评价指标，如销售额、生产效率、客户满意度得分等。定量指标的量化方法主要有两种：

（1）绝对数量化法。绝对数量化法直接以实际数值来衡量绩效，适用于可以直接量化的工作成果。例如，销售额、生产量、客户投诉次数等。这些数据通常可以从公司内部信息系统、财务报表、项目管理平台等途径获取，直接统计并记录在案。

（2）相对数量化法。相对数量化法又称指数量化法。指数通常用于反映事物的给定状态与某一参照状态的相对距离，以表示绩效管理对象在考核期内某方面的相对位置或变化趋势。其中，给定状态就是绩效管理对象考核期内某个事物的当前水平；参照状态可以是该事物具有参考意义的某个时期的典型值，也可以是该事物最均衡或最极端状态的"典型"值。常用的参考状态值可以是理想绩效值，标杆绩效值（同行标杆、历史标杆、公司设定的目标）。常用绩效评价指标如成本利润率、员工流失率、销售额同比增长率、市场份额占比、某项绩效指标达成率等，以反映绩效的相对变化情况。

二、定性指标的量化方法

定性指标是指难以直接用数值衡量，更多涉及主观判断、品质特征或非量化的成果的绩效评价指标。量化这类指标通常采用以下方法：

（1）多维度逻辑量化。多维度逻辑量化是将需要量化的绩效对象细分成多个方面，再分别从每个方面进行评价，然后综合各维度得分得到总分。换句话说，对于不好量化的定性指标，可以从多个可以量化的子属性（特征），来对某个上级属性进行量化。例如，责任心可以从工作差错率、工作准时率等方面进行量化；在对跨国企业的本土化水平进行量化时，可以从高级管理者本土化的比例，产品在本土的占有率以及原材料、包装的本土化比例这三个方面进行量化。

（2）多阶段逻辑量化。该方法是把取得绩效结果的过程从纵向上细分成多个阶段，然后对过程中取得的中间结果的标志性指标进行评价，从而达到对该过程结果进行评价的目的。可见，多阶段逻辑量化是通过对各阶段关键成果的评价来间接反映整体绩效的，适用于评价需要经历多个步骤或阶段才能完成的任务。比如，项目管理中，可以针对项目启动、计划编制、执行控制、收尾等各个阶段分别设置相应的绩效评价指标，进而通过绩效管理确保项目在最终能够取得比较好的绩效结果。

（3）主观模糊量化。主观模糊量化是指通过专家或评审人员打分等方式，对绩效结果进行评价。在运用该方法进行绩效评价时，当参与打分的人数比较少时，评价结果会不太准确；但随着参与打分的人数增加，评价结果的准确性会明显提高。

第四节　绩效评价指标权重的确定

确定绩效评价指标权重是构建绩效管理体系的重要步骤，它决定了各指标在整体评价中所占的相对重要性。以下是几种常见的权重确定方法。

一、主观经验法

主观经验法基于专家或相关管理人员的主观判断来确定绩效评价指标的权重，依赖于相关人员的专业知识、行业经验以及对组织战略目标和业务的把握和理解程度。实践中，在利用主观经验法确定绩效评价指标权重时，往往首先由相关工作人员提出各项绩效评价指标的初始权重，然后由工作小组进行集体讨论和调整，最后经过管理审批程序审批确定。

主观经验法简便易行，尤其适用于组织文化、价值观等难以量化但对绩效有重要影响的定性指标。

二、工作分析法

工作分析法依据岗位职责、工作流程或任务重要性来确定指标权重。此方法强调指标与实际工作内容的紧密关联，确保权重分配的客观性和针对性。应用工作分析法确定绩效评价指标权重的具体操作方法如下：

（1）工作分解。详细梳理岗位的主要工作职责和任务，明确各任务对实现组织目标的直接贡献。

（2）任务重要性评估。对各项任务进行重要性排序或赋予权重，考虑任务的紧迫性、影响范围、资源消耗、风险程度等因素。

（3）指标映射。将已确定的绩效评价指标与相应工作任务进行对应，确保每个指标都能反映特定任务的完成情况。

（4）权重分配。根据任务权重，将权重逐级传递至对应的绩效评价指标，确保指标权重与工作任务的重要性相匹配。

工作分析法适用于岗位职责清晰、工作流程标准化程度较高的场景，能够确保指标权重与实际工作紧密相关，减少人为偏见。但这种方法可能忽视某些不易量化但对绩效有潜在影响的因素，需要结合其他方法进行补充。

三、对偶加权法

对偶加权法是通过对多个绩效评价指标进行两两比较来确定每个绩效评价指标权重的。其具体步骤如下：

（1）制作比较表。设需要分配权重的绩效评价指标共有 n 个，则准备一个 n+1 行、n+2 列的表格，将这 n 个绩效评价指标分别依次列在第一行和第一列的单元格内，如表 4.1 所示。

表 4.1　　　　　　　　　　　　对偶加权法示意表

	A	B	C	D	E	加和
A	—	1	0	1	1	3
B	0	—	0	1	1	2
C	1	1	—	1	1	4
D	0	0	0	—	1	1
E	0	0	0	0	—	0

（2）进行比较。把第一行的指标分别与各列上的指标进行对比，如果第一行的指标比列上的指标更加重要，则在两个指标交叉所形成的单元格内填写 1，否则填写 0。

在表 4.1 中，将第一行的指标 A 与各列上的指标 B、C、D、E 依次进行对比，其中，A 比 B、D、E 更加重要，因此在第一行指标 A 与 B、D、E 交叉所形成的单元格内分别填写 1；A 不如 C 重要（即 C 比 A 重要），因此在第一行指标 A 与 C 交叉所形成的单元格内填写 0。

（3）计算权重。将每行的 1 进行加和，得到该行的绩效评价指标的重要性等级。

在表 4.1 中，将每一行的 1 进行相加，得到最后一列。从最后一列可以看出，指标 A 至 E 的重要性等级分别为 3、2、4、1、0。

四、权值（权重）因子法

权值（权重）因子法通过构建一个多级层次结构，将组织战略目标逐层分解为各级指标，并通过设立权值因子（权重）来传递高层目标对底层指标的影响。具体步骤如下：

（1）构建层次结构。将组织战略目标设为最高层，向下依次分解为部门目标、岗位目标直至具体绩效评价指标，形成清晰的层级关系。

（2）设定权值因子。为每一层级的目标设定一个权值（权重）因子（通常为百分比），反映其对下一层级目标的重要性。权值（权重）因子之和应为100%，以保持权重的完整性。

（3）权重传递：从顶层目标开始，按照权值（权重）因子逐层向下分配权重。底层指标的权重为其直接上级目标的权值（权重）因子乘以其在同级目标中的相对重要性。

权值（权重）因子法结构清晰，逻辑性强，能够确保绩效评价指标权重与组织战略紧密衔接。然而，该方法对指标体系构建的严谨性和权值（权重）因子设定的合理性要求较高，否则可能导致权重失衡或偏离战略目标。

假设某公司制定了年度战略目标为"提升市场占有率和客户满意度"，为了实现这一目标，需将其分解为以下部门目标，如：

销售部门：增加销售额20%；

产品开发部门：推出至少两款创新产品；

客户服务部门：提高客户满意度至90%。

接下来，将这些部门目标进一步细化为具体的工作任务和绩效评价指标，并应用权值因子法分配权重。结果见表4.2。

表4.2　　权值（权重）因子法确定绩效评价指标权重示意表

第一层（组织目标）	第二层（部门目标）			第三层（绩效评价指标）		
		部门	目标	权重	指标	权重
提升市场占有率和客户满意度	1	销售部门	增加销售额20%	40%	1.1 月度销售额增长率	60%
					1.2 新客户获取率	40%
	2	产品开发部门	推出至少两款创新产品	30%	2.1 新产品上市速度	50%
					2.2 产品创新评分	50%
	3	客户服务部门	提高客户满意度至90%	30%	3.1 客户投诉解决率	50%
					3.2 客户满意度调查得分	50%

根据表 4.2 所示，每个绩效评价指标在整个绩效评价指标体系中的最终权重见表 4.3。

表 4.3　　　　　　　　　　　　绩效评价指标最终权重计算表

部　　门		绩效评价指标		最 终 权 重
1	销售部门	1.1	月度销售额增长率	0.4×60%=24%
		1.2	新客户获取率	0.4×40%=16%
2	产品开发部门	2.1	新产品上市速度	0.3×50%=15%
		2.2	产品创新评分	0.3×50%=15%
3	客户服务部门	3.1	客户投诉解决率	0.3×50%=15%
		3.2	客户满意度调查得分	0.3×50%=15%

五、层次分析法

层次分析法（Analytic Hierarchy Process，AHP）是一种定性和定量相结合的决策方法，通过构建递阶层次结构，利用成对比较矩阵和一致性检验确定各个绩效评价指标权重。其步骤如下：

（1）构建层次结构。与权值因子法类似，将绩效评价指标由纳入组织战略目标、部门目标、岗位目标等组成的层次结构中。

（2）成对比较。在同一层级内，对所有绩效评价指标两两进行相对重要性比较。比较结果通常采用 9 级标度表示，具体含义如下：

同等重要：赋值为 1，表示指标 A 与指标 B 在重要性上完全相等。

稍微重要：赋值为 3，表示指标 A 与指标 B 相比稍微重要一些。

明显重要：赋值为 5，表示指标 A 与指标 B 相比明显重要一些。

强烈重要：赋值为 7，表示指标 A 与指标 B 相比强烈重要。

极其重要：赋值为 9，表示指标 A 与指标 B 相比极其重要。

对于介于两个相邻等级之间的重要性，可以使用 2、4、6、8 这些中间值来表示。例如，如果认为指标 A 相对于指标 B 的重要性介于稍微重要和明显重要之间，可以赋值为 4。

相反，如果在比较时，一个指标不如另外一个指标重要，则采用倒数形式进行表示。比如，如果指标 A 与指标 B 相比明显重要，则指标 A 与指标 B 相比的结果是明显重要，赋值为 5；指标 B 与指标 A 相比的重要性程度就表示为 1/5。

这样，经过两两比较，就形成了绩效评价指标的重要性矩阵，如表 4.4 所示。

表 4.4　　　　　　　　　绩效评价指标重要性成对比较矩阵

	1.1 月度销售额增长率	1.2 新客户获取率	2.1 新产品上市速度	2.2 产品创新评分	3.1 客户投诉解决率	3.2 满意度调查得分
1.1 月度销售额增长率	1	1/3	5	1	3	7
1.2 新客户获取率	3	1	7	1	3	7
2.1 新产品上市速度	1/5	1/7	1	1/5	1/3	5
2.2 产品创新评分	1	1	5	1	5	7
3.1 客户投诉解决率	1/3	1/3	3	1/5	1	5
3.2 满意度调查得分	1/7	1/7	1/5	1/7	1/5	1

从上述两两比较的过程可以看出，应用层次分析法确定绩效评价指标的权重时，需要大量的人工判断，不仅工作量相对比较大，而且比较结果受决策者的主观影响也比较大。因此，在对绩效评价指标进行两两比较时，通常由相应的高管或专家来进行，以便发挥他们对绩效评价指标理解较深、把握比较准确的优势，从而保证最终结果的科学性。必要时，还可以由多名高管或专家分别对绩效评价指标进行两两比较，最后取他们的平均值。

（3）一致性检验。得到判断矩阵后，还需要对指标之间重要性的比较结果进行一致性检验。一致性检验的作用在于检查决策者在对不同评价指标之间的重要性进行两两比较时，是否具有逻辑上的一致性。比如说，在对绩效评价指标的重要性进行比较时，有可能会存在 A 比 B 重要、B 比 C 重要、而 C 又比 A 重要的循环逻辑矛盾，而一致性检验就是要发现这种潜在错误，保证判断的一致性。一致性检验是通过计算一致性比例（CR）和一致性指标（CI）来进行的。具体过程如下：

第一步，计算判断矩阵的最大特征值（λ_{max}）和特征向量。对于表 4.4 来说，这是一个 6 行、6 列的矩阵，总共可以计算得到 6 个特征值，取其中的最大值作为 λ_{max}，并求解出最大特征值所对应的特征向量。上述具体求解过程相对比较复杂，通常使用 MATLAB、Excel 或其他软件来计算。

第二步，计算一致性比例（CI）。

$$CI = (\lambda_{max} - n) / (n - 1) \tag{4.1}$$

其中，λ_{max} 是最大特征值，n 是判断矩阵的阶数。

第三步，计算一致性指数（CR）。

$$CR = CI / RI \tag{4.2}$$

式中的 RI 为随机一致性指标，可以根据判断矩阵的阶数从层次分析法的标准表格中查找。对于 6 个指标，RI 的常用值约为 1.26。

得到一致性指数 CR 后，如果 CR 的值低于阈值（阈值通常取 0.1），则认为判断矩阵具有较好的一致性，可以用来计算权重；反之，如果 CR ≥ 0.1，则需要对两两比较的判断矩阵进行重新检查和调整，直至计算得到的 CR 值达到可接受的一致性水平。

（4）计算权重向量。在判断矩阵通过一致性检验后，可以计算权重向量。权重向量的计算通常有两种方法：算术平均法和几何平均法。算术平均法就是将判断矩阵中每一行元素的平均值作为该行元素的权重。几何平均法是将判断矩阵中每一行元素的乘积的 n 次方根（n 为判断矩阵的阶数）作为该行元素的权重。在计算权重向量时，得到的权重向量需要进行归一化处理，使得所有权重之和为 1。

当绩效评价指标体系具有多层次结构时（如表 4.2 所示），需要按照上述方法，分别计算每一层中各项指标所占的权重。然后再借鉴权值（权重）因子法，从最高层开始，逐层向下计算出每一项指标在整体绩效评价指标体系中的最终权重。

六、熵权法

熵权法是基于信息熵来确定各个绩效评价指标的权重的方法。信息熵的概念由信息论的奠基人克劳德·香农（Claude Shannon）提出，主要用于度量信息的不确定性。在绩效评价体系中，信息熵反映了不同的绩效管理对象在各个绩效评价指标方面的不确定性，即信息量大小。信息熵越大，意味着该绩效评价指标（在不同的绩效管理对象之间）的取值越集中、区分度越低，在区分绩效管理对象方面所提供的信息量越小，因此其权重也应该越小；信息熵越小，意味着该绩效评价指标（在不同的绩效管理对象之间）的取值越分散、区分度越高，在区分绩效管理对象方面所提供的信息量越大，因此其权重也应该越高。

绩效评价指标的信息熵的计算公式为：

$$H_j = - \sum_{i=1}^{n} p_{ij} \log_2 p_{ij} = - \sum_{i=1}^{n} \frac{x_{ij}^{*}}{\sum_{i=1}^{n} x_{ij}^{*}} \log_2 \left(\frac{x_{ij}^{*}}{\sum_{i=1}^{n} x_{ij}^{*}} \right) \qquad (4.3)$$

其中：

H_j 为第 j 个绩效评价指标的信息熵（$j = 1, 2, \cdots, m$），m 为绩效评价指标的数量，值域为 $[0, \log_2(n)]$；

x_{ij} 为第 i 个绩效管理对象在该绩效评价指标（即第 j 个绩效评价指标）上的标准得分（$i = 1, 2, \cdots, n$），n 为管理对象的数量；

p_{ij} 为第 i 个绩效管理对象在第 j 个绩效评价指标上的标准得分占所有绩效管理对象（n 个）在第 j 个绩效评价指标上的标准得分之和的比例，值域为 $[0, 1]$，即：

$$p_{ij} = \frac{x_{ij}^{*}}{\sum_{i=1}^{n} x_{ij}^{*}} \qquad (4.4)$$

其中，标准得分 x_{ij}^{*} 的计算公式为：

对于促进类绩效指标（即数值越大越好的绩效评价指标）：

$$x_{ij}^{*} = \frac{x_{ij} - \min(x_{1j}, \cdots, x_{nj})}{\max(x_{1j}, \cdots, x_{nj}) - \min(x_{1j}, \cdots, x_{nj})} \tag{4.5a}$$

对于抑制类绩效指标（即数值越小越好的绩效评价指标）：

$$x_{ij}^{*} = \frac{\max(x_{1j}, \cdots, x_{nj}) - x_{ij}}{\max(x_{1j}, \cdots, x_{nj}) - \min(x_{1j}, \cdots, x_{nj})} \tag{4.5b}$$

在公式 4.5 中：

x_{ij} 代表第 i 个绩效管理对象在第 j 个绩效评价指标上的原始得分；

$\min(x_{1j}, \cdots, x_{nj})$、$\max(x_{1j}, \cdots, x_{nj})$ 分别代表第 j 个绩效评价指标中的最小值、最大值；

分母 $\max(x_{1j}, \cdots, x_{nj}) - \min(x_{1j}, \cdots, x_{nj})$ 代表第 j 个绩效评价指标中的最大值减去最小值，通常称为极差或全距，正因如此，这种计算标准得分的方法通常被称为极差标准化。

之所以对于促进类指标和抑制类指标采用不同的公式来计算标准得分，主要是出于两个目的：一方面是对于促进类指标和抑制类指标的极性进行调整，以便使得到的标准得分具有相同的极性，也就是说，无论是促进类指标还是抑制类指标，从得到的标准得分来说，都是越大越好；另一方面，无论是促进类指标还是抑制类指标，得到的标准得分全部都大于 0，以保证能够进行后续的对数运算。也正是因为如此，在这里计算绩效评价指标的标准得分时，既没有采用经典的中心标准化公式，也没有采用传统的极差标准化公式，而是采用了上面两个公式，对传统的极差标准化公式进行了适当调整。

公式 4.3 中的 H_j 的最大值为 $\log_2(n)$。那么，什么情况下 H_j 会取得最大值呢？当 p_{ij}（即 $\dfrac{x_{ij}^{*}}{\sum_{i=1}^{n} x_{ij}^{*}}$）全部相等时，也就是当所有管理对象在第 j 个绩效评价指标上的得分 x_{ij} 全部相等时，H_j 达到最大值 $\log_2(n)$。其实，如果所有管理对象在指标 j 上的得分全部相等的话，那么指标 j 在评价过程中已经起不到什么作用，因此它的权重就应该小一些。这也正是熵权法的核心思想所在。

基于信息熵 H_j，熵权法进一步计算各指标的差异系数，计算公式为：

$$d_j = 1 - \frac{H_j}{\log_2(n)} \tag{4.6}$$

公式中，e_j 作为第 j 个绩效评价指标的信息熵 H_j 与其最大可能值 $\log_2(n)$ 之间的比值，反映了该绩效评价指标的实际不确定性与最大可能不确定性之间的差距。因此，差异系数 d_j 越接近于 0，说明第 j 个绩效评价指标的实际不确定性 H_j 越接近最大可能不确定性 $\log_2(n)$，即该绩效评价指标的取值分布越均匀，对于绩效评价来说提供的信息量越小；反之，差异系数 d_j 越接近于 1，说明该绩效评价指标的取值分布越不均匀，对绩效管理对象的区分能力越强，对于绩效评价来说提供的信息量越大。

应该说明的是，在公式 4.3 中，计算信息熵时，也有的时候会采用自然对数形式而不是采用以 2 为底的对数形式。在这种情况下，H_j 的最大可能值就是 ln (n) 而不再是 $\log_2(n)$。这时，公式 4.6 中的 $\log_2(n)$ 应该相应地变为 ln (n)。

为了确保各个绩效评价指标的权重的总和为 1，具体地，采用下式计算第 j 个绩效评价指标的权重：

$$w_j = \frac{d_j}{\sum_{j=1}^{m} d_j} \tag{4.7}$$

可以看出，在采用熵权法确定绩效评价指标的权重时，必须首先知道各个绩效评价指标的实际评价结果数据。但是，在实际工作中，各个绩效评价指标的权重通常需要在绩效管理体系的准备计划阶段就需要提前确定，并在后续的绩效评价过程中保持相对稳定，以便进行制度宣贯和工作发动，而在这个时候通常情况下还没有各个绩效评价指标的具体评价数据。此外，熵权法的权重确定是完全基于实际绩效管理数据的，尤其适用于数据丰富、样本量较大的情况下，有利于避免因主观因素导致的权重偏误。但是，它仅凭数据的波动程度（即信息熵）来计算各个绩效评价指标的权重，没有考虑各项指标的实际意义，很可能得出与绩效管理初衷不符的结果。

✍️ 微案例 4.2

绩效考核指标权重不合理案例

DF 公司是一家农商银行，是独立的地方法人银行机构。我所在的部门是公司金融部，主要负责企业信贷业务。

公司目前的绩效管理中存在的主要问题是各项绩效考核指标的权重不合理，存量绩效指标所占的比重过高、增量绩效指标所占的比重较低。以公司金融部的客户经理岗位为例，公司金融部客户经理的绩效考核主要包括三项指标，一是存量贷款收息（FTP 模拟利润），约占 60%；二是新增业务计价，约占 20%；三是等级工资，约占 20%。同时，核定等级工资的根据又主要是存量贷款，这样，相当于存量贷款在客户经理的绩效考核中总共占了 80% 的权重。

绩效考核指标权重不合理导致的直接后果就是公司新增业务乏力。根据公司去年的绩效考核结果，绩效靠前的客户经理新增业务都明显较少甚至没有。同时，绩效考核指标权重不合理还造成老客户经理和新客户经理之间的不平衡，大部分新客户经理由于入职时间较短，存量贷款相对较少，在绩效考核中明显处于不利地位，都怨声载道，甚至申请调岗转做其他业务，对公司发展产生了不利影响。

（资料来源：本案例由作者根据有关材料编写而成）

第五节　绩效评价指标标准的确定

在绩效管理过程中，对于每一个绩效评价指标，通常都需要明确其计算方法。要明确其计算方法，就要明确绩效等级的基准点，以及如何在绩效等级基准点的基础上对绩效评价对象进行分级。

一、绩效等级基准点

（一）绩效等级基准点的类型

在绩效评价过程中，划分绩效等级就是根据绩效评价结果将绩效管理对象的绩效表现划分为不同的档次，以便于分类管理和激励。在这个过程中，绩效等级的基准点是指用来评判绩效管理对象绩效等级的参考基准。基准点的选择直接关系到绩效评价的公平性与有效性，包括静态基准点和动态基准点。

所谓静态基准点，就是在不同的绩效评价周期，对相同的绩效管理对象而言，绩效等级的基准点保持稳定不变。因此，静态基准适用于那些对于绩效管理对象来说可控性强、外部因素影响较小的工作，通常可以通过绩效管理对象的自身努力、内部管理和技术改进来改进和提高。例如，对于一家企业，出勤率就是一项可控性比较强、通常情况下受到外部因素影响较小的绩效评价指标，因此，这项绩效评价指标就可以采用静态基准点，比如，规定"每个月出勤 20 天"为合格基准，而且在每个月、每个部门都可以采用同一基准。

采用静态基准点的优点是比较明确、易于理解和执行，缺点是缺乏灵活性，难以适应外部环境或内部条件的快速变化。比如，当社会爆发某种流行性疾病的时候，很多员工可能都会受到流行性疾病的影响，从而使得"出勤率"这项指标就会在很大程度上受到社会上疾病的流行水平的影响，而对于员工本人来说受控性就会降低，那么，在这样的背景下，静态基准点（比如原来确定的"每个月出勤 20 天"）可能就不再适用。

静态基准点通常是基于历史数据、行业标准或企业内部的实际情况来确定的。

所谓动态基准点，就是在不同的绩效评价周期，对相同的绩效管理对象而言，绩效等级的基准点会动态地发生变化，而不是保持静止不动。因此，动态基准点适用于评价那些对于绩效管理对象来说控制难度较高、外部因素影响较大的工作，这些工作的最终结果通常不仅会受到绩效管理对象的自身努力和能力、内部管理和技术改进的影响，还会在很大程度上受到外部因素的影响。换句话说，如果某项绩效评价指标的最终结果不仅会受到绩效管理对象自身的影响，还会受到其他外部因素的影响，这时，使用这个绩效评价指标去评价绩效管理对象的努力程度及其所取得的成果时，就需要考虑到外部因素的变化的影响。在这种情况下，这个绩效评价指标就需要使用动态基准点。比如，销售人员在某个区域的销售业绩不仅会受到自身销售能力和工作努力程度的影响，还会受到友商的竞争策略的影响。

采用动态基准点的好处是灵活性强，能够较好地适应外部环境的变化，从而保证绩效评价指标的有效性。动态基准点的选取通常参考市场趋势、竞争对手表现或顾客需求变化来进行设定。

（二）绩效等级基准点的来源

绩效等级基准点的来源主要包括历史数据、市场指标和战略目标三个方面。

历史数据是组织实际运营过程中产生的数据，包括员工、部门或组织的历史绩效数据等。历史数据通常代表本组织或其他组织曾经达到的水平，因此，采用历史数据作为绩效等级的基准点，不仅有利于密切绩效管理与组织战略之间的关系，还有利于确保绩效评价在组织内部获得认可。

市场指标是反映市场状况的一系列数据，不仅包括行业平均水平、竞争对手的绩效数据等，也包括社会的通行要求，比如行业法规、标准对于某方面的要求指标。采用市场指标作为绩效等级的基准点，有利于增强本组织对行业竞争和行业规范有足够的适应性。

战略目标是组织在一定时期发展所追求的目标，也是绩效管理的最终之锚。因此，根据组织战略目标来设定绩效等级的基准点，有利于在绩效管理与组织战略之间保持一致性。

微案例4.3

采用静态基准绩效考评指标未及时调整带来的问题案例

我所在的企业属于硅片行业，公司的主营业务是半导体硅片的研发、生产和销售。硅片主要用来制作芯片。我所在的部门是公司的销售部门，我们主要负责产品销售，也就是负责硅片的销售。

2020年以来，硅片的价格开始上涨，一直到2022年第四季度，硅片的价格都始终处于一个比较高的水平。在这样的背景下，公司确定了2023年的绩效目标。其中，销售收入的绩效目标是要在2022年的基础上进一步提高。但是到了2023年，全球的半导体硅片的整个市场行情发生了很大变化，价格下降了很多，行情非常不好。不好到什么程度呢？基本上就是相当于

2022 年的一半。

在这种情况下，由于公司在确定销售收入这个绩效考核目标的时候采用的是静态基准，因此就非常被动，而且，公司相关管理部门也始终没有采取相应的措施对考核目标进行妥善调整，还是用去年底确定的这个绩效目标来考核我们。那其实就是上半年我们还拼命地努力，想看看能不能把我们的实际销售收入和考核目标之间的差距尽可能缩小一点，但是发现怎么追都追不上了，所以等到下半年的时候，大家的状态就是躺平了，放弃了，干脆直接把目标锁定到了明年，能今年出货的也不出了，挪到明年出，这样最起码明年的指标达成率可能还能好一点。

所以说，一旦我们的绩效考核目标采用的是静态基准的话，那在这种市场环境发生很大变化的时候，就要考虑好怎么去调整、怎么去应对才行，否则可能就会产生不利影响。

（资料来源：本案例由作者根据有关材料编写而成）

二、绩效等级的类型

在划分绩效等级时，除了要确定绩效等级基准点，还需要确定绩效等级类型。根据绩效等级是否连续，可以将绩效等级分为连续等级和非连续等级两种类型。

连续等级是指绩效等级随着绩效的增加或减少而保持连续变动。换句话说，如果采用的是连续性的绩效等级，那么，对于绩效管理对象在绩效结果上的每一点差异，在绩效等级上都会体现出来。比如，在客户服务部门，员工的绩效等级可以根据他们处理客户投诉的速度、客户满意度等因素进行评分。这个评分既可以是一个连续性的数值，如百分制的满意度得分；也可以是一个范围，如非常满意、比较满意、基本满意、不太满意、非常不满意五个等级。如果采用的是五个等级的绩效等级划分方法，一旦员工觉得自己很难从当前所在的这个等级（如比较满意）提高到更高一个等级（如非常满意），就可能会放弃努力。这时，如果采用的是百分制的满意度得分，也就是连续性的绩效等级的话，就可以在绩效结果中较好地反映员工取得的每一点进步。可见，连续的绩效等级有利于更加准确地反映绩效管理对象取得的绩效差异。

非连续等级是和连续等级相对而言的，指绩效等级按照一定的区间或标准进行划分，每个等级之间有明显的界限。根据等级之间的间隔是否相等，非连续等级又可以分为等距分等和非等距分等两种类型。其中，等距分等指的是各个等级之间的差距是相等的、固定不变的，而非等距分等指的是各个等级之间的差距并不相等。比如，在根据学生成绩将学生划分为不合格、中等、良好三个等级时，成绩低于 60 分的为不合格，成绩在 60 至 75 分之间为中等，成绩高于 75 分的为良好，这时就是非等距分等。在研发团队中，员工的绩效评估也可以根据他们在项目中的贡献程度分为"核心贡献者""重要贡献者""一般贡献者"和"低贡献者"四个非等距等级。非连续等级适用于那些绩效表现较为离散、容易明确划分等级的工作。采用非连续等级有利于强调关键绩效差异，使团队更多地关注那些具有突出表现与需要重点关注的领域和绩效管理对象。

✍ 微案例 4.4

绩效评价标准不合理案例

我所在的企业是全国领先的大型零售银行，定位于服务"三农"、城乡居民和中小企业，目前拥有约 4 万个营业网点。我所在的分行是省内的二级分行，下辖 5 个一级支行、26 个营业网点。我所在的部门是分行的普惠金融事业部，主要牵头负责全市 1 亿元以下中小微企业法人贷款业务。

今年，为了更好地激励下属各一级支行提升普惠金融服务效能，我们制定了全新的绩效考核办法，整个绩效考核总共 1000 分，其中我们部门主导打分的部分是 47 分，包括普惠型小微企业贷款（25 分）、首贷户拓展（3 分）、小微企业金融服务监管评价重点指标（4 分）、小企业主办行与客户服务质量（4 分）、"专精特新"及科创客户服务情况（3 分）、小企业贷款（8 分）等这样 6 个核心业务模块，总共 47 分。

但是，在实际操作中，我们发现"普惠型小微企业贷款"这个指标的打分规则存在一定问题。这个考核指标的分值是25分，是我们负责打分的这几个指标当中分值最高的一个。按照现在的绩效考核办法，这个"普惠型小微企业贷款"这项指标是以"净增计划完成率"为基础进行考核的，"净增计划完成率"低于80%不得分；完成率在80%至100%，按比例计算得分；"净增计划完成率"高于100%的，每高出1个百分点加0.6分，最高可以得到基本分的1.5倍，也就是25分的1.5倍，也就是37.5分。

但问题是，由于下属各个支行所在地区的经济发展水平和具体情况不同，因此，我们分行给它们下达的普惠型小微企业贷款的年度净增计划的目标各不相同，最后按照目前的绩效考核办法计算下来，那些完成了更高难度的年度净增计划任务的支行反倒不如那些完成相对比较容易的年度净增计划任务的支行，招致了大家的质疑。

比如，SY县支行今年的普惠贷款年度净增任务是2亿元，经过不懈努力，结果他们最终完成了2.5亿元，完成率达到125%，那么，根据现行考核办法，他们这一项的得分是31.25分；而XY县支行今年的任务相对较低，是1.5亿元，但是他们最终完成了2亿元，完成率达到133%，那么，根据现行考核办法，他们这一项的得分应该是33.33分，反而比完成2.5亿元的SY县支行还要高。这样，SY县支行的实际贡献虽然更大，但是在绩效考核中却没有得到相应认可，这对SY县支行以及其他类似的承担了较高的任务量而且高效完成的分支机构而言，无疑会挫伤他们的积极性和工作热情。

目前的绩效考核办法还有另外一个问题，就是我们目前这一项指标的得分是1.5倍封顶的，也就是说，这一项指标最高只能得到基本分的1.5倍，导致我们很多机构年度任务完成150%以后就选择不再做了，把它留到来年再做。所以，我觉得我们的绩效考核方案需要进一步完善，特别是在普惠型小微企业贷款这项指标上，应当考虑到不同支行间的客观差异，调整评分标准以更加公正合理地反映出各支行的实际贡献，以便保持绩效考核制度的稳定性与公正性，有效地推动普惠金融业务的发展和企业整体业绩的提升。

YC 银行某市分行 2023 年一级支行经营管理绩效考核主卡指标说明表

指标类别	编号	指标名称	计算公式	基本分	计分方法	数据来源
社会责任指标（117分）	18	小微业务发展	18.1 普惠型小微企业贷款	指标得分＝普惠小微净增计划完成率得分×100%	25	净增计划完成率<80%，得 0 分；∈［80%，100%］，得分为完成率×基本分；≥100%，每高计划 1 个百分点加 0.6 分，最高得基本分的 1.5 倍	普惠金融事业部 三农金融事业部
			18.2 小微企业首贷户	—	3	小型微型企业首贷户计划完成率<80%时，得 0 分；计划完成率［80%，100%)，得 1 分；完成计划得 3 分	
			18.3 小微企业金融服务监管评价重点指标	指标得分＝小微企业中长期贷款占比得分×50%＋小微企业信用贷款占比得分×50%	4	(1) 小微企业中长期贷款占比得分：小微企业贷款中中长期贷款占比高出上年末 0.5 个百分点（含）以上的，得 4 分；占比高出上年末不足 0.5 个百分点的，按2+（实际上升百分点÷0.5%）×2 计算，最高得 4 分；占比较上年末持平的，得 2 分；占比较上年末下降的，得 0 分 (2) 小微企业信用贷款占比得分：当年末小微企业贷款中信用贷款占比高出上年末 0.5 个百分点（含）以上的，得 4 分；占比较上年末上升不足 0.5 个百分点的，按2+（实际上升百分点÷0.5%）×2 计算，最高得 4 分；占比较上年末持平的，得 2 分；占比较上年末下降的，得 0 分	普惠金融事业部
			18.4 小企业主办行和客户服务	指标得分＝小企业贷款客户净增计划完成率得分×50%＋主办行客户得分×50%	4	(1) 小企业贷款客户净增计划完成率<80%，得 0 分；∈［80%，100%］，得分为完成率×基本分；≥100%，每高计划 5 个百分点加 0.4 分，最高得基本分的 2 倍 (2) 主办行客户得分：小企业主办行客户占比/专精特新及科创企业主办行客户占比<20%，得 0 分；∈［20%，30%），得分＝（主办行客户占比÷30%）×基本分；≥30%，每比30%高 1 个百分点加 0.4 分	

续表

指标类别	编号	指标名称	计 算 公 式	基本分	计 分 方 法	数据来源
社会责任指标（117分）	18	小微业务发展	18.5　服务"专精特新"及科创客户情况	（1）"专精特新"及科创客户发展得分＝小企业综合金融服务覆盖客户完成率得分×50%＋小企业贷款客户完成率得分×50% （2）指标得分＝"专精特新"及科创客户发展得分×50%＋"专精特新"及科创贷款完成率得分×50%＋辖内科创金融专业机构经营管理评价情况加分	3	完成率＜80%，得 0 分；∈［80%，100%］，得分为完成率×基本分；≥100%，每高计划 5 个百分点加 0.3 分，最高得基本分的 2 倍	普惠金融事业部
			18.6　小企业贷款	指标得分＝小企业贷款净增计划完成率得分×60%＋小企业贷款净增贡献得分×40%	8	（1）小企业贷款净增计划完成率＜80%，得 0 分；∈［80%，100%），得分为完成率×基本分；≥100%，每高计划 1 个百分点加 0.4 分，最高得基本分的 1.5 倍 （2）小企业贷款净增贡献与全市平均值对标，采用标准差计分方式，最高得基本分的 1.2 倍，最低得基本分的 0.8 倍	

（资料来源：本案例由作者根据有关材料编写而成）

三、绩效评价的周期

在绩效管理中，合理确定各项绩效指标的评价周期，有助于强化目标导向，促进战略落地，确保实现绩效目标；有助于提高管理效率，控制管理成本，增强组织活力；同时也有助于对管理对象形成及时激励，提高工作动力，促进个人发展。

　　在确定绩效指标的评价周期时，需要考虑的最重要因素是绩效指标的变化周期。绩效评价指标是绩效评价内容的量化表达。不同评价内容的变化频率各不相同，获得最终成果和阶段性成果的时间长短不同，绩效指标的评价周期如果与评价内容的变化频率和成果形成周期保持一致，既有利于及时发现变化，盘点成果，改进不足，进行奖惩，又便于合理控制管理成本。例如，销售成果可能适合月度或季度评价，因为销售额变化较为频繁；而从业人员的某方面素质特征（如专业技术水平、专业技术能力）的变化相对就比较缓慢，可能每半年甚至一年评价一次就可以了。只有当绩效指标发生变化时，进行绩效评价才有意义，否则就会增加管理负担，对正常工作造成干扰。

第五章 绩效评价的技术方法

第一节 绩效评价技术方法的类型

上一章讨论的是如何构建绩效评价指标体系。绩效评价指标体系规定了从哪些方面对绩效管理对象进行评价。本章要讨论的内容是对绩效管理对象进行绩效评价的具体技术方法。

一、相对评价法与绝对评价法

相对评价法是基于比较的评价方式，通过相互比较来进行绩效评价的。它首先在组织内部或外部确立参照对象，然后依次将每个被评价对象与参照对象进行比较，以确定被评价对象的位置或排名。相对评价法关注的是被评价对象相对于参照对象的表现，强调的是相对位置和比较结果。相对评价法包括简单排序法、交替排序法、配对比较法、强制分布法等。

相对评价法的前提是被评价对象的工作内容、工作条件等方面具有可比性。

相对评价法得到的是相对绩效，也就是相对别的被评价对象而言的绩效表现。这种相互比较过程比较容易使被评价对象产生相互竞争（形成内卷）而不是相互竞赛（做大蛋糕），从而有可能对团队合作带来不利影响。

绝对评价法是依据事先设定的、客观或理想的绩效标准来进行绩效评价，这些设定的绩效标准通常独立于被评价对象之外，可以是组织目标、岗位职责要求或是行业标准等。绝对评价法关注的是被评价对象是否达到了预定的标准或目标，而不涉及与其他被评价对象的直接比较。常见的绝对评价法包括业绩评价表法、关键事件法、行为锚定量表法、行为观察法等。

可见，相对评价法侧重于"与他人相比如何"，而绝对评价法则关注"是否达到预定标准"。在实际应用过程中，可以根据组织的实际情况，灵活地把相对评价法与绝对评价法有机结合起来，以便既能够兼顾公平，又能够最大限度地调动和激发从业人员的积极性。比如，华为对 12 级及以下的（基层）员工业绩进行绝对评价法，而对 13 级及以上的员工进行相对评价法。在进行绝对评价时，只设立评价的标准线，考核维度和考核要素也相对比较简单、容易理解，被评价对象的业绩直接与标准线进行比较，不控制每次绩效评价中各绩效等级的比例数量，也不实行末位淘汰。随着企业发展和员工水平不断提高的实际，评价的标准线也会不断调整和提高，但调整和提高的幅度比较平缓。

对 13 级及以上的员工，尤其是行政岗位的干部，华为则坚定不移地实行相对评价法，并引入了末位淘汰制，每年分层淘汰绩效考核结果排名在后 10% 的干部到战略预备队，在规定的时间内重新寻找岗位，以防止干部队伍滋生惰怠，继续保持艰苦奋斗的工作作风。对此，任正非强调："绝对考核的目的是团结多数人。只有团结多数人，这个社会才能进步，我们就是要实行这样的制度。如果优秀员工占少数，优秀员工可能会成为讥讽的对象，他们很孤立，不敢大胆地伸张正义。优秀员工占多数，落后的占少数，落后在这里就没有土壤了，他们就必须进步。"

二、结果评价法与过程评价法

结果评价法关注的是工作成果，因此又被称为成果导向评价法。它是以被评价对象的工作成果为效标进行绩效评价，重点和着眼点在于产出和贡献，特别是那些可以直接量化的成果，而不关心行为和过程。绩效合约法、工作标准法、产出衡量法都属于结果评价法。

结果评价法的优点主要是：

第一，目标明确，激励性强。结果评价法通过设定清晰、可度量的目标，能够为绩效管理对象提供明确的工作方向，进而集中精力达成目标，从而提高工作效率和生产力，产生较强的激励作用。

第二，易于量化与比较。由于结果评价法侧重于可量化的结果，如销售额、项目完成率等，这使得绩效评估过程更为客观、直接，便于不同管理对象之间以及不同时间段内的绩效比较。

第三，有利于降低管控强度，降低管理成本，增大创新空间。与更多关注行为或特质的过程评价法相比，结果评价法减少了对绩效管理对象工作过程的管控，一方面有利于降低管理成本，另一方面也有利于扩大管理对象自主选择的空间，有利于提高工作效率，激发他们的创造力。

结果评价法也存在一些潜在的缺陷，一方面，单纯强调结果可能会误导管理对象为了达到目标而不惜一切代价，从而影响过程的合规性甚至影响团队合作；另一方面，忽视取得绩效的过程，有时会使管理对象认为自己是组织的"工具人"。同时，管理对象的绩效结果往往会受到多种外部因素影响，在这种情况下，单纯的结果评价可能无法准确反映其真实能力和努力，影响绩效评价的公平性。另外，由于结果评价法产生的主要是绩效结果信息，因此在指导员工优化工作过程、提升工作技能、帮助员工成长方面也难以提供有效信息。

结果评价法的适用条件是：

第一，员工/组织能够熟练地做出工作所需要的行为。在员工或组织尚未熟练掌握完成工作所必需的行为的情况下，绩效管理的重点应该是提高管理对象的工作能力而非激励他更加努力。因此，在这种情况下，就应该采取更加有利于帮助管理对象提高工作能力的过程评价法而不是直接采用结果评价法，因为在这种情况下，不佳的绩效结果可能更多地是由于技能不足而非努力程度导致的。

第二，行为和结果之间存在确定的因果关系。当行为与结果之间存在确定的因果关系时，使用结果评价法有利于促使员工对自己的工作成果负责，增强个人责任感。在这种情况下，通过采用结果评价法，有助于员工基于行为-结果-激励之间较强的链式反应，直观地看到自己的行为如何影响工作成果，进而影响激励结果，从而不断进行自我调整和改进。

第三，结果会随时间的推移而得到不断改进。绩效管理的最终目的是促进绩效改进，从而使绩效不断超过既有水平，获得"超额绩效"。因此，如果绩效结果无法得到持续改进，绩效评价的重心就应该转移到识别影响绩效提高的障碍上来，而不再仅仅是对绩效的评价和度量。与结果评价法相比，过程评价法更有利于识别出影响绩效的特定环节或行为，为绩效管理对象提供更有针对性的信息，进而指导他们如何提升绩效。因此，只有在绩效改进不存在障碍的情况下，使用结果评价法才是较好的选择。

第四，正确完成工作的方式有多种。当正确完成工作的方式有多种的时候，采用结果评价法进行绩效评价，有利于减少对工作的过程管控，聚焦最终成果，给绩效管理对象留下自主选择工作方式的空间，从而防止僵化思维，增强组织活力和竞争力。

过程评价法是以被评价对象的工作过程要素为效标进行绩效评价的，具体包括行为评价法和特征评价法。其中，行为评价法以工作行为为效标进行绩效评价，关注的重点和着眼点在于工作过程中的行为。行为评价法具体包括关键事件法、行为锚定量表法、行为观察法等。

尽管绩效管理的目的是要获得好的绩效结果，但是，这并不意味着所有的绩效评价都要采用结果评价法，有时还必须关注行为。在有些情况下，行为本身就是某些工作输出的结果，比如，宾馆服务人员要为客人提供良好的服务。在另外一些情况下，虽然某些工作的价值不在于行为，而在于行为的结果，但是为了确保这项工作能够取得预期的结果，需要对行为进行管理和控制。比如，在大规模生产的工厂，为了确保生产出的产品合格，需要编制作业规程以及设备操作规程，通过多种方式对从业人员的作业行为进行控制，而不能像小企业那样采取"包工包料、计件工资"等做法，因为一旦员工的行为失控，可能会导致很大损失。再比如，在煤矿，虽然井下生产作业追求的是安全生产这样的结果，而且，一旦发生安全生产事故，井下工人是首当其冲的受害者，但是，一旦发生安全生产事故，人员生命健康很可能会受到伤害，后果非常严重。因此，在这样的情况下，虽然我们关注的是安全生产的结果，也必须提前对安全生产作业的行为进行提前管理和控制，以确保安全生产的结果。

具体说来，行为评价法的重要作用包括：

第一，过程控制与改进。行为评价法关注员工在完成工作过程中展现出来的行为和态度，这有助于及时发现并纠正不当行为，促进工作过程的优化和员工能力的提升。它强调的是"如何做"，而不是仅仅"做得怎么样"。

第二，塑造企业文化。通过鼓励和奖励积极的工作行为，企业能够塑造和强化其期望的企业文化价值观和行为规范，增强团队协作和员工的归属感。

第三，促进公正性。在某些情境下，结果可能受到外部因素的影响，而行为评价法更能体现员工的主观努力和实际表现，有助于建立更加公平的评价体系。

行为评价法的适用条件是：

第一，员工/组织的行为是可测的。可测就是可观察、可度量。工作结果的可测性通常要比行为的可测性强。因此，行为的可测性是采用行为评价法必须要考虑的问题。如果员工或组织的行为难以观察或难以度量，那么行为评价法就失去了实施的基础。

第二，行为和结果之间的关系不确定。行为和结果之间的关系不确定意味着即使员工行为模范，也不一定能够获得理想的工作结果。在这种情况下，采用行为评价法对于客观地评价员工就显得格外必要。如果行为和结果之间的关系是确定的、明确的，那么，根据结果就可以推知行为；反过来说，员工的行为就会必然导致相应的结果，这时，就应该优先采用结果评价法。

第三，结果发生在遥远的未来。当结果发生在遥远的未来时，采用行为评价法对工作过程中的行为、技能和方法进行评估，一方面有利于在结果出现之前及早识别潜在的问题和风险，为管理对象提供及时的反馈，促使管理对象及时改进工作，确保长期目标的实现；另一方面也有利于及时强化积极行为，确保员工得到及时激励，始终保持良好的工作状态。

第四，造成不良后果的原因不在被评价对象的控制范围。如果绩效结果不仅会受到被评价对象的影响，还在很大程度上会受到其他外部因素的影响的话，采用结果评价法就会无法准确评价被评价对象的实际贡献，也无助于改进绩效。在这种情况下，采用行为评价法更能准确地反映绩效管理对象的工作努力和职业行为，确保评价的公正性和有效性。

特征评价法是过程评价法当中的另一种评价方法。特征评价法的任务是评价绩效管理对象是否具有相应的特征，以便在后续的工作中取得良好绩效。因此，特征评价法通常用于潜能评估以及人才选拔，其重点和着眼点在于被评价对象的典型特征，如沟通能力、专业知识等。特征评价法常用的具体方法包括业绩评价表法以及基于业绩评价表法发展形成的360度考核法等。

绩效管理关注的虽然是绩效结果，但是在有些情况下，当结果甚至行为发生时再去评价已经太晚，这时就需要通过特征评价法预先对相关人员进行评价，以确保能够（有很大可能）达到预期的行为或结果。显然，这相当于把绩效管理的关口进一步前移了。比如，要找一个人当企业的一把手，显然应该找能够带领大家实现企业绩效最大化的人，因为企业希望取得好的结果。那么，谁能达到这个目标只能干了之后才知道。但是显然不能让他先干，然后再看他行不行，那样的话就太晚了，所以必须先看谁最像这样的人。其实，如果真干起来的话，也许比选出来的这个人干得好的人还有不少。

在人力资源管理中，特征评价法与结果评价法相结合，经常被用来进行人才盘点。

第二节　排　序　法

一、排序法

排序法是按照绩效高低将管理对象进行排序的技术方法。这种方法直接对管理对象的绩效表现进行比较，不涉及复杂的评分系统，属于相对评价法。常见的排序法有简单排序法、交替排序法、配对比较法和强制分布法。

简单排序法的具体方法是：先列出管理对象的名单和评价要素；然后再根据评价要素，从最好到最差把管理对象依次标出来即可。

可见，简单排序法的优点是操作简单，成本较低，可行性强，适应性也比较强；缺点是：（1）当被评对象的业绩水平相近时，难以进行准确排序；（2）评价标准不够具体，相对比较模糊，主观性大。

交替排序法的具体方法是：

第一，列出所有需要评价的对象，然后将不是很熟悉因而无法进行考核的对象划去；

第二，根据评价要素，把最好和最差的对象挑出来，记录下来；

第三，在剩下的评价对象中挑出最好的和最差的，以此类推，直至评完。

交替排序法的优点是：

第一，操作简单，成本较低，可行性强；

第二，适应性强；

第三，有利于避免居中趋势。

它的缺点是评价标准不够具体，相对比较模糊，主观性大。

配对比较法的具体方法是：

第一，列出评价要素和被评价对象；

第二，根据评价要素，分别将被评价对象进行两两比较，分别对好的和差的给予相应积分，比如好的积+1分，差的积-1分；

第三，根据每位被评价对象的总得分进行排序。

配对比较法的优点是：

第一，适应性强；

第二，被评级对象不太多时成本较低，可行性也比较强；

第三，与简单排序法和交替排序法相比，比较过程更加细致。

它的缺点是：

第一，两两比较的过程相对比较繁琐，需要评价者耐心、认真；

第二，评价标准不够具体，相对比较模糊，主观性大。

二、强制分布法

强制分布预先设定绩效评价结果处于各绩效等级的比例，要求对被评价对象的绩效评价结果处于各等级的分布要符合事先规定的比例。可见，强制分布法意味着要提前确定准备按照什么样的比例将被评价对象分布到相应的绩效等级中去。使用其他方法进行绩效评价时，有可能导致被评对象的评分比较集中，区分度不高，使用强制分布法则有利于增加区分度。

📝 微案例 5.1

活力曲线与美国通用电气的末位淘汰

"活力曲线"是 GE 公司首席执行官杰克·韦尔奇（Jack Welch）提出的（见图 5.1）。他按照业绩表现把员工分为三类：表现最好的 A 类员工占 20%，表现较好或一般的 B 类员工占 70%，表现欠佳的 C 类员工占 10%。

A 类员工：拥有充沛的精力、鼓舞他人的能力、决断力与执行力，并且

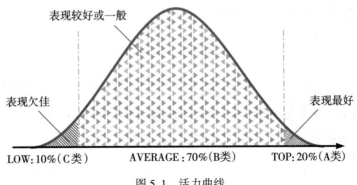

图 5.1 活力曲线

富有激情，也即满足"4E1P"的标准（energy、energize、edge、execute、passion）；

B 类员工：拥有充沛的精力、鼓舞他人的能力、决断力与执行力，相较于 A 类员工，往往缺少一定激情。

C 类员工：那些不能胜任自己工作的人。

对于 A 类——最拔尖的 20%，应该得到大量褒奖，其中包括奖金、期权、表扬、青睐以及其他各种各样的物质和精神财富。同时，要分析他们的优点与缺点，为他们的职业发展制定详细的计划，通过培训帮助他们提升相应的能力，为他们提供更具挑战性的工作岗位，让他们在工作中成长，达到他们的职业生涯目标。总之，决不能怠慢明星员工，他们是最优秀的人，应该得到相应的待遇。

B 类员工是企业的支柱，是业务成败的关键，要保持其能动性和工作激情，更多地进行培训教育、积极的反馈和周全考虑的目标设定，分辨出其中有提升潜力的员工进行栽培。

对于 C 类的 10%若在 3-6 个月中仍不能跟上 GE 前进的步伐，必须离开。

活力曲线被认为是给 GE 带来无限活力的法宝之一。在韦尔奇任职通用电气董事长的 20 年间，使通用电气的市值达到了 4500 亿美元，增长 30 多倍。

不过，谷歌认为，韦尔奇（Jack Welch）提出的这种271的分布不适用于知识型组织。一方面，如果在聘用环节严格把关，表现差的员工不会有10%那么多；另一方面，在表现好的20%中，最顶尖员工应得到更特殊的优待。因为知识型组织员工的贡献符合幂律分布，前1%的员工贡献了10%的价值，是平均产出的10倍；前5%的员工贡献了26%的价值，是平均产出的4倍；而最顶尖高手的贡献则无法用百分比衡量，是"有或无""成或败"的问题。

在中国华为，强制分布法在绩效评价中也有比较广泛的应用。比如，华为的各代表处在完成每个项目后，上级部门会对该项目进行绩效评价，项目评价结果会作为项目组长在这个项目中的绩效评价结果；同时，这个项目的绩效评价结果的高低也决定了项目组的组员中处于各个绩效等级的人数比例。项目的绩效评价结果越高，项目组组员中的优秀比例就越高，不合格比例越低，反之，项目的绩效评价结果越低，项目组组员中的优秀比例就越低，不合格比例就越高。然后，在这个框架下，项目组内部再形成对各位组员的评价。

在绩效管理中，与强制分布法紧密相关的一个问题是末位淘汰或者末位转岗。但是，应该注意的是，从法律法规的角度来说，辞退员工的前提通常应该是员工无法完成相应的岗位职责而不是和别人相比"不如别人"，而强制分布法则是一种相对评价法，是绩效管理对象相互比较的结果，因此不宜作为末位淘汰的依据。另外，也有学者认为，实行末位淘汰通常需要具备三个支撑条件：一是企业已形成强调责任结果导向的氛围，高压和竞争已是常态；二是企业是基于绩效付酬，而不完全是基于职位或职权；三是个人的努力程度对成果影响比较大，即可以产生差异化绩效，而不是由系统决定个人的产出。①

其实，即使在强制分布法和末位淘汰制应用比较广泛的华为，也有一些岗位是根据岗位职责来进行绩效考核的，只要完成了岗位职责中规定的任务，就被认为是合格员工，并不需要相互比较或者强制分布，因为增加区分度并不是绩效评价本身的目标，而只是达到某些目的的一种手段。

特别是在绩效管理中，受多种因素的影响，无法对评价对象进行更准确的绩效评价和绩效区分通常是绩效管理的常态。在这种情况下，采用强制分布法对于

---

① 杨爱国. 华为奋斗密码（第一版）[M]. 北京：机械工业出版社，2019.

好团队和相对较差的团队的影响往往会有所不同。在一个大家做得都相对较差、成员之间区分度不大的团队，强行把区分度增加到大于实际区分度，虽然会高估部分绩效相对较差的成员的实际绩效，但这种情况下引发的不良后果通常是部分员工的实际绩效被高估。这种情况对组织造成的损伤往往并不像下面将要讨论的情况所导致的后果那么严重。反之，在一个大家做得都很好、成员之间区分度不大的团队，强制把区分度增加到大于实际区分度，则会致使部分优秀员工受到损伤，会产生更加严重的不良后果。因此，在没有能力对绩效进行准确区分的情况下，要优先确保那些努力工作、贡献大的人不受伤害，因为这批人往往是整个团队前进的"领头羊"。

类似的思想不仅在绩效管理实践中受到重视，在部分企业的管理文件中也有较好体现。比如，在《华为基本法》中就有如下内容：

第五条：努力探索按生产要素分配的内部动力机制。我们决不让雷锋吃亏，奉献者定当得到合理的回报。

第六十五条：华为员工考评体系的建立依据下述假设：

（1）华为绝大多数员工是愿意负责和愿意合作的，是高度自尊和有强烈成就欲望的。

（2）金无足赤，人无完人；优点突出的人往往缺点也很明显。

（3）工作态度和工作能力应当体现在工作绩效改进上。

（4）失败铺就成功，但重犯同样的错误是不应该的。

（5）员工未能达到考评标准要求，也有管理者的责任。员工的成绩就是管理者的成绩。

第三节　关键事件法

一、关键事件法

在工作过程中，有些行为会导致不同的工作结果。这些导致不同工作结果的行为被称为"关键行为"。工作过程中出现"关键行为"的事例称为"关键事件"。关键事件法就是在绩效评价过程中，记录员工工作中的关键事件并以此为依据评价其工作绩效的方法。以下是关于销售团队成员为其他成员提供协作的关键事件记录。

积极行为：虽然没有要求他加班，但他主动留下来加班直到深夜，帮助其他同事完成了销售计划书，使公司在第二天顺利地与客户签订了销售合同。

消极行为：他当着领导的面直接批评其他团队成员工作不够努力，导致关系紧张，影响了团队成员间的合作。

在记录关键事件时，通常使用结构化方法 STAR 法，这种方法主要记录四个方面的要素，即：

S（Situation）：情景，即这个事件发生时的情景是怎样的。

T（Target）：目标，即为什么要做这件事，原因是什么。

A（Action）：行动，指当时采取了什么行动。

R（Result）：结果，即这样的行动导致了什么结果。

在具体使用 STAR 方法记录关键事件时，所记录的关键事件要努力做到情景具体、明确；行动具体、单一，可观察；结果具体、清楚。

由于关键事件法是以行为为基础的，因此有些教材也把这种方法归为行为导向的评价方法。

在应用中，关键事件法具体包括如下做法：

（1）年度报告法。管理人员对自己认为的关键事件进行记录，每年进行报告，特别好的和特别差的就代表了员工在考核期内的绩效。没有或很少记录的员工的绩效处于中间水平。

年度报告法的问题是：管理人员的记录可能不全面；由于管理人员个人偏好或偏见带来的误差。

（2）关键事件清单法。首先开发一个适用于被评者的关键事件清单，绩效评价时仅检查关键事件的发生情况，据此进行绩效评价。

关键事件法在干部选拔和干部管理中的应用比较广泛。比如，有些组织会对高层干部和基层干部分别定义一些关键事件，在经历这些事件的过程中对干部表现出来的行为进行评价。一是看干部经历了哪些关键事件，二是看在经历关键事件过程中的行为表现如何，把关键事件过程行为作为干部重要的评定依据，从中得出关键事件过程行为评价的结论和绩效考察的结果。

在关键事件清单中，还可以给出不同事件的权重。

关键事件法的优点是以事实为依据，说服力强；同时，所记录的关键事件通常比较具体，便于反馈。这种方法的缺点是，关键事件的列举可能会带有一定的主观性。

关键事件法的应用主要有三种情形：

一是通过记录特别好的和特别差的典型事件，来把最好的和最差的员工从一般员工中挑出来。这也是关键事件法提出初期时的用法，是传统意义上的关键事件法。

在这种情况下，该方法通常与其他评价方法结合使用，并不单独使用。

二是通过完全覆盖被评价对象所有绩效等级的关键事件，对被评价对象的绩效等级进行分级。

这种情况下，该方法包括行为锚定量表法以及行为观察（量表）法。可见，行为锚定量表法以及行为观察（量表）法也是以关键事件为基础的。

三是不良事件考核法。这是关键事件法发展形成的另一种技术方法，它通过预先设定的不良事件清单对绩效评价对象进行绩效考核。有些部门或岗位从事的是例行工作，即使这些工作被很好地完成，也不会被列为重要的绩效考核项目，但是一旦这些例行的工作出现差错，却会给组织带来很大损失。另外一方面，有些不良事件可能会给组织带来某些方面的较大影响。在这些情况下，都可以采用不良事件考核法。

二、行为锚定量表法

行为锚定量表法是对关键事件法的改进，是量表法与关键事件法的结合。所谓行为锚定，就是对不同绩效等级的典型行为分别进行描述，从而形成量表；然后把被评价对象的实际行为与这些典型行为进行比对，以此来确定被评价对象的绩效水平。显然，这是一种行为评价法。

采用行为锚定量表法进行绩效评价的具体步骤是：

（1）确定典型行为。利用工作分析的关键事件法来找出一系列（有效或无效）的典型工作行为，这些行为通常由对于工作比较了解的员工或者其直接主管来共同确定。

（2）建立初始量表。将这些行为初步归纳为不同的工作维度。

（3）行为归属划分的适宜性评审。专家对每种行为所属的维度进行划分。如果多数专家（如80%以上）对该行为所属维度的划分与评价者一致，则保留该行为，否则剔除该行为。

（4）评定工作行为的绩效等级。

首先，专家对被保留下来的工作行为的绩效等级进行打分。

然后，计算专家对每种工作行为的绩效等级评分的标准差，如果某种行为评分的标准差较大，则舍弃该行为。

最后，对剩下的每种行为，计算其绩效等级评分的均值作为该行为的绩效等级。

（5）形成最终的行为锚定量表。

表5.1是销售代表岗位处理客户关系维度的行为锚定量表。

表 5.1 　　　　　　**销售代表：处理客户关系维度行为锚定量表**

序号	典 型 行 为	评分
1	经常替客户打电话，给他做额外的查询。	6分
2	经常耐心帮客户解决所负责的问题。	5分
3	遇到情绪激动的客户会保持冷静，然后积极沟通。	4分
4	如果没有查到相关信息会告诉客户，并表示抱歉。	3分
5	忙于工作的时候经常忽略等待中的客户，时间达数分钟。	2分
6	一遇到事儿，就说这件事情跟自己没关系。	1分

行为锚定量表法的优点是：

第一，行为锚定量表各维度之间相对独立，涵盖了该工作的典型行为，有利于提高绩效评价的全面性和准确性。

第二，绩效评价标准更为明确，典型行为便于理解"非常好"和"比较好"之间的区别，有利于指导员工行为。

第三，典型行为便于更有效地向被评者反馈。

行为锚定量表法的缺点是：

第一，要把自己观察到的被评价对象的行为准确地对应到行为锚定量表，要求评价者认真细致地阅读描述，否则难以对应上或者对应错误。

第二，行为锚定量表的描述是针对行为而不是针对结果的。因此，要准确地对被评价对象进行评价，要求评价者必须对被评价对象的作业行为表现非常清楚。

第三，设计和实施成本较高。

三、行为观察法

行为观察法是行为锚定量表法的变体。与行为锚定量表法的区别是，行为观察法不是先确定员工在某方面的行为表现处于哪一个水平，而是先确定员工在某方面行为出现的频率。

实际应用中，通常用 5 点尺度来对行为出现的频率进行衡量。

表 5.2 是一个护士岗位服务与协作维度的行为观察评价表。

表 5.2 护士服务与协作维度行为观察量表

序号	典 型 行 为	出 现 频 率
		5-总是；4-通常；3-有时；2-偶尔；1-很少或没有
1	是否遵循医生的指示？	
2	是否遵守医院的工作程序？	
3	对待病人是否耐心？	
4	能否帮助其他护士照顾病人？	

第四节 工作标准法

一、工作标准法

工作标准法首先要制定工作标准，比如作业标准、操作规程、作业指导书等，然后把被评价对象的行为表现与既定的工作标准进行比较，从而对被评价对象的绩效做出评价。可见，这种评价方法属于行为评价法。

工作标准法能够为管理对象提供明确的行为指南，有助于确保员工遵循相同的操作流程和作业标准。对于人员流动性比较大的工作，能保证产品和服务质量的稳定。但是，在使用这种方法时，需要处理好工作的标准化和创新之间的关系，避免因为过度强调标准化从而抑制对新方法的探索，进而影响作业方法的创新、优化和迭代。

工作标准法在流程稳定、重复性高的工作中具有比较广泛的应用，如标准化生产作业、客户服务等。

二、劳动定额法

这种方法首先要确定劳动定额，比如评价期内的标准产出，然后把被评价对象的成果与制定的劳动定额进行比较，从而确定被评价对象的绩效。可见，这种评价方法属于结果评价法。

劳动定额法以产出定额为基准，适用于生产制造等强调产量和效率，同时质量标准也比较明确的领域，以便在产出达到定额的同时能够保证质量。

三、产出衡量法

与劳动定额法相比，产出衡量法事先并没有明确的绩效目标，而是单纯通过产出来衡量被评者的绩效。例如，对销售人员衡量其销售额，对生产工人衡量其产品数量。

产出衡量法的优点是：

第一，直接将绩效与实际产出挂钩，因此激励效果通常比较明显。

第二，规则通常比较简单，评价过程直观，易于理解和实施。

第三，给予被评价对象更多自我管理空间，鼓励自我驱动。

计件工资、工分制以及各种没有底薪或底薪很低的工资合约，都是产出衡量法的具体应用。

产出衡量法的缺点是：

第一，仅关注结果可能忽略达成结果的过程和方法。

第二，若外部因素影响产出，评价可能不公。

第三，过度个人产出导向可能会削弱团队合作。

第五节　360度评价法

一、360度评价法的基本原理

360度绩效评价是一种从多个角度获取被评价对象行为表现资料的方法，包括上级、下级、自己、同事等，有时甚至包括外部客户。评价人员根据各方面对被评价对象的评价，对比被评价对象的自评，向被评对象进行反馈，以帮助被评价对象改善行为，增强能力，进而提高业绩。

二、360度评价法的实施流程

360度评价法的具体实施流程是：

第一，明确评价目的。360度评价法评价的主要是被评价对象的行为表现，因此，开展这项评价的目的通常是员工培养，而不是对员工进行行政管理，如年度绩效考评、工资确定等。

当评价的目的不同时，同一个评价者对同一个被评价对象的评价可能会不一样；同一个被评对象对同样的评价结果也会有不同的反应。

第二，明确评价对象。

第三，设计评价问卷。

首先，根据评价目的设计评价模型。从哪几个方面进行评价？如能力与投入两大模块，并把这些大的模块进一步细化为小的模块；如可以把能力模块细化为专业基本素养、业务能力、领导与沟通能力等，从而形成调查的内容框架。

然后，根据内容框架，列出各方面内容包括的具体评价内容或指标。

最后，根据各方面的具体调查内容设计调查题目，编制选项，形成评价问卷草稿。

调查题目可以是开放式问题，也可以是5级或者7级量表。

第四，确定信息来源。确定绩效评价的信息来源，并将调查题目分配到不同的信息来源。不同评价信息及其主要来源见表5.3。

表 5.3　　　　　　　　　　**360 度评价法中的常用信息来源及其特点**

评价信息	信息来源	优　点	缺　点
工作业绩	上级	(1) 对评价内容比较熟悉； (2) 对被评价对象的工作业绩比较清楚； (3) 有利于掌握员工的优缺点，使员工培训、能力开发、职业生涯设计等更加切合实际	(1) 难以了解自身监控之外的员工表现，容易以偏概全； (2) 受个人偏好与心理影响，容易产生偏松偏紧倾向或定式思维
日常行为	同事	(1) 接触频繁，有利于客观、全面地评价； (2) 有利于增强团队协作； (3) 容易发现深层次问题，提出改进方向	评价容易受到私心、感情因素和人际关系影响
自评信息	自我	(1) 有利于更清楚地认识自己； (2) 有利于提高工作热情； (3) 有利于减少对评价的抵触情绪	(1) 容易过于重视自己的优点和业绩从而夸大成绩、高估自己； (2) 自己容易为自己的不足找理由
领导能力	下级	(1) 有利于增强管理的民主化； (2) 有利于增强员工的认同感和工作积极性； (3) 有利于发现上级不足，形成对上级的监督，促使其改进工作	(1) 容易过度拘泥于细节； (2) 可能会担心上级的打击报复或为取悦上级而只说好话不讲缺点； (3) 可能会导致上级为取得下级的好评而放松对下级的管理
服务意识	相关客户	(1) 所受干扰少，有利于增强评价的客观性； (2) 有利于强化服务意识； (3) 有利于发现自身优劣势与潜在需求	客户的样本容量较小时，可能会受到特殊因素的影响

第五，编制评价问卷。根据题目的分配结果，分别编制面向不同调查对象的评价问卷。

第六，组织调查。

首先，进行绩效评价沟通。就绩效评价的目的、步骤、问卷的填写等与评价者进行沟通和说明，保证评价者能够正确理解评价的目的和意义，以及评价问卷的具体含义。

其次，进行预调查。根据预调查的结果，对问卷进行修改。

如果使用的是业内比较成熟的专门用于360度评价法的评价问卷，由于这些问卷的科学有效性已经得到检验，则可以直接使用，无需再单独设计问卷，也无需进行预调查。

最后，进行正式调查。

第七，整理分析数据并反馈。

在应用360度评价法进行绩效评价时，需要注意如下问题：

第一，科学确定评价目的。进行360度评价的目标通常是开发员工，比如确定培养重点、进行人才盘点等。

第二，合理确定指标体系。合理确定业绩、素养、行为的比例关系，确保评价全面覆盖工作各个方面，同时避免重叠或遗漏，使得评价结果能够全面、准确反映被评价者的综合表现。

第三，进行有效评价沟通。在评价前，要提前向所有参与者解释评价的意义、流程和预期目标，消除疑虑，增强参与意愿。在评价中，要确保评价过程中信息流通顺畅，如有必要，提供指导帮助评价人准确理解评价标准和要求。在评价后，要及时、具体、建设性地反馈评价结果，结合正面肯定与改进建议，促进个人成长和团队进步。

第四，严密组织评价过程。在进行360度评价过程中，对于评价的方法、标准及流程要向所有参与者公开，确保评价方法与过程透明、公正，以增加评价的可信度。同时，为鼓励真实反馈，实施匿名评价机制，保护评价者身份，减少评价过程中的顾虑和压力。

微案例 5.2

360 度评价法在徐工挖机公司绩效考核中的应用

一、徐工挖机公司概况

徐州挖掘机械有限公司为徐工集团核心企业，成立于 2008 年 6 月，注册资本 2.5 亿元，2010 年销售额超 10 亿元，是国内专业化生产挖掘机的大型机械制造公司。

公司成立至今发展势头强劲，每年以 300% 的发展速度快速成长。现有制造基地位于徐州经济开发区，占地 800 余亩，规划产能 2 万台，千余亩的新厂区正在规划建设中，规划产能 3 万台。

二、公司人力资源现状

公司现有在册员工总人数 1984 人，其中男性 1738 名，女性 246 名。

作为一家大型制造型企业，主要包含管理、技术、生产、销售四大序列员工，其中生产序列员工共 1032 名，占公司总人数一半以上。

三、绩效管理组织

绩效管理委员会为公司绩效管理的决策机构，成员包括：公司领导、经营管理部部长、人力资源部部长。

绩效管理委员会下设绩效管理工作小组，为绩效管理的组织机构，成员由分管领导、经营管理部、人力资源部、财务部、党政工作部相关员工组成。

公司人力资源部共有 14 名员工，其中部长 1 名；部长直接下级分别有招聘经理、培训经理、薪酬绩效经理各 1 名。

四、绩效评价

研发技术类岗位的绩效评价周期为年度、月度及项目周期。其余岗位的绩效评价周期为年度和月度。

在年度评价中，经理级以上人员采用 360 度评价，由上级、同级、下级分别进行评价。

其中，经理级人员的下级、同级、上级评价人员由部门负责人确认；部长级人员的下级、同级、上级评价人员由分管领导确认。

360度绩效考核指标均为主观性指标，着重考核中层管理人员的基本业务素质能力、学习水平能力、领导决策能力、沟通协调能力、团队建设能力、工作态度、责任心及处事原则性等。

360度评价结束后，党政工作部按照以下公式计算出每个被评价对象的360度绩效评价得分：

360度绩效评价得分 ＝上级×50%+同级×20% + 下级×30%

在360度评价结果的基础上，由党政工作部按照月度评价占40%，年度360度评价占60%的比例计算出经理级以上人员的年度评价结果，并确定绩效等级，报分管领导审核，经总经理批准后由党政工作部和人力资源部存档和应用。

（资料来源：本案例由作者根据有关材料编写而成）

第六节　业绩评价表法

一、业绩评价表法

业绩评价表法也被称为图尺度评价法，是一种相对比较系统的技术方法。采用业绩评价表法进行绩效评价的具体步骤如下：

第一，确定评价指标。根据影响工作绩效的关键因素，分别确定绩效评价指标，如专业知识、沟通协调、创新能力等。

第二，设计评价尺度。评价尺度分为连续尺度和非连续尺度两种。前者使用不间断的分数区间（如1~100分），后者则采用间断的等级划分，如5级评价（优秀、良好、中等、需改进、差）或7级评价，确保尺度清晰，易于操作且能有效区分不同绩效水平。

第三，制定评价标准。为每个评价等级提供详细描述或行为示例，确保评价者能够对每级标准有统一的理解和应用。这样就形成了一个业绩评价表。可见，业绩评价表相当于一个绩效评价指标标准体系，既包括了评价指标（要素），又包括了评价尺度和评价标准。

第四，实施绩效评定。评价者根据被评价对象的实际表现，对照业绩评价表对每个评价指标逐一打分。同时，还可以基于评价标准，附加具体的评价描述，增强评价的客观性、可信度和指导性。

第五，数据汇总与反馈。对各评价指标的分项得分进行汇总，得出被评价对象的综合评分结果。

在运用业绩评价表进行绩效评价时，不仅可以对一般性绩效考核因素，如质量、数量等因素进行考核，还可以将工作职责进行分解，作为绩效考核标准，从而在工作职责与绩效考核之间建立对应关系。

表5.4是基于岗位说明书形成的行政秘书岗位的业绩评价表。考核要素包括打字、接待、计划安排、文件与资料管理、办公室一般服务等五个方面，涵盖了岗位说明书的主要内容。

表5.4　　　　　　　　　　业绩评价表（示例）

工作内容与责任：		被考核职位：行政秘书
A. 打字速写	权重：30%	考核等级：1□2□3□4□5□
以每分钟60个单词速度按照适当的格式准确地将来自以下各个方面的指令打印成文件：口头指示、录音内容、手写笔记或正式笔记、总经理的手写材料、手写会议纪要等；打印通知、会议议程、工作日程和其他以下内容材料；打印商业协会调查；汇总和打印经营报告和其他各种报告，包括文本和表格；打印从报纸杂志上摘选下来的文章，整理和打印信件、备忘录、文件副本以及其他要求打印的文件		评语：
B. 接待	权重：25%	考核等级：1□2□3□4□5□
当面或通过电话核定已经签订的合同，热心地帮助来电者和来访者；回答打进来的电话，转移消息、提供信息或将电话转给某人；接待来访者，提供信息或直接将客人引到相应的办公室或个人处；作为主人在客人等待期间提供临时服务；操纵自动应答设施；与来电的来访者保持一种合作态度		评语：

续表

工作内容与责任：		被考核职位：行政秘书
C. 计划安排	权重 20%	考核等级：1□2□3□4□5□
对工作日程进行有效管理，包括对约见、会议、旅程以及其他此类活动的安排；对工作日程进行安排；为总经理、董事会成员和其他人员邀约见面人员；为办理出差补贴做好准备；协助进行年度会议的安排；为保证在职培训计划的实施，在房间内、课间供应咖啡以及饮食方面提供必要的服务；对组织各项设施的使用进行计划安排；为外部发言人、咨询专家安排好交通、旅程以及相应的费用		评语：
D. 文件与资料管理	权重 15%	考核等级：1□2□3□4□5□
创建并维护一个合适的文件管理系统，能够按照要求迅速地放置和取出文件，制定文件空间分配计划，分别在文件管理系统中为回函、会议记录、报告、规定，以及其他相关文件作出妥当的安排；将资料放进文件夹中的适当地方；从文件夹中查找并取出需要的资料；对文件进行挑选、装订和剔除，在必要时进行文件汇总或销毁；保存和保护某些重要文件；将文件资料整理成可直接使用的形式		评语：
E. 办公室一般服务	权重：10%	考核等级：1□2□3□4□5□
以一种受欢迎的方式和既定的程序来履行相关办公室职责；通过邮递中心处理邮件、寄送文件和邮品；查阅外来邮件并进行分类，对文件进行复制；掌握一定的现金；从相关的报纸和杂志中摘取与组织有关的文章；负责公告栏的书写；完成其他预定的工作		评语：
该员工是否能够按照要求报告工作并坚持在工作岗位上？ 如果不是，请予以解释		□是的　　□不是
该员工是否听从指挥并遵守工作规章制度？ 如果不是，请予以解释		□是的　　□不是
该员工在工作中是否能与同事自觉保持协调一致并主动进行配合？ 如果不是，请予以解释		□是的　　□不是

在对五个方面工作进行考评的同时，还设计了专门用于"一般性绩效"考评的内容。

业绩评价表法在个体绩效评价中的应用十分广泛。应用业绩评价表，不仅可以对工作内容、责任及行为特征进行考核，而且可以向被评价对象展示成功工作绩效所必需的典型特征，从而起到导向作用和辅导作用。因此，有些教材也把该方法归为特征导向的评价方法。

二、因素评价法

因素评价法是在绩效评价法的基础上，在各维度的评分中进一步加入了量化标准，从而形成的技术方法。可见，因素评价法与绩效评价表法相比，评分的量化程度进一步得到提高。

比如，运用因素评价法从四个维度进行绩效评价：

（1）出勤，占30%，分为上、中、下三个等级。出全勤为满分（30分），病事假每天扣1分，旷工一天扣20分，迟到或早退一次扣15分；旷工一天以上或缺勤30天以上者不得分。

（2）能力，占20%，分为上、中、下三个等级。技术水平高、能独立工作、完成任务好、胜任本职工作的评为上，低于这个技术水平的评为中或下。

（3）成绩，占30%，分为上、中、下三个等级。积极主动工作、安全生产、完成任务好的评为上，较差的评为中，再差的评为下。工作中出现一次差错或发生安全、质量事故的每次扣10分；有一个月未完成下达任务的扣15分。

（4）组织纪律，占20%，分为上、中、下三个等级。工作中服从分配、遵章守纪、能够团结互助的评为上，否则评为中或下。违反公司规章或工作失职每次扣10分。

各因素的上、中、下三个等级的比例均分别控制在25%、60%、15%。

当因素评价法中的评价指标不断增加，指标之间的系统性进一步增强后，就形成了可以用于组织绩效评价的绩效评价指标体系。

✍ 微案例 5.3

华为个人 PBC 绩效管理①②

一、PBC 绩效管理规则

年初每个员工都要在充分理解公司的业绩目标和具体的 KPI 指标基础上，在部门经理的指导下制定自己的 PBC，并列举出下一年中为了实现业绩目标、执行方案和团队合作这三个方面所需要采取的具体行动。这相当于员工与公司签订了一个一年期的"军令状"。

（1）制定 PBC 时，需要个人与其直属经理共同商讨，这样可以使个人计划与整个部门计划相融合，以保证其切实可行。

（2）每个季度经理会协助员工对 PBC 的完成情况进行考察，到了年末直属经理会给下属的 PBC 打分，下属也会对直属经理的 PBC 打分。

（3）要想在 PBC 上取得高分，就必须切实了解自己部门的运作目标，掌握工作重点，发挥最佳团队精神，并彻底执行。

（4）每一名员工工资的涨幅，都会以 PBC 的实现情况为关键的参考指标。

二、PBC 协议书内容

PBC 协议书包括三大部分：（1）业务目标（权重80%）：包括 KPI 和关键任务；（2）管理目标（权重20%）;）（3）个人发展目标（参考指标）。PBC 协议书绩效指标组成结构和协议书格式分别见表5.5和表5.6。

表5.5　　　　　　　　　　华为 PBC 协议书内容结构

一、业务目标
（一）关键结果指标——个人承接 KPI
1. 经营指标（KPI 指标）

①　陈雨点，王旭东. 华为绩效管理：引爆组织活力的价值管理体系（第一版）[M]. 北京：电子工业出版社，2023.

②　杨爱国. 华为奋斗密码（第一版）[M]. 北京：机械工业出版社，2019.

续表

2. 市场目标
（二）个人关键举措目标——共6~8项
1. 个人年度业务目标（战略诉求、山头目标、高层客户管理等）
2. 个人年度管理改进目标（交付流程改进、组织建设等）
二、人员管理目标（共3~4项）
根据各自负责的部门的团队与人员管理挑战，设置目标
三、个人能力提升目标（共2~3项）
根据个人能力短板，设置个人能力提升指标，非职业发展计划

表 5.6　　　　　　　　　　　　**PBC 协议书格式**

个人绩效承诺书（PBC）

第1部分：组织绩效目标

说明：（1）主要以 KPI 形式表现。管理者组织绩效目标是指其所负责组织的绩效目标，员工组织绩效目标是指其所在组织（最小部门）的绩效目标。（2）未达到底线值得分为 0 分。达到底线值得分为 60 分，底线以上按线性关系计算其 KPI 得分。

牵引点	序号	KPI 指标	权重	上半年目标/全年目标			单位	指标公式	指标数据责任部门	实际完成结果	得分
				底线（60）	达标（100）	挑战（120）					
财务	1										
	2										
客户	3										
	4										
内部运营	5										
	6										
学习成长	7										
	8										
							组织绩效得分				

续表

个人绩效承诺书（PBC）

第2部分：重点工作及关键举措

说明：（1）重点工作要考虑短期与中长期结合，要考虑岗位职责要求等。（2）"关键举措"主要体现工作的执行措施（HOW）。体现对业务目标的支撑。"衡量标准"应以结果为导向，可视化、SMART化（即具体、可衡量、可达成、结果导向、有时间要求）。（3）重点工作应聚焦主业务，数量建议为3~5个。

序号	重点工作	权重	关键举措	衡量标准	完成时间	自评
1						
2						
3						
4						
5						

个人自评等级标准：

等级名称	定义描述
超出目标	工作超越预定目标，为公司创造了超出期望的价值。
达到目标	工作达到预定目标，符合对该岗位的预期。
低于目标	工作低于预定目标，还需付出额外努力才能达到对该岗位的预期。

第3部分：个人能力提升目标

说明：通过思考和分析在实现业务目标/人员管理目标时本人能力方面的挑战，设定针对性的目标，共2~3项。

需要提升的能力	能力提升的目标	序号	发展/学习活动计划	计划完成时间	目标完成情况及效果	自评等级
		1				
		2				
		1				
		2				

个人自评等级标准：

等级名称	定义描述
超出目标	能力提升超越预定目标，与之相关的绩效表现有较大提升。
达到目标	能力提升达到预定目标，与之相关的绩效表现有一定提升。
低于目标	能力提升低于预定目标，还需付出额外努力。

个人绩效承诺书（PBC）			
员工签名		主管签名	
签名日期		签名日期	

（1）业务目标分为关键指标（KPI）和关键任务。关键指标（KPI）是常规性指标，包括营收、开拓、品质、安全等指标，体现为结果性指标的分解。关键任务是动态性指标，是对关键指标（KPI）的补充和完善。

设置业务目标时，信息来源包括以下几个方面：可以参阅上级 PBC 中业务目标部分（来自上级、同事和客户的信息）；可以参阅相关内部资料，比如公司战略发展思路、公司的价值观等等；可以与上级直接沟通自己负责的阶段性重点工作（参照部门阶段性重点工作）；可以参阅自己的岗位职责说明书；可以向部门领导申请参阅部门组织绩效指标库。

PBC 协议书绩效指标与组织战略之间的关系见图 5.2。

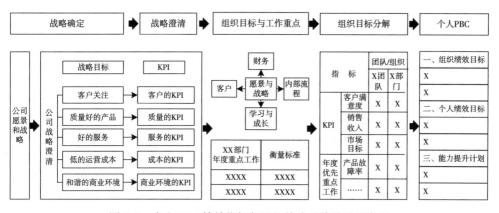

图 5.2　个人 PBC 绩效指标与组织战略承接关系示意图

资料来源：陈雨点，王旭东．华为绩效管理［M］．北京：电子工业出版社，2021：86.

（2）管理目标：团队负责人必须设置团队的管理目标。此时，需要从三个方面进行设置前的思考：业务目标对组织建设、员工管理的要求；优秀经理应该具备的 7 个管理行为（目标承接、团队合作、绩效管理、鼓励创新、发展下属、承认贡献、氛围营造）；亟待建设的岗位胜任力体系。在此基础上，负责人要明确部门管理的重点和难点，以进一步设定员工管理目标。

（3）个人发展目标应在上级的协助下设置，指标总数 2~4 个。这个目标仅作为参考，但所有员工均要求设置。

三、PBC 评估

PBC 的评估周期一般为每年四次，分为第一、二、三季度评估（重点评估业绩目标达成情况）和年度评估（业绩目标、管理目标、个人发展目标的全面评估）。

评估建立在权重后分数高低排序的基础上，分为五级：

A +：非常出色的顶级贡献者；

A ：出色的高于平均值的贡献者；

B ：胜任的扎实的贡献者；

C ：需要改进提高的较低的贡献者；

D ：令人不满意的个人。

PBC 评估部门内部绩效评估的五个等级所占人数的比例，由负责部门根据组织绩效等级确定并发布。部门组织绩效等级与员工绩效等级分布比例对应关系见表 5.7。

表 5.7   部门组织绩效等级与员工 PBC 绩效等级分布比例对应关系

部门组织绩效	部门弹性考核比例		
	A	B+/B	C/D
A	15%	85%	部门自行掌握
B+、B	10%	75%~85%	5%
C、D	≤5%	75%	≥ 10%

四、绩效校准

绩效校准是在直接主管给出绩效评估后，由绩效校准团队采用一定的程序和方法，进行集体讨论和决策，最终确定员工绩效等级。主要通过校准会议（Calibration Meeting）来实施，华为称之为集体评议。

绩效校准主要有两个目的：（1）绩效等级在企业跨部门取得一致性理解，逐步实现部门之间横向的可对比性；（2）对主管考核偏心或不公现象进行干预，促使绩效评估更加客观公正。

华为绩效校准/评议由行政管理团队（AT）来执行，研发体系由于组织层级较深，基层员工的绩效校准/评议更多由核心团队（CT）来执行。校准会议不是几个主管坐在一起随意讨论给出结果就算数。有效的绩效校准必须具备相应的程序和规则，并把握四个关键点：

（1）材料事实全面，内容准确。绩效校准信息通常包括员工绩效事实和主管评估排序，员工绩效事实主要来源于员工的 PBC 自评、关键事件记录、工作阶段成果、工作月报/周报/日志、客户评价、协作部门或流程上下游评价。其中，PBC 目标达成情况、关键事件记录是核心信息，要能够比较全面、准确地反映员工的绩效贡献。如果主管对员工绩效事实了解不够，在校准会议上一问三不知是很容易露馅的，这样可以反过来促使主管越来越重视员工的绩效考核。

（2）绩效导向和标准理解一致。绩效导向和标准，既包括对绩效评价模型（绩效标准、优秀标杆或典型案例）的统一认识，也包括高绩效的判断标准和评议规则。通俗地讲，一个好的绩效标准究竟是什么？虽然在校准会议前就已经明确制定出来，但评议过程也是再次统一思想、统一绩效语言、统一标准理解的过程，最终回到"多打粮食，增加土地肥力"上来，而不是我说责任结果，你说周末加班；我说团队建设，你说客户表扬……

（3）澄清绩效事实，消除认知偏差。澄清绩效事实，就是要客观地呈现员工绩效事实，最好通过实际数据和具体事例，客观展示员工的行为和产出，而不是模糊描述，或是主管的感觉和印象。例如："张三本季度做出很大贡献"，对这类空洞的描述，需要不断地还原绩效事实。一是他到底做了什么？二是贡献体现在哪些方面？三是产生了什么样的结果？四是这个结果对应哪个绩效标准？认知偏差最容易反映在如何给出绩效等级上，如果你的企业也是和华为一样，绩效等级分为 A、B +、B、C、D 五等，那么可以采用从小比例到大比例排序评议的方法，首先评议绩效 A 的人员，把所有评 A 的人员放在一起，分别展示其绩效事实，陈述给 A 的理由，经过集体讨论确定这一类别的"锚点"，再逐个把员工放在"标准秤"上称重，确定排序和绩效等级，并给出发展建议；然后是 C/D 人员；最后是 B+/B 人员，方法基本一样。对于顶级和末端人员，以及某些特殊人员最好逐个评议，其他人员可根据实际情况决定是否逐一评议。如果员工的绩效等级发生改变，参加校准会议的主管应完全理解其原因所在，便于在绩效面谈时给员工做出清晰的解释。

（4）多维度横向校准，判断是否符合绩效导向和标准。前面说的绩效校准，更多的是从等级维度做评议，为了保证整个评议客观公正，需要从不同维度审视绩效评估是否符合绩效导向和标准，特别是新员工、不同项目/部门同一角色人员、调整部门人员等人群。

五、绩效改进

绩效改进计划（PIP）是很严肃的员工管理流程，不同于日常的员工工作改进计划，需审慎启动。绩效改进计划的操作步骤如下：

（1）考核责任者需要与考核复核者、干部部/人力资源部 PBC 负责人和业务线职能主管（如是双重汇报关系）召开三方（或四方）会议，共同商讨 PBC 承诺人的主要绩效问题和绩效提升期望，完成 PIP 表格中的"主要绩效问题"和"绩效提升期望"部分。考核责任者与员工沟通绩效提升期望和公司相关政策后，由承诺人填写"绩效改进计划"部分。

（2）明确了绩效改进计划后，还应该明确定期回顾的频度（频度一般为每周或每两周一次）。

（3）在 PIP 期间的定期回顾时，考核责任人需要和员工就 PIP 中的"目标完成情况"进行回顾。

（4）PIP 周期结束，考核责任人需要就 PIP 的最终结果给出评定（通过/不通过）。

PBC 绩效改进管理流程如图 5.3 所示。

整个 PBC 绩效管理循环如图 5.4 所示。

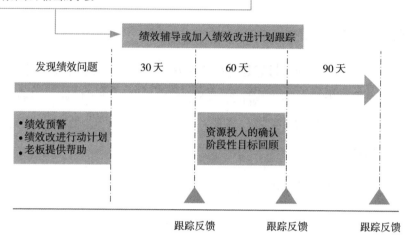

图 5.3 PBC 绩效改进管理流程图

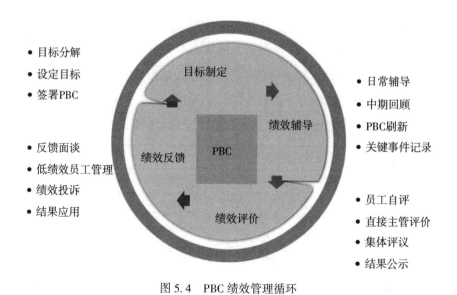

图 5.4 PBC 绩效管理循环

第七节　影响绩效评价技术方法选择的因素

一、绩效评价的目的与目标

绩效评价的目的与目标是选择技术方法时首先需要考虑的因素。如果绩效评价的目的是提升绩效结果，那么，绩效评价与绩效结果的联系越直接就越有效。如果绩效评价的目的是奖惩，那么，绩效评价就要尽可能全面准确地反映被评价对象的付出。

二、被评价对象的实际

1. 工作的独立性（依存度）

工作独立性高的岗位，员工通常拥有更多的自主权，其工作成果往往更多地受到被评价对象的影响，因此，评价时可以优先采用结果评价法，考察评价对象是否达到了既定目标。反之，工作独立性低意味着工作结果更多地受到其他因素的影响，因此，在这种情况下，可以优先采用行为评价法，以便更多关注被评价对象在团队中的行为表现、合作态度，更加客观地评价被评价对象的贡献。表5.8给出了独立性不同的工作选择绩效评价技术方法原则。

表 5.8　　　　　　　独立性不同的工作选择绩效评价技术方法原则

工作独立性	团队合作要求	结果受控性	技术方法
低	高	低	行为评价法
高	低	高	结果评价法

比如，在一个软件开发项目中，前端开发人员、后端开发人员、UI设计师、产品经理和测试工程师需要紧密合作来完成一个功能模块的开发。在这个过程中，每个成员的工作都高度依赖于其他成员的输出，比如前端需要等待后端接口的完成，测试工程师的工作依赖于所有开发任务的整合。项目的最终成功不仅取

决于个人的技术能力，更重要的是团队成员之间的沟通、协调与合作。此外，项目的最终成果（如软件稳定性、用户体验）可能受到市场需求变化、技术难题等多种不可控因素的影响。在这样的工作任务中，个人工作成果高度依赖于团队协作，个人的直接产出难以单独衡量，因此，在绩效评价中，可以采用行为评价法，将评价重点放在个人在团队协作过程中的行为表现，比如对团队目标的贡献度、对团队文化的塑造作用等。

2. 工作内容的复杂性

工作内容的复杂性决定了工作内容的可分解程度，进而会影响工作之间的依存度。

从横向上来看，内容简单的任务更容易被分解成多道工序，从而被不同的个体所承担；而内容复杂的任务相对难以被分解成多道工序，即使被分解成不同的工序，各工序之间也密切相关，从而难以被不同的个体所承担。

从纵向上来看，时间延续性短的任务更容易被分解为多道工序，从而被不同的个体所承担；而时间延续性长的任务相对难以被分解成多道工序，即使被分解成不同的工序，各工序之间也密切相关，从而难以被不同的个体所承担。

所以，对于复杂性程度高的工作往往更适宜于结果评价法，而对于复杂性程度低的工作则可以通过观察个体行为，以行为评价法进行评价。

3. 岗位层级的高低

岗位层级与工作性质通常也会密切相关。岗位层级低的工作大多比较具体，结构化程度高，一般可以通过工作行为和结果进行评价，可以采用行为导向型评价方法；岗位层级高的工作需要更多地进行管理决策，是思维活动的结果，难以通过具体的行为显示其绩效，更适宜于通过结果导向型评价方法进行评价。

4. 工作的可测性

工作的可测性指的是工作结果或工作行为的数量、质量特征容易被观察、度量进而容易得到相关信息的程度。信息是绩效评价的根据，要实行有效的绩效评价，首先就要有合适的可观察变量，有足够的信息。观察变量越多，评价信息越充分，对绩效的度量才能越准确。如果找不到合适的观察变量，得不到足够的反馈信息，那么，就无法及时准确地对绩效进行评价。

（1）行为和结果可测型。这种类型的工作在工作过程中的行为和一段时间内的工作成果都容易被观察和度量，如生产流水线上的生产作业。

（2）结果可测型。这种类型的工作结果可以被度量，但员工在工作中的行为不容易被观察和测量，如保险代理、商品销售、计算机软件开发等。

（3）行为可测型。从事这种类型工作的员工在工作中的行为容易被观察到，但是工作结果难以测量或者行为与工作结果之间的关系具有较大的不确定性，如宇航员等。

可见，在绩效评价中，可以对过程进行评价，也可以对结果或产出进行评价，选择哪一种评价方式主要取决于其可观察性。如果对于某项作业活动，从投入到产出的整个过程因果关系明晰，则产出结果的决定因素是可观察的，可以通过作业过程的评价实现预定的目标；相反，如果某项作业活动从投入到产出因果关系模糊，可观察性就低，一般只能通过结果评价方式实施管理。

5. 工作的标准化程度

不同工作的标准化程度是不同的。标准化程度高的工作，其工作内容、工作程序、工作方法都比较成熟，从业人员只要按照既定标准进行作业就可以取得预期效果，因此更适宜于采用行为导向型评价方法。

标准化程度低的工作，其工作内容、工作程序、工作方法都不够成熟，需要从业人员充分发挥自己的创造性和主观能动性，难以通过行为观察和推断其工作绩效，因此更适宜于采用结果导向型评价方法进行评价。

三、组织的实际情况

1. 组织的规模大小

随着组织规模不断扩大，内部分工会越来越细化，各子系统必须优先采用容易为组织成员清晰理解的绩效衡量手段，因此更适宜于采用结果评价法。如果组织规模很小，个人绩效对组织绩效有直接影响，则更适宜于采用行为评价法。

2. 组织/工作的外部环境

如果外部环境复杂多变，组织/工作受外部环境影响又较大，那么，为了迅速适应外部环境，需要更加注重当前的工作成效，因此采用结果评价法更为适合。

如果外部环境比较稳定，或组织处于生命周期中持续上升的回报期，组织战略也更加强调长期可持续发展，则行为评价法能够更好地服务组织目标。

3. 成本的承受能力

绩效评价成本不仅包括直接发生的绩效考核费用和时间成本，还包括间接的组织成本等。越复杂的评价方法所需要的评价成本越高。

✍ 微案例5.4

BGY 佛肇区域绩效管理案例

一、企业概况

（一）企业简介

BGY 控股有限公司成立于 1992 年，总部位于广东佛山顺德。作为综合性企业集团，BGY 以房地产为主营业务，同时涵盖长租公寓、产城、酒店、教育等多个行业。2007 年，公司在香港联交所主板上市（HK02007）。截至 2017 年年底，公司共有房地产项目 1468 个，覆盖 30 个省、220 个市、768 个县/乡区，旗下员工超过十万。2017 年，公司销售额破 5000 亿，被评为财富 300 强、福布斯 500 强企业。自 2010 年起，BGY 在全国先后设立了 48 家区域公司，开始实行"总部—区域—项目"三级管理模式。

BGY 佛肇区域公司是 BGY 的一级区域公司之一，深耕佛山、肇庆、云浮三个城市，目前已成立 6 个片区/城市公司和 1 个海外区域（即菲律宾区域），14 个职能部门，共有 81 个项目（其中佛山 48 个项目，肇庆 24 个项目，云浮 9 个项目），员工总数 1000 多名。2016 年，佛肇区域销售额突破 182 亿元，获当年佛山住宅市场签约面积、签约金额"双冠王"；2017 年，佛肇区域销售额突破 300 亿元，再获当年佛山住宅市场签约面积、签约金额"双冠王"。公司组织结构图如图 5.5 所示。

（二）人力资源现状

公司分为三级管控，区域平台、片区平台、项目平台，共计 1253 人（截至 2018 年 1 月 2 日，不含编制在集团的领导 18 人及外包人员 122 人，不含编制在营销体系的 79 人），其中区域平台共 508 人，片区平台 108 人，项目平台 745 人（见表 5.9）。

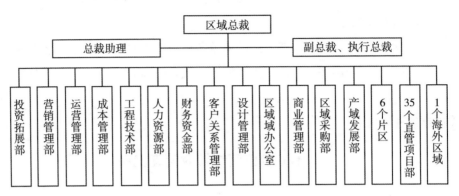

图 5.5 BGY 佛肇区域组织结构图

表 5.9 佛肇区域各职级人数统计表

	14	G13	G12	G11	G10	G9	G8	G7	G6	G5	G4	G3	总计
职级	区域副总裁	部门总监项目总经理	副总监项目副总经理	经理		高级主管	主管	专员、高级专员、工程师		仓库管理员、资料员、种植员、厨师			
人数	5	53	77	85	127	218	373	89	179	9	7	31	1253

注:不含编制在集团及营销体系的员工。

区域平台设有 14 个职能部门:区域办公室、人力资源部、工程技术部、投资拓展部、运营管理部、设计管理部、成本管理部、财务资金部、产城发展部、商业管理部、采购部、法务团队(编制在财务资金部)、营销管理部(编制在营销体系)、客户关系管理部(见表 5.10)。

表 5.10 佛肇区域平台各部门职级人数统计表

部门	总人数	职 级									
		G14	G13	G12	G11	G10	G9	G8	G7	G6	G5
财务资金部	143	—	1	4	9	10	24	29	24	42	—
成本管理部	104	—	—	3	8	10	14	62	4	3	—
采购部	11	—	—	—	—	—	—	—	1	9	1

续表

部门	总人数	职　级									
		G14	G13	G12	G11	G10	G9	G8	G7	G6	G5
产城发展部	31	—	1	5	6	1	7	4	2	5	—
工程技术部	32	—	—	1	2	7	3	13	5	1	—
客户关系管理部	34	—	1	1	2	8	4	18			—
区域办公室	37	5	10	4	2	1	2	3	—	9	1
人力资源部	21	—	1	—	2	2	4	6	1	5	—
商业管理部	15	—	—	3		3	3	2	4		
设计管理部	31	—	1	1	3	6	7	11	—	2	—
投资拓展部	35	—	1		5	3	3	5	8	10	
运营管理部	14	—	—	2	1	5	2	—		3	1
总计	508	5	16	24	40	56	73	153	49	89	3

注：区域副总裁、执行总裁、未来领袖均挂职在区域办公室，以上不含编制在集团的员工。

由于佛肇区域有许多项目公司，大部分的业务活动都归属于各个项目公司处理，区域平台的主要工作职责是宏观调控整个区域的运营，推动发展项目各项业务。

二、绩效管理体系

佛肇区域的绩效考核分为员工个人绩效考核、职能部门组织绩效考核、片区组织绩效考核和项目组织绩效考核。

（一）员工个人绩效管理

佛肇区域每半年进行一次员工个人绩效考核，考核采用线上评估方式（见图5.6）。

（二）职能部门组织绩效管理

职能部门组织绩效每季度考核一次，第一季度、第三季度只考核内部满意度评估，第二季度和第四季度即半年度和年度考核所有指标。考核内容及

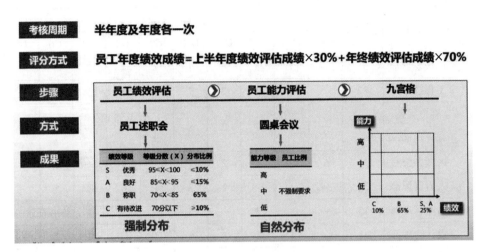

图 5.6　佛肇区域员工绩效考核概览图

权重如表 5.11 所示。

表 5.11　　　　　　　　职能部门组织绩效考核指标表

考核内容	权重	数据来源
军令状目标达成	30%	集团各中心
组织能力建设	5%	集团各中心
内部满意度评估	45%	公司管理层
半年度述职得分	20%	人力资源部

1. 军令状目标达成

人力资源部半年度、年度根据集团考核排名，计算军令状目标达成得分＝基准得分＋加减分项得分。基准得分以各部门集团考核成绩排名区间为依据，加减分项得分则以各部门进步名次以及在集团的绝对排名为依据。军令状目标达成得分上限为 100 分（见表 5.12、表 5.13）。

表 5.12　　　　职能部门绩效考核军令状目标达成各基准分细则表

2018 年职能部门集团考核排名	1~5 名	6~10 名	11~15 名	16~20 名	21~25 名	>25 名
基准得分	80	75	70	65	60	55

表 5.13　　　　职能部门绩效考核军令状目标达成加减分细则表

加减分项	评分条件	评分规则
加分项	达到区域职能部门年度军令状目标要求后	集团前 5 名，每进步 1 名绩效总分加 2 分
		集团 5 名之外，每进步 1 名绩效总分加 1 分
	集团排名前 3 名	No.1 加 4 分，No.2 加 3 分，No.3 加 2 分
	连续两年集团排名前 3 名	绩效总分额外加 2 分
减分项	集团排名后 20%	绩效总分扣 2 分
	连续两年排在集团后 20%	绩效总分额外扣 5 分

2. 组织能力建设

"组织能力建设"根据集团中心对公司职能部门组织能力评估综合排名计算。若考核期内集团未输出相关数据，则其权重分配至"军令状目标达成"指标。组织能力建设得分上限为 100 分（见表 5.14、表 5.15）。

表 5.14　　　　职能部门绩效考核组织能力建设基准分细则表

序号	综合排名情况	基准分及计算规则
1	1~5 名	第 5 名 90 分，按 2 分/名次递增
2	6~10 名	第 10 名 80 分，按 2 分/名次递增
3	11~15 名	第 15 名 70 分，按 2 分/名次递增
4	15 名以外	第 16 名 68 分，按 2 分/名次递减

表 5.15　　　　　职能部门绩效考核组织能力建设加减分细则表

类型	加减分细则
名次保持	（1）连续两次排名前5，加5分；连续两次排名前10，加2.5分；（2）连续两次排名后5，扣5分；连续两次排名后10，扣2.5分
排名变化	（1）对比上次，从前10名外前进到前10名，加2分；（2）对比上次，前进了10个名次及以上，加1.5分；（3）对比上次，后退了5个名次及以上，扣3分；（4）对比上次，后退了10个名次及以上，扣5分

3. 内部满意度评估

每季度最后一周，公司各职能部门第一负责人、各片区/项目第一负责人参考内部满意度评分表进行线上匿名评估，并依据考核规则对职能部门进行强制性排序评分，针对得分低的职能部门填写理由或者下阶段工作建议。最终满意度评估得分将去掉最高分和最低分，取算术平均值后进行排序。2018 年职能部门内部满意度评分表分为片区/项目评估版和职能部门互评版两种版本，具体如表 5.16、表 5.17 所示：

表 5.16　　　　区域职能部门内部满意度评估表（片区/项目评估版）

考评维度	工作业绩30分	指导帮扶30分	管理导向30分	职业能力10分
说明	项目提出需求部门达成效果与响应速度	对项目专业的指导、帮扶力度及效果	与区域管理的契合度，制定制度是否长远考虑区域发展	专业能力、敬业能力

表 5.17　　　　区域职能部门内部满意度评估表（部门互评版）

考评维度	主动性35分	配合度35分	协同效果30分
说明	主动向兄弟部门提供工作信息，主动协助解决兄弟部门业务存在的瓶颈问题	按时完成跨部门工作协作，特殊事项主动沟通解决	协作有执行、有效果

职能部门组织绩效最终得分=片区/项目评估综合得分×50% + 职能部门互评得分×50%。

评分细则如表 5.18、表 5.19、表 5.20 所示。

表 5.18　　　　　　　　　　**内部满意度奖罚机制细则表**

满意度排名	奖 罚 细 则
前三名	第一名奖 3 万元，第二名奖 2 万元，第三名奖 1 万元
最后一名	一次由区域总约谈，两次进行经济处罚，三次则本年度绩效考核结果为 C，四次则免职

注：产城发展公司的满意度评估由片区执行总及关联业务项目总进行评估。

表 5.19　　　　　　　　　　**内部满意度加减分细则表**

加减分项	评 分 标 准	考核部门
人人是老师 人人是学生	具体细则以区域最新发文的规定为准	区域人力资源部
总裁综合评定	区域总裁在考核总分基础之上，根据各部门综合贡献情况酌情加减分，且不设上下限	区域办公室
内控管理	4≤内控得分<6，扣 2 分；2≤内控得分<4，扣 6 分；内控得分<2，扣 8 分；发生重大违规（含个人和项目），扣 10 分	
品牌文化传播	（1）未经集团同意，擅自接受媒体采访，扣 2 分； （2）宣传类资料不符合集团 VI 规范并进行传播的，每次扣 1 分；扣分不设下限	

表 5.20　　　　　　　　　　**内部满意度加底线管理细则表**

底 线 管 理	评 分 标 准	考核部门
满意度评估连续垫底	连续三个季度部门满意度评估处于区域倒数第一，年度绩效考核结果直接为 C	区域办公室

底线管理	评分标准	考核部门
满意度评估公平性	对于片区/项目负责人评分，影响评估程序客观性和公平性的行为，一经举报并核实，年度绩效考核结果直接为 C	区域办公室

（三）片区组织绩效管理

佛肇区域现已成立 6 个片区/城市公司。具体指标及考核细则如表 5.21 所示：

表 5.21　　　　　　　　　　片区各考核指标设置细则表

维度	指标	权重	考核部门
聚焦 + 深耕 （60%）	新增土地投资额	30%	投资拓展部
	新增土地货值		
	合同销售额	20%	营销管理部
	市场占有率	10%	
均好 + 整合 （40%）	综合资金贡献目标完成率	15%	财务资金部
	签约净利润	10%	
	片区所辖项目大运营综合得分	15%	运营管理部

注：新增土地投资额与新增土地货值按二者得分高者取数计入综合得分。

片区组织绩效共设有一个加分项和 5 个减分项，具体指标及细则如表 5.22、表 5.23 所示：

表 5.22　　　　　　　　　　片区组织绩效考核加分细则表

加分项 （6 分封顶）	评分标准说明	考核部门
有效建议奖	项目主导或提出的方案，并获得集团奖项（有效建议奖、设计优化奖），加 1 分/项	设计管理部

表 5.23   片区组织绩效考核减分细则表

减分项 （不设下限）	评分标准说明	考核部门
员工流失率	（1）片区员工流失率高于区域员工流失率平均值的，扣 2 分； （2）员工流失率 = 员工流失人数/（期初员工人数 + 期末新增员工人数）×100% 注：区域内调职人员不纳入计算范围，所有员工（含未来领袖、超级碧业生、碧业生及外包人员）试用期内离职纳入计算范围	人力资源部
人人是学生 人人是老师	具体细则以 2018 年区域最新发文为准	
新闻危机	（1）危机事件引发当地媒体或地市级媒体曝光，造成负面影响，每次扣 0.5 分； （2）引发央级媒体或主流财经媒体曝光，造成恶劣影响，扣 1 分； （3）引发广泛媒体报道，严重影响公司品牌，扣 2 分	区域办公室
品牌文化传播	（1）未经集团同意，擅自接受媒体采访，扣 2 分； （2）宣传类资料不符合集团 VI 规范，并进行传播，每次扣 1 分	
负面观察清单	各项目每列入一次二级负面观察清单扣 0.5 分，一级负面观察清单扣 1 分	区域大运营组

除以上减分项外，片区绩效还设有底线考核。若片区在考核期内有四项及以上指标达成率低于 50%，或者片区所辖项目年度内有两次触碰项目绩效考核设置的底线，则年度绩效直接为 C。

片区组织绩效每月考核一次。2017 年片区组织绩效中没有设置加减分项，为鼓励片区及片区项目积极参与设计，特增设有效建议奖加分项。2017 年公司员工流失率较高，很多片区新成立，需大力提倡"人人是老师 人人是学生"，落实片区及项目的各项培训，使员工们全面了解项目或片区运营情况，拓展其他条线知识，因此2018年增设"员工流失率"和"人人是老师人人是学生"等减分项。

（四）项目组织绩效管理

公司的项目包括已摘牌未开盘项目、在建在售项目、竣工在售项目、已清盘项目四种类型，具体考核指标见表5.24。已摘牌未开盘项目由于未开盘不存在财务及客户两大维度的指标得分，因此只考核运营及学习成长维度。竣工在售项目由于已经竣工，不存在运营和学习与成长两大维度指标得分，因此只考核财务及客户维度。已清盘的项目不参与项目组织绩效考核。可见，在建在售项目的考核最为全面。

表5.24　　　　　　　　　　项目组织绩效考核指标表

维度	考核内容	评分标准	权重	数据来源
财务	合同销售额	销售额得分×15%＋销售达成率得分×50%＋累计存货销售目标达成率得分×15%＋新货去化率得分×20%	20%	营销管理部
	销售回款	（销售回款额完成得分×40%＋销售回款目标完成率得分×60%）×60%＋（销售回款率完成得分×50%＋销售回款率目标完成率得分×50%）×40%	15%	财务资金部
	签约净利润	签约净利润完成额得分×60%＋签约净利润率完成率得分×40%	10%	
	确认收入	（实际完成确认收入额/确认收入目标额）×100%	5%	运营管理部
客户	客户满意度	该项目准业主客户满意率×40%＋该项目磨合期客户满意率×40%＋交付后2个月内房屋质量满意率×20%	10%	客户关系管理部
	交付及维保修	承接查验得分×10%＋联合验收得分×10%＋业主开放日质量问题整改率得分×10%＋交付管理得分×30%＋维修管理得分×40%	5%	

维度	考核内容	评 分 标 准	权重	数据来源
运营	进度计划管理	本月内控计划得分×80%+本月集团考核节点得分×20%−本月管理行为扣分−本月日常资料扣分	10%	运营管理部
	工程质量管理	工程质量评分×60%+工程管理行为评分×40%	10%	工程技术部
	成本管理	全成本管理得分×25%+招标合约管理得分×25%+工程造价管理得分×25%+市政配套管理得分×25%	10%	成本管理部
学习成长	人均效能	编制使用率×50%+人均折算开面面积×50%	5%	人力资源部

上表中各项指标得分按照五档均值递进评分法计算得出。具体方法如表5.25 所示:

表 5.25　　　　　　　　　　　五档均值递进评分法对照表

指标值（x）	$x \geqslant \overline{X}_2$	$\overline{X} < x < \overline{X}_2$	$x = \overline{X}$	$\overline{X}_{-2} < x < \overline{X}$	$x \leqslant \overline{X}_{-2}$
指标得分（Y）	120	内部插值	90	内部插值	60

备注: $\overline{X}$: 内部均值,即该指标值所有项目的平均值; $\overline{X}_1$: 内部较高值,即高于内部均值 $\overline{X}$ 的那些项目该指标值的平均值; $\overline{X}_2$: 内部优秀值,即高于内部较高值 $\overline{X}_1$ 的那些项目该指标值的平均值; $\overline{X}_{-1}$: 内部较低值,即低于内部均值 $\overline{X}$ 的那些项目该指标的平均值; $\overline{X}_{-2}$: 内部较差值,即低于内部较低值 $\overline{X}_{-1}$ 的那些项目该指标的平均值。

项目绩效考核得分=项目关键绩效指标+加减分项。加减分项指标及考核细则如表 5.26 所示:

表 5.26　　　　　　　　　　　　　项目组织绩效加减分细则表

指标	评 价 标 准	考 核 部 门	备注
项目投资 1+1	具体细则以 2018 年区域最新发文为准	区域投资拓展部	——
工程奖	(1) 国家级工程奖项（鲁班奖、詹天佑奖、广夏奖等）每项加 2 分；(2) 省级工程奖项每项加 1 分；(3) 市级工程奖项每项加 0.5 分；(4) "集团标杆"每项加 2 分；(5) "区域标杆"每项加 1 分	区域工程技术部	累计加分不超过 2 分
跨项目支援	支援开盘或交楼，每人计 0.5 分，2 分封顶；由受益项目的项目总进行判断是否给予加分	区域人力资源部	累计加分不超过 2 分
跨单位关键人才输出	(1) 输出项目总经理、区域部门总监（第一负责人）：1.5 分/人；(2) 输出项目副总经理、区域部门经理：1 分/人；(3) 输出经理级项目人员：0.5 分/人注：以输出后的发文职位为准进行界定；单位淘汰或员工本人提出异动/离职等要求，区域人力资源沟通后进行跨单位调动的不纳入人才输出范畴，同单位管辖范围内输出人才不纳入计算	区域人力资源部	累计加分不超过 2 分
有效建议奖	项目主导或提出方案，并获得集团奖项（有效建议奖、设计优化奖），加 1 分/项	区域设计管理部	累计加分不超过 2 分
提前及足额供货	(1) 2018 年供货中，新开盘项目首批供货每提前 1 个月（对比内控计划）加 0.5 分（如跨年度/半年度加分翻倍）；(2) 2018 年供货中，旧盘新供货项目后续供货每提前 3 个月（对比内控计划）加 0.5 分（如跨年度/半年度加分翻倍）	区域运营管理部	累计加分不超过 2 分

续表

指标	评价标准	考核部门	备注
新增供货去化	2018 年 1 月 1 日至 6 月 30 日新增供货，在 9 月 30 日前或 2018 年 7 月 1 日至 12 月 31 日新增供货，在 2018 年 12 月 31 日前：（1）去化率达到 90% 以上，加 0.5 分/次；（2）去化率达到 93% 以上，加 1 分/次；（3）去化率达到 95% 以上，加 1.5 分/次	区域运营管理部	累计加分不超过 2 分
提前确认收入	如项目较里程碑计划跨（半）年度提前确认收入，加 2 分/批次	区域运营管理部	累计加分不超过 2 分
月度尖叫目标达成	项目月度销售额每月完成尖叫目标，加 0.5 分/次	区域营销管理部	累计加分不超过 2 分
人人是学生，人人是老师	具体细则以 2018 年区域最新发文的规定为准	区域人力资源部	——
新闻危机	（1）危机事件引发当地媒体或地市级媒体曝光，造成负面影响，扣 0.5 分；（2）引发央级媒体或主流财经媒体曝光，造成恶劣影响，扣 1 分；（3）引发广泛媒体报道，严重影响公司品牌，扣 2 分。	区域办公室	按评价标准进行扣分，不设置扣分底线
非首期供货节点	集团里程碑计划供货（非首期供货）节点逾期，每次扣 2 分（注：以 2018 年第一版里程碑计划为准）	区域运营管理部	
内控管理	（1）4<内控综合得分≤6，扣 1 分；（2）2<内控综合得分≤4，扣 3 分；（3）内控综合得分=2，扣 5 分	区域办公室	

续表

指标	评价标准	考核部门	备注
品牌文化传播	(1) 未经集团同意，擅自接受媒体采访，扣 2 分；(2) 宣传类资料不符合集团 VI 规范，并进行传播，每次扣 1 分	区域办公室	按评价标准进行扣分，不设置扣分底线
不良信用信息	(1) 项目出现企业不良信用信息单不按规定上报，扣 0.5 分/次；(2) 若出现重大风险难控的企业不良信息信用，扣 1 分/次	区域法务部	

底线考核指标作为项目管理过程中的"管理红线"，若项目在考核周期内触碰，则项目总当年绩效成绩直接为 C；若片区内出现两次（含）以上触碰"底线考核指标"，则片区总当年绩效成绩直接为 C。项目底线考核细则如表 5.27 所示：

表 5.27　　　　　　　　　**项目底线考核说明表**

序号	评价标准	考核部门
1	2018 年 1 月 1 日至 6 月 30 日新增供货，在 9 月 30 日前去化率低于 65%，或 2018 年 7 月 1 日至 9 月 30 日新增供货，若在 2018 年 12 月 31 日前去化率低于 65%	运营管理部
2	里程碑计划中首期开放及开售节点、各批次交楼联合验收节点逾期	
3	年度确认收入完成率低于 100%	
4	项目出现重大质量问题并被媒体曝光或出现业主群诉事件	工程技术部
5	项目未按要求使用"四新技术"或使用效果未达要求	
6	项目工程质量评分 3 次落入区域后五名	
7	展示区集团联合验收低于 92 分，或展示区保鲜被集团通报批评	
8	项目触犯 2 条集团质量"十条红线"	
9	项目未按要求使用 SSGF 体系	

续表

序号	评 价 标 准	考核部门
10	项目未按区域要求进行工地开放	工程技术部
11	项目承接查验问题多于 12 条，业主开放问题多于 6 条，交楼问题多于 3 条	
12	客户满意度下降底线不能超出 10%	客户关系管理部
13	在考核周期内，项目每发生一次群体性客户投诉事件且情节严重的（引发地方或中央级媒体负面报道，甚至引起新闻危机的）	
14	未按集团规定的外判设计流程和规定，私自进行设计外判、与外判单位签订设计合同	设计管理部

　　项目绩效月度跟踪结果和半年度的考核结果作为项目绩效奖金分配、人员晋升和调薪等的依据。月度跟踪反馈过程中，对于优秀标杆项目（管理行为最好，单项指标最好或进步最快的项目）鼓励进行分享和分析；对于综合排名后三名的，要求每月进行检讨和分析，落后指标由对应部门做点评；若项目连续两月跟踪考核排名靠后则进行约谈。

　　项目组织绩效每月都进行考核，月度考核不考核加减分项及底线管理，半年度及年度才考核。每月月初绩效专员需要向各部门绩效对接人获取相应指标的考核数据，进行核算，最终得出项目组织绩效报表。

（资料来源：本案例由作者根据有关材料编写而成）

第八节　绩效评价的误差

一、评价方法误差

评价方法误差就是由绩效评价方法所造成的误差。绩效评价方法可能造成的误差包括：

1. 绩效内容误差

在进行绩效评价时，首先要根据评价目的来确定评价内容，如遴选评价项目等。这种由于绩效评价内容不当而导致的绩效评价结果与其真实值之间的差异，就是绩效内容误差。

比如，进行绩效评价的目的是度量被评价对象在工作中的符合组织利益的付出。如果被评价对象有 A、B、C 三项工作任务，而绩效评价只评价其中的两项，这时，由于评价内容不全面，就会导致评价结果与被评价对象的真实付出之间出现误差。

2. 评价技术误差

在绩效评价过程中，由于采用了特定的评价技术方法而导致的绩效评价结果与其真实值之间的差异，就是评价技术误差。

比如，行为锚定法是把被评价对象的行为与行为锚定量表上的典型行为进行比对，从而来确定被评价对象的绩效等级的。采用这种评价技术得到的结果有可能与绩效的真实值之间并不完全相等。这种差异与特定的评价技术有关，是由于这种绩效评价技术方法而产生的，称为评价技术误差。

由评价方法造成的误差属于系统误差。绩效评价方法一旦确定，这种误差会稳定存在且在多次评价中保持不变。因此，这种误差又称为偏差。要想减小绩效评价方法误差，必须改进绩效评价方法。

二、评价指标误差

绩效评价指标是绩效评价内容的具体化和量化表达，是绩效评价内容的具体体现和衡量标尺。绩效评价内容确定了绩效评价的方向和范围，而评价指标则将抽象的绩效评价内容转化为可操作的评估标准。在这个具体化和量化过程中，有可能会产生误差。换句话说，如果转换不当，绩效评价指标与绩效评价内容之间就会产生较大的偏差，不能很好地代表绩效评价内容。这种误差就是评价指标偏差。

三、评价信息误差

绩效评价是评价主体使用一定的绩效评价方法，基于相关的绩效信息，对被评价对象的绩效作出判断的过程。

可见，信息，如相关记录、数据等，是绩效评价的重要媒介。如果信息不准确，就会造成绩效评价结果与其实际值不符，从而出现误差。

信息造成误差的情形包括信息错误和信息不足两种情形。

数据是否准确，会对绩效评价结果产生重要影响。通常，信息越充分，越有利于提高绩效评价的准确性，误差越小。

提高组织活动的信息化水平，有利于减少评价信息误差。

四、评价主体误差

评价主体误差指评价主体由于某种心理原因所形成的误差。有研究表明，在任何绩效评分结果中，实际上约有 60% 与评估者的特质而不是被评价对象的特质有关，这种现象被称为"特别评估者效应"[①]，也就是评价主体误差。

典型的评价主体误差包括以下几种：

1. 晕轮效应与魔角效应

晕轮效应指评价主体对被评价对象的某方面进行评价时，会受到被评价对象的整体印象的影响，从而形成"一好百好"的效果。

魔角效应指评价主体对被评价对象进行评价时，会受到被评价对象在某方面不良表现的影响，从而对他在其他方面也给予不良评价。

为了避免出现晕轮效应，在进行绩效评价时，可以考虑以要素为单位进行评价，而不要以被评价对象为单位进行评价。也就是说，将同一个评价要素对所有被评价对象同时进行评价。

2. 逻辑误差

逻辑误差指评价主体在对被评价对象进行评价时，由于自己错误的逻辑而导致的误差。这种错误的逻辑很容易形成个人偏见，因此，有些教材也把这种误差称为个人偏见。

逻辑误差的另一个表现就是刻板印象，指的是人们对某一类人或事物产生的比较固定、概括而笼统的看法，是我们在认识他人时经常出现的一种相当普遍的

---

① Marcus Buckingham. Most HR Data Is Bad Data［J/OL］. Harvard Business Review，February 9，2015，https：//hbr. org/2015/02/most-hr-data-is-bad-data，2024-09-10.

现象。

刻板印象的形成，主要是由于我们在人际交往过程中，没有时间和精力去和某个群体中的每一成员都进行深入的交往，而只能与其中的一部分成员交往，因此，我们只能"由部分推知全部"，由我们所接触到的部分，去推知这个群体的"全体"。

3. 偏松或偏紧倾向与居中趋势

所谓偏松倾向，就是指评价主体在进行绩效评价时倾向于给出高于实际表现的评价。这种倾向可能是由于评价主体希望避免冲突、维护良好关系或是不愿意承认下属的不足。而偏紧倾向则与偏松倾向相反，评价主体可能对被评价对象过于严格，给出低于实际表现的评价。这可能源于过高的期望、个人标准严苛或对员工的某种不满意。

居中趋势也称为"中间倾向"，是指评价主体倾向于避免给出极端的评分，不论过高还是过低，而是将大部分被评价对象的评分集中在评价尺度的中间区域。这种现象往往导致评价结果趋同，无法真实反映被评价对象绩效的差异。造成这一现象的原因可能包括评价标准模糊、评价者试图避免作出困难的判断，或者是评价者不愿承担给予极端评价可能带来的责任。

4. 近因效应

近因效应指评价主体在对被评价对象的较长一段时间的工作业绩进行评价时，过度看重近期表现和成绩，从而造成误差。

近因效应和首因效应恰好相反。一般说来，在熟悉的人之间，近因效应起的作用较大；在陌生的人之间，首因效应起的作用较大。

5. 投射效应

投射（projection）指推测自己的特征在其他人身上也存在的一种心理倾向。

在绩效评价中，由于投射效应的存在，容易导致评价主体提高与他有相似特征或经历的被评价对象的评价结果，这种误差被称为自我比较错误或与我相似性错误。

这些心理因素所形成的误差属于系统误差。在评价期内，评价主体的心理因素通常具有相对稳定性，因此，它所形成的系统误差也具有相对稳定性。

这些误差是评价主体在对被评价对象的绩效信息进行思维加工的过程中，在某方面心理因素的作用下而形成的。因此，减少评价主体对绩效信息进行主观加工的空间，是减少这类误差的重要途径。具体包括明确绩效评价标准，增加量化指标，加强培训等。

第六章　综合性绩效评价方法

第一节　平衡计分卡（Balanced Score Card，BSC）

一、平衡计分卡的主要思想

平衡计分卡是由哈佛大学商学院的罗伯特·卡普兰（Robert S. Kaplan）教授和波士顿咨询公司的咨询顾问戴维·诺顿（David P. Norton）在 1992 年共同提出的一种战略绩效管理工具，其核心思想是通过构建一个全方位、多维度的评价体系，将组织的战略目标转化为可操作的衡量指标，以实现组织长期目标与短期行动之间的平衡，以及财务目标与非财务目标之间的平衡。

与传统的得到广泛应用的由杜邦公司首创的"资本报酬率"指标和"杜邦财务分析体系"主要关注有形资产的绩效评价体系相比，平衡计分卡最大的区别在于，它还关注在企业发展中日益重要的人力资本、知识资本等无形资产，从而通过绩效评价更加全面地考察企业实现其愿景及战略目标的程度，是一种从财务收益、市场客户、内部流程和学习成长四个维度来综合评价企业绩效的评价指标构成模式。

平衡计分卡的主要思想是：

第一，战略对齐。平衡计分卡强调组织的所有活动都应紧密围绕其战略目标展开，从企业的愿景和战略出发，将抽象的战略目标分解为可量化、可操作的指标，有助于统一绩效指标选定的指导思想和原则，实现绩效管理与组织战略的有机统一，从而确保组织的各个层级和职能都能够明确自己的工作方向，并与战略目标保持一致。

第二，平衡发展。平衡计分卡认为，在组织绩效管理过程中必须保持内部与外部、远期与近期之间的平衡，具体体现为财务、客户、内部流程、学习与成长这四个方面的平衡。这四个维度相互关联，共同支撑着组织的长期成功。通过这种平衡，组织能够在追求短期财务成果的同时，投资于客户满意度提升、内部流程优化和员工能力发展等长期价值创造活动中。

平衡是管理当中的重要课题。赫伯特·西蒙（Herbert Simon）认为，在决策过程中，平衡各种相互冲突的因素是至关重要的，只有综合考虑目标、资源、成本和收益等多个方面，才能做出明智的选择。彼得·德鲁克（Peter Drucker）也认为，有效的管理需要在满足利益相关者的需求之间找到平衡，以实现组织的长期目标和愿景。日本著名企业家、京瓷集团和 KDDI 集团的创始人稻盛和夫（Kazuo Inamori）强调，我们追求的是企业短期利益与长期利益的平衡，以及企业与社会的平衡。这是京瓷哲学的核心思想之一。可见，对于一个组织，必须在短期与长期、内部与外部等各方面之间找到一个平衡。《追求卓越》的作者汤姆·彼得斯（Tom Peters）和罗伯特·沃特曼（Robert Waterman）对那些在各自行业中表现卓越的企业进行了研究，他们发现，这些企业在创新和保持稳定之间、在短期和长期利益之间都找到了恰当的平衡点。

第三，因果并重。平衡计分卡不仅强调经营结果，也对管理过程给予了高度关注，换句话说，它不仅重视绩效之果，同时也重视产生绩效的前因，是一个包含因果逻辑的绩效管理框架。它认为，通过改善内部流程和促进员工学习与成长，可以提高客户满意度，进而带动财务业绩的增长，体现了从投入（学习与成长）到产出（财务结果）的逻辑顺序，帮助管理者理解不同绩效指标间的驱动关系。因此，通过实施平衡计分卡，有助于组织明确实现战略目标的关键因素，并把关键因素转变为各层级的绩效指标，从而为组织战略落地找到抓手。

二、平衡计分卡的逻辑结构

平衡计分卡的主要思想也体现在它的逻辑结构上。在逻辑结构上，平衡计分卡通过四个互相关联的维度构成了一个完整而系统的战略绩效管理体系。这四个维度分别是：财务维度、市场客户维度、内部流程维度、学习与成长维度。

1. 财务维度

在平衡计分卡中，作为绩效管理体系的焦点，财务绩效关注的是组织的经济成果，是绩效管理需要实现的最终目标，体现了组织存在的根本目的之一——创造经济价值。财务收益维度的绩效指标包括两个方面：规模和成本。常用的绩效指标包括：利润、营业额、销售额、现金流、投资回报率、成本等。财务绩效是其他三个维度的最终结果，反映了组织的短期和长期财务健康状况。

2. 市场客户维度

市场客户维度强调组织必须创造出使客户满意的产品和服务，提高顾客满意度和忠诚度，以维持和增长市场份额。市场客户维度的绩效指标包括两个方面：

企业的市场定位——我的核心顾客群体是哪些人？

企业的服务价值观——这些顾客有哪些特殊需求？

市场客户维度的常用绩效指标包括：顾客满意度、老客户保留率、市场份额、新客户获取率、客户盈利性等。通过这些指标，组织可以更好地理解其市场定位和顾客价值主张。

3. 内部流程维度

与传统绩效评价相比，平衡计分卡的一个重要区别就在于更加强调组织的无形资产所形成的能力。这种能力主要体现在两个方面：一是体现在内部流程方面的现实的执行能力，二是体现在学习和成长方面的可持续发展能力。

内部流程维度的绩效指标包括四个方面：质量导向指标、时间导向指标、柔性导向指标、成本导向指标。

4. 学习与成长维度

学习与成长维度是组织发展的基础。平衡计分卡关注的不仅包括有形资产（如设备）的升级和技术改造，还把员工视为重要的资本，关注员工技能、组织文化等无形资产的提升，追求组织的可持续发展。学习与成长维度的常用指标包括员工培训学时数、员工满意度、员工忠诚度、技术人才满意度、创新能力等。通过学习和创新能力建设，能够有力地支持其他三个维度的目标达成，并为组织的长期发展奠定基础。

需要注意的是，在发展的不同阶段，由于组织面临的挑战和战略重点有所不同，因此，与战略重心的调整相适应，平衡计分卡的绩效指标也会有所不同。比如，在初创阶段，组织的主要目标往往是生存、产品或服务的市场验证，迫切需要建立品牌认知。因此，平衡计分卡的指标可能更侧重于市场客户方面和学习与成长方面；在成长阶段，组织进入市场份额快速扩张时期，组织需要重点关注成长能力，如销售额增长率或者特定地区、特定顾客群体的销售额增长率等指标；进入发展阶段，企业可能会重点关注获利能力，如营业收入额、利润率、投资回报率等指标；而成熟阶段的企业，则可能重点关注现金流量，并减少营运资金占用等。

因此，随着组织的发展，定期审视和调整平衡计分卡的指标，是确保绩效管理有效性和战略适应性的重要步骤。表 6.1 是华为公司在绩效管理过程中对于不同市场的绩效考核重点。

表 6.1　　　　　　　　　华为公司针对不同市场的主要绩效目标[1]

	销售收入	贡献利润	现金流	市场份额	市场格局
成熟市场	★	★★	★★	★	
增长市场	★★	★		★★	
拓展市场					★★★

在战略对齐、平衡发展和因果并重的思想指导下，平衡计分卡的四个维度之间形成了一个前后衔接的因果关系链，即通过在学习与成长上的投资，改进内部流程，提升客户满意度，最终实现财务目标的达成，见图 6.1。这种逻辑结构促使组织从长远角度考虑，通过持续改进和创新，在短期目标与长期目标、内部要

---

① 杨爱国 . 华为奋斗密码（第一版）[M]. 北京：机械工业出版社，2019.

素（指员工与流程）与外部要素（指股东与客户）、财务指标与非财务指标等方面努力平衡当前与未来的需求，确保组织能够获得可持续发展。

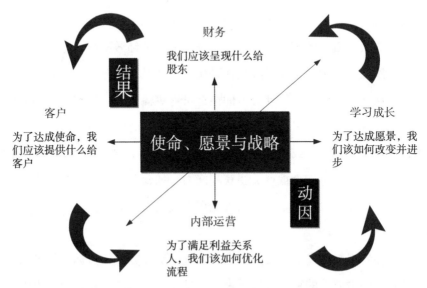

图 6.1　平衡计分卡的四个维度及其逻辑结构示意图

三、平衡计分卡的应用与创新

自提出以来，平衡计分卡在各类组织的绩效管理实践中得到了广泛应用。这主要得益于平衡计分卡战略对齐、平衡发展和因果并重的显著特点。

在华为公司，就把平衡计分卡用于中高层管理者的绩效评价过程。华为中高层管理者的绩效评价通常是通过述职和 KPI 考核的方式来完成的。其中，述职内容以平衡计分卡为框架（见图 6.2），逐级向上级进行述职。

述职时，述职人基于平衡计分卡框架，对照经批准的年度业务规划、预算和 KPI，总结实际进展，找出存在的差距和原因，提出具体策略、措施和资源需求。

同时，在华为公司的基层经营组织形式——"铁三角"的绩效管理中，平衡计分卡也得到了很好的应用。

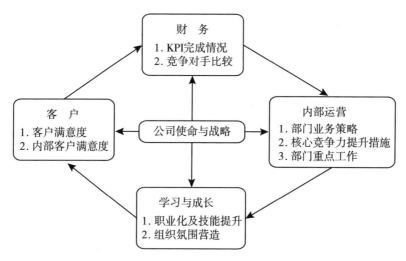

图 6.2 基于平衡计分卡的华为中高层管理者述职内容框架

资料来源：陈雨点，王旭东．华为绩效管理：引爆组织活力的价值管理体系（第一版）[M]．北京：电子工业出版社，2023：176.

✏️ 微案例 6.1

华为"铁三角"及其基于平衡计分卡框架的绩效评价指标体系

截至 2021 年，华为共设有 17 个地区部，如中东地区部、北非地区部、中亚地区部等；地区部下设代表处，代表处是最小的经营单元，对营收要求是稳定在 2 亿美元以上才有资格申请成立代表处，共有 170 个代表处。

片联设有两类专业化组织：一是作战组织，就是铁三角组织；二是平台组织，比如财经、人力资源、法务等部门。

片联设有片联主席和客户群总裁、解决方案总裁、交付总裁。解决方案总裁有"解决方案专家团队"，交付总裁有"交付专家团"，这些是位于公司总部的机动团队，可以根据各区域市场的项目情况、资源情况，灵活、机动地"冲"到一线参与项目，以强化企业在项目中的专业力量。

片联的各个铁三角组织除了会在公司总部保留一部分机动团队，还要求片联下属的各地区部把自己拥有的高端资源（比如各地区部的五、六级专家）的 20% 放入公司资源池，供公司在项目有需求时调用。片联每月会召开各地区部经营分析会，监控本区域的经营绩效，比如人均产出数。地区部经营绩效达不到公司对经营单元的要求，区域就必须进行资源的释放。其他区域提供的租用价格除了包含员工的人力成本，还包含区域的管理费。

重装旅、重大项目部、项目管理资源池是华为的三大战略预备队，重装旅是战略总预备队，担负着传递技术、管理和输送人才的任务。

重装旅主要培养从技术类别到服务类别的专家和管理干部；

重大项目部主要培养产生商业领袖；

项目管理资源池主要培养未来的机关管理干部，培养未来直接作战的职能经理人。

职责分工：

铁三角中，客户经理（AR）对应地区线，主攻客户关系，其核心能力是产品销售能力与客户关系建维；方案经理（SR）对应行业线，主攻解决方案，其核心能力是基于需求洞察定制有差异化竞争优势且企业有利可图的解决方案；交付经理（FR）对应产品线，主攻完美交付，其核心能力是大型项目的项目管理能力。铁三角绩效评价具体指标见表6.2。

表6.2　　　　　　　　　华为"铁三角"绩效评价指标体系

维度	客户经理	解决方案经理	交付经理
	团队共担指标：销售额增长、竞争格局、回款、利润		
财务指标及相关工作	相关工作： (1) 基于客户的投入产出比，推动客户做预算、帮助客户融资 (2) 基于总体方案和概算，在报价和谈判中保障项目盈利 (3) 管理风险，避免烂尾合同	相关工作： (1) 算好客户的投入产出比：华为的解决方案需要客户投多少钱、能让客户赚多少钱 (2) 制定产品组合、合作集成、交付的总体方案，作为概算、报价、谈判的依据	相关工作： (1) 制定交付策略、概算总成本，作为项目盈利设计、合同谈判的依据 (2) 管理交付风险，推动合同条款既满足客户需求又交付风险可控

续表

维度	客户经理	解决方案经理	交付经理
角色指标及相关工作	（一）客户指标： （1）增长率与竞争格局：销售额增长率，与竞争对手获取份额和客户关系质量的对比 （2）客户关系质量：客户全部相关人员对华为的认可度；本周期关键客户关系突破 （二）相关工作： （1）客户与项目总体策略的制定、执行 （2）全程全方位把控华为与客户的交流合作 （3）调动财务、商务、法务等专业职能体系	（一）产品指标： （1）产品格局：华为产品在客户总体建设中的份额及增长率 （2）战略落实：战略性产品份额及增长率，战略山头目标（新客户、新产品突破）等 （二）相关工作： （1）从客户角度整合产品服务，不是卖，是帮客户买；在整合过程中落实华为战略 （2）调动产品线、市场营销、战略管理等体系	（一）交付管理指标： （1）合同履约度：客户与华为双方的履约完成度 （2）交付满意度：客户全部相关人员对项目交付的满意度 （3）交付成本节省率：以过往成本为基线 （二）相关工作： （1）参与方案制定、合同谈判，管理交付风险 （2）交付项目管理，保障订货等按计划落实 （3）调动供应链、生产、服务等体系
流程与合规	华为内部流程以及所在国家地区的合规遵从		
组织成长	经验传承、人员培养等贡献，要看最终成果		

资料来源：王占刚．LTC 与铁三角：从线索到回款［M］．北京：人民邮电出版社，2023：第六章（铁三角是什么）；黄卫伟．价值为纲［M］．北京：中信出版社，2017：9.2.1 项目概算、预算、核算、决算闭环．

其中，增长率指标的常用算法是：去年的"销售额目标值"与"实际完成值"中取高值作为基数，再上浮25%。增长率指标必须达成，不能讨价还价、不接受任何客观理由，但完成指标所需的支持可以商量——这就是华为说的"让一线呼唤炮火"。完整表述是：打不打仗，后方决定；怎么打仗，一线说了算。

竞争格局的含义是：在每个细分行业和区域，华为会标定一两家领先企业作为主要竞争对手（华为称"友商"）。在每家客户的竞争中，不仅考核自家销售额和份额增长率，还考核相对友商的增长比率。

结果共担，分工互锁的含义是：财务考核指标不做拆分，铁三角团队共担销售额、利润、回款。相应的奖金也不做拆分。客户经理拿的不是销售额提成、交付经理拿的不是固定交付预算、解决方案经理不能只做方案不管结果，所有人的奖金都从最终利润中来，"在一口锅里吃饭"。

铁三角团队的互锁是指共同为项目兜底：一个角色职责的充分履行，必然能防范相应风险。

时代的发展，对各类组织的快速反应能力和适应能力提出了更高要求，在这样的背景下，组织只有根据外部环境变化不断调整自身战略，才能更好地适应市场竞争和时代进步的需要。而平衡计分卡通过将战略目标逐层分解到各个层面的绩效指标，能够使组织快速调整方向，确保每个部门和个人的工作与最新的战略重点保持一致，从而提高了组织的适应性和灵活性。

与此同时，平衡计分卡突破了传统单一财务指标的局限，通过财务、客户、内部流程、学习与成长多个维度，为组织提供了更为全面和平衡的视角来评估绩效。这种多维度的绩效评估有助于组织更全面地理解和管理其业务，形成一个长期目标与短期目标兼顾、内部与外部兼修的健康的生态系统，有助于企业在维持短期盈利的同时，确保长期竞争力和可持续发展。

平衡计分卡的应用场景主要包括：

第一，企业战略执行。平衡计分卡帮助企业将宏观战略目标细化为具体可操作的指标，确保每个部门和员工的工作与战略目标保持一致，是战略落地的有效工具。

第二，绩效评价与激励。通过平衡计分卡的多维度评价体系，组织能够更全面地评估员工和团队的绩效，为绩效奖金、晋升决策等提供客观依据。

第三，组织变革与转型。在组织面临市场变化或内部重组时，平衡计分卡有助于明确转型方向，通过设置适应新战略的绩效指标，引导组织顺利过渡。

第四，持续改进与创新。学习与成长维度的强调，促进了组织文化的建设，鼓励创新思维，为产品、服务和流程的持续改进提供动力。

平衡计分卡的设计与实施步骤以及实施要点是：

1. 明确企业愿景与发展战略，确定战略目标

工作目标：明确企业的长远发展方向、使命、愿景和战略目标。

具体工作要求：高层领导团队通过深度参与，共同探讨并确立企业的长远发展方向、使命、愿景，达成战略共识。利用 SWOT 分析等工具，识别组织的核心竞争力、挑战与关键成功要素，将战略高度抽象的概念转化为可操作的策略，并明确短期及长期的、量化的战略目标。

实施要点：第一，高层领导团队应深入参与。高层领导不仅是战略规划的主导者，还应成为战略沟通的桥梁，使战略意图向下传达至组织的各个层面，确保每位关键管理人员能深刻理解组织的战略方向和目标。同时，高层领导的深度参与，还有助于平衡计分卡获得充分的资源支持，并通过自己的行为示范，为组织树立正面典范，引导全员对平衡计分卡的接纳与支持。第二，通过有效的沟通机制，将组织战略目标逐级向下传递，让各级员工理解其个人工作如何与组织战略目标相连接，从而确保战略目标不仅在高层得到共识，而且让全体员工理解并认同。

2. 设计平衡计分卡框架

工作目标：围绕财务、客户、内部流程、学习与成长四个核心维度，构建平衡计分卡框架，全面反映组织的战略目标与执行成效。

具体工作要求：第一，基于组织战略绘制战略地图，细化财务、客户、内部流程、学习与成长四个维度的具体战略路径，明确关键业务的成功因素及阶段性成果。第二，依据组织战略精选 KPIs，确保各维度指标的全面、均衡，兼顾结果与过程，并明确各项指标的定义、计算或衡量方法、预期目标及评价周期。

实施要点：第一，指标设计必须依据战略地图，确保 KPIs 与战略地图相衔

接，体现从学习与成长到内部流程优化，再到客户满意度提升，最终达成财务目标的战略逻辑，使每个指标直接支撑上一层级目标的达成，具有较强的逻辑连贯性。第二，采用科学方法量化或等级化评估难以直接量化的指标，确保指标体系的实用性和准确性。第三，建立绩效评价指标的优化机制，根据内外部环境变化、战略调整、组织学习进展等情况，及时对绩效评价指标体系进行优化和调整，保持指标体系的适应性和有效性。

3. 制订绩效计划和行动方案

工作目标：根据平衡计分卡框架，为每个部门、团队和个人制订具体的绩效计划和行动方案，确保每个层级的绩效都与组织战略紧密相连。

具体工作要求：将企业级战略目标和 KPIs 按照职责范围和业务重点逐级分解至部门和团队，确保从顶层到底层的绩效目标一致性和关联性，形成部门级和团队级的绩效指标。然后，各部门和团队依据分解后的目标明确行动方案和实施计划，明确完成目标的具体措施、时间表、所需资源，并进行责任分解，确保战略的落地执行。同时，个人绩效计划要与之紧密结合，形成上下对齐、无缝对接的绩效管理体系。

在将企业级战略目标和 KPIs 向下进行分解以确定部门和团队绩效指标时，通常有三种方法：第一种做法是将各部门分别作为相对独立的虚拟企业，从四个维度分别为各部门制定绩效指标。如，对于人力资源部来说，财务指标是该部门的费用率，客户指标是满意度，内部流程是招聘达成率、培训率等，学习与成长指标是内部员工满意度等。第二种做法是对企业级绩效指标进行分析，分别确定各指标的牵头责任部门，由牵头责任部门对自己牵头负责的相应指标进一步进行分解。第三种做法是对企业级绩效指标进行分析，并将其划分为企业通用指标、部门共用指标和部门专用指标三种，然后将部门共用指标分解到相关部门，并确定各部门的责任比例；将部门专用指标明确责任部门。

实施要点：第一，绩效计划需明确、量化，设定可追踪的执行路径和明确的责任人，便于绩效监控和反馈。第二，通过多种方式加强与员工的沟通，鼓励员工积极参与绩效计划的制订过程，增强员工对绩效计划的理解和认同，提高员工的积极性和参与度。第三，建立动态管理机制，定期审视绩效计划的有效性，根据实际运营情况和战略调整需要，适时修订和优化绩效计划，确保其始终与组织战略保持一致，服务于战略目标。

4. 实施绩效监控、评估和激励

工作目标：建立有效的绩效监控和评估机制，定期对组织、部门、团队和个人的绩效进行监控、评估和激励，确保绩效目标的实现。

具体工作要求：首先，明确绩效监控和评估的周期和方式，如月度、季度或年度评估等。然后，收集和分析绩效数据，对比绩效目标和实际绩效，评估绩效完成情况，并兑现相应的奖惩政策。同时，对绩效结果进行深入分析，找出问题所在和改进方向。最后，将绩效结果反馈给相关部门和人员，为绩效改进提供依据。

实施要点：第一，绩效监控和评估应确保公正、客观和全面，确保数据的准确性和可靠性。第二，在绩效监控和评估过程中，应注重沟通和反馈，及时将绩效结果告知相关部门和人员，并鼓励提出改进意见和建议。第三，建立绩效奖惩机制，将绩效结果与薪酬、晋升等激励措施挂钩，提高员工的积极性和参与度。

5. 持续改进和优化

工作目标：根据绩效监控和评估结果，对平衡计分卡进行持续改进和优化，确保其与组织战略保持一致并不断提高绩效管理水平。

具体工作要求：首先，分析绩效监控和评估结果，找出问题和改进方向。然后，针对问题和改进方向，制定具体的改进措施和方案。同时，对平衡计分卡中的战略目标、KPIs、绩效计划和行动方案等进行必要的调整和优化。最后，将改进措施和方案落实到实际工作中，并持续跟踪其效果。

实施要点：第一，持续改进和优化应基于数据和实证分析，确保改进措施的有效性和可行性。第二，在改进过程中，应建立多层次、多渠道的沟通机制，注重员工参与和沟通，鼓励员工提出改进意见和建议，形成持续改进的良好氛围。第三，建立持续改进和优化的长效机制，定期对平衡计分卡进行审查和更新，确保其与组织战略保持一致并不断提高绩效管理水平。

需要注意的是，虽然平衡计分卡在绩效管理中得到了广泛应用，但是，平衡计分卡作为一种战略绩效管理工具，其内容并不是一成不变的，需要组织根据自身的实际情况和外部环境的变化持续进行优化和调整。正因如此，杰里米·霍普（Hope Jeremy）为平衡计分卡增加了"环境和社区"和"员工满意度"两个维度，并将"学习和成长"维度改回最初的名称"创新与学习"，从而形成了6个维度的平衡计分卡：财务收益、市场客户、内部流程、环境和社区、员工满意度、创新与学习。

在《管理：使命、责任、实践》中，德鲁克提出了企业战略中需要重点关注的要素。马利克对这些内容进行了整理，提出了企业健康发展的六大关键要素，并认为这些内容是企业平衡记分卡真正需要包括的内容。具体内容包括：①

（1）企业的市场地位。

（2）创新。停止创新的企业将不可避免且无法逆转地陷入衰退。创新的典型指标是上市时间、命中率、失误率以及新产品的销售份额。此外企业的创新活动也属于这个范畴，如持续更新系统、工作流程、方法、实践、结构和技术等。

（3）生产效率。主要指标包括：劳动生产率、资金、时间。

（4）对优秀人才的吸引力。

（5）流动性。

（6）企业的盈利需要。

第二节　关键绩效指标（KPI）

一、关键绩效指标的概念

（一）关键绩效指标的概念

关键绩效指标（Key Performance Indicators，KPIs）是绩效管理理论和实践发展和演进的产物。随着绩效管理理论和实践的发展，关键绩效指标概念的内涵也在不断丰富。

在传统战略绩效评价的视角下，关键绩效指标旨在度量组织、部门及个人在实现既定战略过程中的关键成就与贡献，是直接反映绩效水平、高效衡量目标实

---

① ［奥］弗雷德蒙德·马利克. 管理技艺之精髓［M］. 刘斌，译. 北京：机械工业出版社，2011.

现程度的量化或质化标尺。这些指标不仅是衡量成效的标尺，反映出组织或个人在实现战略过程中的成效，同时也如同导航地图上的坐标，指明了通往成功的路径。

在绩效管理实践的视角下，关键绩效指标是有助于改善关键成果的指标，是通过对组织的战略目标进行全面分解，分析和归纳出支撑组织战略目标的关键成功因素，进而从中提炼出组织、部门和岗位的关键绩效指标，是把组织战略目标分解为可运作的远景目标和量化指标的有效工具。[①] 同时，关键绩效指标还可以向管理层展示组织在关键成功因素上的进展情况，通过监测这些指标，管理层能够大幅提升绩效，[②] 因此，关键绩效指标不仅是绩效评估的工具，更是增加绩效的催化剂。

比如，"客户回头率"是零售行业一个常用的关键绩效指标，它指的是在一定时期内重复购买的客户占总购买客户的比例，是衡量客户忠诚度和品牌吸引力的一个重要指标。一方面，作为"关键的绩效成果"的指标，客户回头率直接反映了企业的市场竞争力和客户满意度水平。高回头率意味着企业能够在竞争激烈的市场中留住顾客，表明其产品或服务能够持续满足客户需求，客户服务体验良好，品牌忠诚度高。因此，这是一个直接体现企业市场表现和客户保留策略成功与否的关键成果指标。另一方面，作为"有助于改善绩效的关键指标"，通过监控客户回头率，企业可以识别出哪些营销策略、产品特性或服务流程对提升客户忠诚度最为有效，哪些方面可能存在问题导致客户流失，从而调整相应的营销策略，以改善客户忠诚度和品牌吸引力。

狭义上，关键绩效指标是一种直接衡量绩效的量化或行为化绩效评价指标，或者是基于这种指标的绩效评价指标体系。作为战略目标细化后的具体衡量标准，关键绩效指标是对组织战略目标的进一步展开和细化，随着组织战略的调整而调整。广义上，关键绩效指标是一种以关键绩效指标体系为核心、以目标管理为手段，以确保组织战略从最高目标向下层层分解、层层传导并最终达成目标的绩效管理综合方法论。

---

① 胡君辰，宋源. 绩效管理 [M]. 成都：四川人民出版社，2011.
② [美] 戴维·帕门特. 关键绩效指标：开发、实施与应用 [M]. 张丹，译. 北京：机械工业出版社，2017.

关键绩效指标本质上属于战略绩效管理，服务于组织的长期战略目标。

关键绩效指标包括以下三个方面的含义：

（1）关键绩效指标是用于评估和考核被评价对象绩效的可量化或可行为化的系统考核体系。也就是说，关键绩效指标是一个指标体系，它必须是可量化的，如果难以量化，也必须是可行为化的。

（2）关键绩效指标体现绩效中对组织战略目标起增值作用的绩效指标。这就是说，关键绩效指标是连接个体绩效和部门绩效与组织战略目标的桥梁。关键绩效指标是针对组织战略目标起到增值作用的工作产出来设定的，基于这样的关键绩效指标对绩效进行评价，就可以保证真正使得对组织有贡献的行为受到鼓励。

（3）关键绩效指标作为沟通的桥梁，促进了从基层到高层之间关于工作期望、实际表现及职业发展的有效对话。它是建立统一绩效语言的基石，确保所有层级在讨论绩效时有共同的参考框架，提供了组织成员合作和协调的焦点，有利于确保组织成员步调一致地向着共同的目标前进。

（二）关键绩效指标的特征

关键绩效指标的基本特征是指那些能够明确界定 KPI 本质、区分其与一般绩效指标的核心属性，并且对于 KPI 的设定、实施与评估具有普遍指导意义的特质。通常认为，区别于一般的绩效指标，KPI 必须具备以下几个基本特征：

第一，战略一致性。战略一致性是 KPI 最为根本的特征之一，它强调 KPI 必须直接源自组织的战略目标，与组织的核心价值创造活动紧密相关，并能够随着组织战略的调整而优化。这一特性对于确保所有业务活动与组织的长远发展方向保持一致至关重要。

第二，目标导向性。KPI 指标必须直接指向关键业务目标的实现，确保组织资源和努力集中于推动战略成功的关键领域，是对组织整体价值、利润和业务重点影响重大的关键指标。

第三，领域聚焦性。精选少数关键指标，避免指标冗余导致注意力分散，确保对最关键绩效领域的集中关注和有效管理。

第四，结果可控性。KPI 指标的结果必须在被评价对象的影响力范围内，被评价对象能够通过自己的行动对其产生明显影响。换句话说，结果可控性意味着设定的关键绩效指标（KPI）应当是被评价对象在其职责和权限范围内能够直接影响和改变的。这一特征确保了评价的公正性和有效性，鼓励被评价对象积极参与绩效提升过程，而不是对不受其控制的因素感到无能为力。

第五，系统层次性。形成从组织层级到部门层级、个人层级的多层次 KPI 体系，从而构成一个自上而下分解、自下而上支撑的绩效评价指标框架。

第六，内涵准确性。KPI 指标必须具备清晰的定义、明确的计算方法与数据来源，便于准确量化、定期监测与客观比较，确保评估的可靠性和一致性。

以上特征共同构成了 KPI 选择与应用的核心原则，指导组织构建高效、聚焦且适应性强的绩效管理体系。

（三）关键绩效指标的作用

关键绩效指标在组织管理中扮演着多重关键角色，直接驱动绩效管理和战略实施的高效运行。其作用主要包括：

第一，战略对齐与资源聚焦。确保各级组织的绩效目标与组织战略紧密相连，引导资源向关键领域倾斜，实现精准配置，促进战略有效落地。

比如，一家公司的战略目标是"成为市场领导者"，其中两项关键绩效指标分别是"新客户获取率增长 20%"和"客户满意度提升至 90%"。根据上述关键绩效指标，公司会将资金、人力和时间更多地投入到市场营销和客户服务上，而不是平均分配到所有部门，从而将公司资源更加精准地集中到了能够推动战略目标实现的关键领域。再比如，如果一家科技公司的战略目标是成为行业内创新领导者，那么它的 KPI 可能就会包括"每年研发新产品数量""专利申请成功率"等。这些指标直接与公司想要达成的战略目标挂钩，确保大家的努力都集中在创新上。

第二，绩效目标的明确与实现路径。将组织战略转化为具体、量化的绩效目标体系，为各级组织和个人提供清晰的绩效导向和实现路径。

第三，激励导向与行为激励。作为绩效评估的核心，关键绩效指标通过设置明确、可量化的指标以及实现目标相应的激励政策，激励员工行为与组织目标保持一致，强化目标导向的组织文化，提升团队执行力。

第四，绩效监控与即时校正。实时追踪绩效进展，及时发现绩效偏差，为及时调整策略与优化执行提供依据，确保目标达成。

第五，持续改进与问题解决机制。周期性评估 KPIs，识别改进空间，推动组织和个人不断寻求优化路径，及时解决管理与运营问题，实现绩效的持续提升。

第六，数据驱动的决策依据。提供客观、量化的决策支持，增强决策科学性，同时通过指标预警机制，助力风险预见与管理。

二、关键绩效指标的提取

（一）组织与团队关键绩效评价指标的提取

1. 基于战略成功因素的关键绩效指标提取

关键绩效指标的提取是确保组织战略有效实施的关键步骤，其中，基于战略成功因素的方法旨在识别并量化那些直接影响企业健康、活力和发展的要素，即关键成功因素，并将其转化为可操作的绩效指标。该方法的具体步骤如下：

第一，确定成功因素与关键成功因素。

首先，运用鱼骨图等工具识别组织运营中所有可能影响成功的因素。

然后，从识别的成功因素中遴选出 5~8 个关键成功因素。关键成功因素是指能够决定组织健康、活力和发展的事件或者方面，是决定企业内各种事务优先顺序的基础。对组织而言，这些关键成功因素比组织战略更为重要，既是战略制定和资源配置的基石，也为员工完成当前工作确立了方向，应该成为组织全体员工日常关注的焦点，是员工每天需要努力做好的组织内部的关键问题或者方面。

第二，明确团队责任与绩效指标。

首先，各团队根据自身职能和关键成功因素，确定本团队绩效指标，确保团队目标与企业战略保持一致。

然后，对所有团队的绩效指标进行汇总，形成绩效指标数据库，为后续的绩效指标评估和管理打下基础。

第三，对绩效评价指标进行评估遴选。

首先，对汇总的绩效指标进行细致评估、遴选，确保遴选得到的每个指标都具有可衡量性、相关性、可达成性，并与战略紧密相连。

然后，为每个选定的指标定义清晰的评价标准和测量方法，确保评价过程的客观性和公正性。

第四，遴选关键成果指标和关键绩效指标。

首先，从团队绩效指标中提炼出能够向高级管理层乃至董事会汇报的关键成果指标，反映企业运营的整体成效，如税前净利润、顾客满意度等。

所谓成果指标，就是对几个团队的输入所取得的成果活动进行概括的指标，用于向管理层展示各个团队共同产出的成果。如，财务指标是各种活动产生的结果，因此属于成果指标；销售量也是许多团队共同努力的结果。但是，这些指标虽然有用，但它并不能帮助管理层解决问题，因为管理层难以从这些指标中准确得知究竟哪个团队做出了成绩，哪个团队未履行职责，从而掩盖了绩效的真正驱动因素。

所谓关键成果指标，是通常用于向董事会全面概括公司运营情况的指标。如，税前净利润、顾客满意度、资本回报率、员工满意度。关键成果指标表明企业是否以适当的速度、朝着正确的方向前进。但是，从这些指标中只能判断马是否已经脱缰，由于这些指标的评价周期较长，无法根据这些指标改变方向，也无法决定采取什么行动来改善这些结果。因此，关键成果指标通常汇报给董事会或者管理机构，使之了解公司的战略运行情况，而对于公司管理团队来说用处不大。

然后，从关键成果指标中精选出能够直接反映关键成功因素的关键绩效指标。作为企业绩效管理的核心，这些指标应能清晰展示企业在战略重点上的表现。

绩效指标通常是非财务性的指标，可以与一个或者几个为了某个共同目的而密切合作的团队相关联，从而向管理层展示各个团队的履职情况。与成果指标相比，绩效指标反映的权责情况更加明确、清晰。有了业绩指标，好的业绩和差的业绩可以追溯到具体的团队。如，呼叫人放弃等待的比率、为顾客延迟送货的情况等。

关键绩效指标是指关系到企业各方面绩效、对企业当前发展和未来成功起关键作用的评价指标，反映的是公司战略价值的主要驱动因素。它在很多情况下并不一定是一些财务指标，而是反映那些对公司财务状况影响最大的几个方面的运行状况的指标，是关于公司财务绩效方面的一些领先指标而非滞后指标。关键绩效指标向管理层展示企业在关键成功因素上的进展情况，通过监测这些指标，管理层能够大幅提升绩效。通过定期测算和分析 KPI 的执行结果，管理人员能清晰地了解企业经营中的关键绩效参数，及时诊断存在的问题，及时采取行动予以改进。

第五，指标的调整与优化。

根据业务环境变化和战略调整，适时调整 KPIs，确保指标始终与企业当前和未来的成功紧密相关。

2. 基于 OGSM 战略规划方法的关键绩效指标分解

OGSM 是一种战略规划和执行管理工具，代表 Objective（总体目标）、Goal（具体目标）、Strategy（战略）和 Measurement（测量）。这个框架帮助组织和团队将复杂的战略规划过程简化为四个易于理解的组成部分：

Objective（总体目标）：这是组织希望达成的最终愿景或宏观目标，长远且鼓舞人心的，比如成为行业领导者或是实现特定市场份额。总体目标通常是以定性形式描述的，是期待达到的目的。

Goal（具体目标）：在 Objective 指导下设立的具体、量化的短期或中期目标，是实现总体目标的阶段性标志。这些目标应符合 SMART 原则，具体、可衡量、可达成、相关、具有明确时限，是用定量数字描述的，是具象化之后的目标。

Strategy（战略）：为了达成这些目标而采取的途径或行动方案，战略描述了"如何"实现这些目标，通常包括几个关键的行动方向或支柱。

Measurement（测量）：定义和实施一套度量标准，用来跟踪进度、评估战略的有效性，并确保目标得以实现。这些测量指标是定量的，帮助组织量化成果并及时调整战略。

可见，这种方法就是基于 OGSM 模型，将组织的长期目标（Objective）分解为具体目标（Goals）、战略（Strategies）和衡量指标（Measures），从而提取出对组织和团队至关重要的关键绩效指标。具体过程如下：

第一，确定组织总体战略目标。组织高层首先确立组织长期愿景和总体战略目标（Objective），如成为行业领导者等。

第二，对组织总体战略目标进行分解，形成短期或中期具体目标。将组织总体战略目标分解为具体、量化的短期或中期目标（Goals），确保目标明确、可衡量、可达成、与整体战略相关并且有时间限制。

第三，确定组织战略。基于组织的短期或中期目标制定相应的战略（Strategy），以明确这些目标的实现路径，可能涉及产品开发、市场拓展、成本控制等方面。

第四，遴选组织关键绩效指标。确定战略的关键绩效指标（Measurement），用于对各项战略的效果进行跟踪和评估，并确保目标得以实现。这些测量指标是定量的，帮助公司对战略成果进行量化。

第五，分解部门级关键绩效指标。总经理层面将组织战略和关键绩效指标分解到相关部门负责人，确保每个部门都清楚自己的职责和期望结果。

第六，设定部门目标、策略和关键绩效指标。根据公司确定的各项战略（Strategy）及其关键绩效指标（Measurement），结合部门职能，确定本部门总体目标（Objective）和具体目标（Goals），并制定落实组织战略的具体策略（Tactics）和绩效评价指标（Metrics）。

第七，设定岗位目标、策略和关键绩效指标。根据部门确定的各项策略（Tactics）及其关键绩效指标（Metrics），结合岗位职责，确定本岗位总体目标（Objective）和具体目标（Goals），并确定落实部门策略的更为具体的工作策略（Tactics）和绩效评价指标（Metrics）。

该过程的示意图见图 6.3。

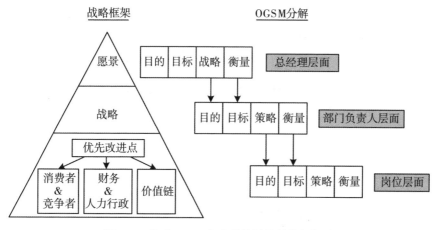

图 6.3　基于 OGSM 方法的关键绩效指标提取

（二）流程关键绩效评价指标的提取

流程关键绩效指标的评价对象是组织内部的业务流程，是评价和优化业务流程的重要基础。

1. 流程效率指标

流程效率指标是衡量流程的执行速度、周期时间、顺畅程度或处理能力的绩效指标，如生产周期时间、订单处理时间、设备利用率等，用以评价流程的运行效率和响应速度。高效的流程应减少非增值活动，确保资源的有效利用，缩短交付时间。比如，在制造业中，"生产周期时间"是一个典型的效率指标，它衡量从原材料投入生产到成品完成的总时间。通过缩短生产周期时间，企业可以更快响应市场需求，降低库存成本。

开发流程效率指标的基本思路是在了解流程组成工序及其衔接关系的基础上，对各道工序进行时间与价值分析，识别各道工序的有效环节及其效率、无效环节及其占用时间，以及影响效率提升的瓶颈，在此基础上，以提高流程效率为导向，设计出反映流程效率的绩效评价指标。例如，对于制造业中的生产组装流程，开发流程效率指标的过程如下：

首先，了解生产组装流程的工序构成及其衔接关系。经过了解，得知生产组装流程由原料接收、部件生产、部件装配、成品检验、出厂五道工序依次构成，或者说，生产组装流程由上述五个环节依次构成。

其次，对各道工序进行时间与价值分析。运用时间与动作研究、绘制价值流图等方法，对当前生产组装流程中的各个环节进行分析，通过观察和记录识别每个环节的操作时间、等待时间以及存在的瓶颈环节。例如，发现某装配环节由于手动装配效率低下，导致大量在制品积压，增加了生产周期时间。

再次，识别出影响流程时间的关键因素，并据此设定流程效率指标。例如，确定"装配环节每小时产出件数""在制品库存周转时间"和"整体生产周期时间"作为核心效率指标。这些指标直接反映了生产线的流畅度、响应速度和资源利用效率。

最后，可以对初步开发出的评价指标进行再次优选，选择那些可行性强、易于获得客观评价数据的指标作为最终绩效评价指标。

2. 流程成本指标

流程成本指标主要关注流程运行过程中消耗的各种资源，评估流程成本控制和资源使用的经济性，包括直接成本（如材料、人力）和间接成本（如管理费用、设备折旧、时间），如单位成本、总成本降低率、直接成本占比、间接成本率、能源效率等，以促进成本效益的持续改进。比如，在物流行业中，"每订单处理成本"是一项关键成本指标。通过优化仓库布局、提高分拣自动化水平，企业可以显著降低这一成本，提高盈利能力。

开发流程成本指标的基本思路是基于对当前流程成本结构的深入理解，精准区分直接与间接成本，评估成本驱动因素，进而提出流程成本指标，以揭示并引导被评价对象压缩隐藏成本，优化资源配置，实现成本效益最大化。

例如，对于物流企业的包裹配送流程，开发流程成本指标的过程如下：

首先，对现有流程进行梳理。经过梳理，发现包裹配送流程包括接单、分拣、装载、运输、配送、客户签收几道工序。

其次，分析流程的成本结构。经过分析，整个配送流程的成本可以分为直接成本（如运输费用、包装材料费、人工工资）和间接成本（如管理费用、信息系统维护费、车辆折旧费）。

再次，评估各项成本的驱动因素。比如，通过分析，发现"分拣效率低"导致的人工成本增加，以及"路线规划不合理"引起的燃油消耗增加是两个主要成本动因。

最后，设计成本指标。基于成本驱动因素分析，设计得到如下流程成本指标：

单位运输成本：每公里运输的平均成本。

分拣效率：每小时分拣包裹的数量。

路线优化指数：通过计算实际配送距离与最短理论距离的比例来衡量路线优化程度。

3. 流程质量指标

流程质量指标关注的是产品或服务的符合性、客户满意度及缺陷率等，衡量的是流程输出的产品或服务满足预定的质量标准或客户需求的程度。高质量的流程能够减少错误、缺陷，提升客户满意度和市场竞争力。比如，在软件开发中，

"缺陷密度"（每千行代码的缺陷数）是衡量代码质量的指标。通过定期代码审查、采用更严格的测试规程，软件开发团队可以降低缺陷密度，提高软件产品的可靠性。

质量指标的开发应围绕顾客需求和质量标准展开，旨在确保产品或服务不仅符合规定标准，而且超越顾客期望，设定如一次通过率、客户满意度得分、缺陷密度等指标，能有效驱动流程质量的不断提高。

（三）要素与个体关键绩效评价指标的提取

生产过程是生产要素组合形成产品或服务的过程。作为常用的生产要素，如设备设施、自然资源、从业人员，对生产的顺利进行具有重要作用。科学设计生产要素绩效评价指标，对于加强生产要素管理，充分发挥要素价值具有重要意义。

生产要素的关键绩效评价指标主要包括效率指标、效果指标、能力指标。

效率指标评估的是生产过程中各种生产要素（劳动力、资本、原材料等）转化成产品或服务的速度与效益。它关注的是投入产出比，即如何以最小的投入获取最大的产出，或者在固定投入下实现产出最大化。这包括生产过程中的时间利用效率、资源利用效率、能量转换效率等。具体来说，可以是设备的运行效率、工人的劳动生产率、物料的利用率等。比如，设备效率指标衡量的是设备作为生产要素在考虑时间损失、性能损失和质量损失后的实际生产效率；劳动效率指标衡量的是人均产出量，即每个工人在单位时间内完成的产品数量或价值。

生产要素的效果指标旨在评估生产过程中各类要素如何有效支持预定目标的实现，同时确保生产系统的韧性和敏捷性。这些指标不仅衡量直接的生产成果，还深入考察生产活动对整体业务绩效的正面促进作用。具体包括：

（1）协同优化指标：着重于分析不同生产要素间的协同效应，比如，生产线平衡度可以用于衡量各作业站工作时间的均衡性，减少系统瓶颈，提升综合产出效率。

（2）灵活性适应指标：强调生产系统面对内外部变化的快速响应能力，如快速换线时间，即从一种产品生产切换到另一种产品的准备时间，体现企业对市场多变需求的适应性。还包括新产品引入周期，衡量从设计到市场投放的效率，显示企业的创新速度和市场竞争力。

（3）系统稳定性与质量控制指标：此维度关注生产过程的连续性和产出质量的可靠性。比如，故障停机时间占比反映了生产设备因维护不当或故障导致的非计划停机时间占总计划生产时间的比例；返工率则可以在特定情况下用于度量岗位员工的工作效果。

生产要素的能力指标反映的是生产系统或生产要素在特定条件下的最大可能产出水平，即潜在的生产潜力。它既包括设计时的理论最大产能，也包括在现有条件下的实际最大可达到的生产能力。能力指标包括设计能力、最大能力、计划能力等。比如，设计能力指新生产线按照设计规格理论上能达到的最大年产量；计划能力指企业在特定计划周期内，根据现有的人员、设备和资源，考虑到生产计划、维护计划等因素后，预估的生产能力；设备的生产合格率，即设备生产的合格产品数量占总产出的比例，反映了设备在单位时间内生产符合质量标准产品的能力；技能成熟度指标旨在评估生产过程中员工对其岗位所需专业技能和知识掌握的深度与广度。

📝 微案例 6.2

绩效考核指标不当导致导向偏差的案例

我在一所初中当老师。

我们学校对教职工的绩效考核主要包括四个方面：一是出勤，占 20 分；二是工作量，占 40 分，考核内容主要是各种工作量；三是教育教学过程，占 20 分，考核内容主要是按照规范要求备课和批改作业等；四是教育教学业绩，占 20 分，考核内容主要是所教科目的学生成绩与平均成绩之间的距离。另外还设有加分项，对在各级主管部门组织的论文、教学比赛中获奖的给予加分。

目前，在我校的绩效考核中存在的主要问题就是这个加分项。通常情况下，学生各科成绩在不同班级之间的差距并不会很大，也就是说，不同教师之间教育教学业绩，包括工作量和出勤等这些考核项目的得分其实差距并不是很大，但是加分项这个项目的加分是上不封顶的。而且，在评先评优以及职称评定的过程中，教学比赛获奖也都有很高的加分。这样，在目前的绩效考核方法的牵引下，部分教师把很多精力放在参加各级教学比赛等这样一些活动上，而不是把主要精力放在本职工作，也就是学生的教学管理和成绩上，最后就出现了一个比较奇怪的现象——教育教学成绩并不是很突出的教师获得了很多奖励，而教育教学成绩比较突出的那些教师绩效考核的结果都不是很突出。比如，我们就有一位这样的老师，自己教的教学班学生成绩多次倒数，但是他每学期都参加各级各类比赛，获奖证书很多，最终在绩效考核的时候加分加钱，比别人多出好几千块，而那些踏踏实实把全部心思都用在学生身上的老师，即使学生的考试成绩每次都名列前茅，也比不过这位热衷于参加比赛的老师，最后导致大家都怀疑现在的绩效考核的导向到底是什么。

（资料来源：本案例由作者根据有关材料编写而成）

第三节　OKR 绩效管理法

一、OKR 的概念与起源

OKR（Objectives and Key Results）是一种战略目标设定框架，旨在通过明确和量化的目标以及衡量这些目标达成情况的关键结果，来提升组织、团队乃至个人的绩效与效率。OKR 的核心在于将宽泛的战略目标转化为具体、可度量的关键业绩指标，促进上下级之间的沟通与协作，同时鼓励员工设定具有挑战性的目标以激发潜能。OKR 的具体含义是：

目标（Objectives）：表述了"我们想要达成什么"，是定性的，简洁明了，通常数量较少，强调方向和目的。

关键结果（Key Results）：定义了"如何知道我们是否达成了目标"，是定量的，明确具体，用于衡量目标的实现程度，通常 3~5 个为宜。

OKR 的应用不仅限于企业层面，还适用于部门、团队乃至个人，形成自上而下的目标对齐机制，确保所有层级的努力都指向公司的总体战略方向。它不仅关注结果，也重视过程中的学习与成长，鼓励创新和持续改进。

OKR 的根源可以追溯到彼得·德鲁克提出的目标管理理论。在 20 世纪 70 年代，英特尔公司的安迪·格鲁夫在此基础上发展出了 OKR 模型，并在公司内部推广，极大地提升了组织效能。随着时间的推移，OKR 被包括谷歌在内的众多科技公司采纳并进一步发展，成为一种广泛认可的现代绩效管理工具。

假设一家软件开发公司的季度绩效目标是"提高用户满意度"。这里的"提高用户满意度"就是努力目标（Objectives），它所对应的 Key Results 可能是：

将产品 NPS（净推荐值）从当前的 40 提升到 50；

减少客户支持响应时间至平均 2 小时内；

实现新功能上线后的用户反馈收集率提升至 80%。

二、OKR 的实施步骤

OKR 的实施步骤是：

第一步，设定目标。在 OKR 中，要求设定的目标在具有可行性的同时，还要具有挑战性。

第二步，设定关键结果。要求所设定的关键结果要符合下列条件：

（1）要能够直接关联目标，形成目标的充分必要条件。换句话说，只要达成所有关键结果，就一定达成目标。

（2）关键结果必须量化，明确指出达成目标的具体标准。

（3）关键结果应具有可追踪性，便于定期检查和调整。

比如，某营销团队设定的 OKR 目标是"扩大品牌影响力"，围绕这个目标，团队确定了以下三个关键结果：

增加社交媒体平台关注者数量 20%；

实现月度网站访问量增长 30%；

完成至少两次行业媒体专访报道。

第三步，跟踪绩效进展。

对 OKR 的执行情况进行跟踪，使用会议、在线工具等方式记录和分享绩效进展。

第四步，定期评估、回顾、调整。

每个周期结束时进行全面回顾，评估目标达成情况，分析成功与失败的原因，基于评估结果调整下一周期的 OKR。

在 OKR 绩效管理过程中，要保持绩效评价的非惩罚性，重在激励创新、学习与成长。

三、OKR 的绩效指标特点

1. 目标导向与结果并重

之所以具有目标导向与结果并重的特点，是因为 OKR 在目标与指标设计和实施过程中，同时强调了宏伟目标的设定以及实现这些目标的具体、量化的成果。在 OKR 框架下，目标（Objectives）设定首先着眼于未来，鼓励组织、团队和个人设定具有挑战性、前瞻性的目标。这些目标往往是对组织愿景或战略的直接反映，旨在激发团队的积极性和创造性，引导大家向一个共同的、鼓舞人心的方向努力。例如，一个目标可能是"成为行业内用户体验最好的品牌"，这样的目标描绘了一幅引人向往的未来图景。与此同时，关键结果（Key Results）则是这些目标的具体化和量化，确保目标不仅仅停留在概念阶段，而是可以被跟踪、评估的。关键结果要求明确、可量化的标准，确保团队清楚地知道如何判断是否实现了目标。比如，如果目标是提高用户体验，关键结果可能包括"将客户满意度评分从 80 提升至 90 分""减少用户反馈处理时间至平均 24 小时内"等，这些都是可以直接测量和验证的结果。

可见，OKR 的目标导向与结果并重的特点，源自对战略意图与执行实践之间平衡的追求。目标设定鼓励大胆思考，推动团队跳出舒适区，而关键结果的设定则确保这些大胆的想法能够落地，转化为实际行动和可度量的进步。这种结合既保证了组织目标的宏伟性，又确保了这些目标能够在日常工作中得以推进和实现。

2. 挑战性

OKR 的核心理念在于，通过设定具有一定难度的目标甚至是看似"不可能"的目标，激发团队和个人超越常规水平的表现。挑战性的目标促使员工跳出日常工作舒适区，探索新的方法和技术，从而推动个人成长、团队协作和组织创新。当人们面对看似不可能的任务时，往往会激发出意想不到的创意和解决方案。当然，OKR 目标与指标的挑战性应该建立在对团队能力的正确认知之上，即目标应当设定在"延伸区"——既非轻而易举可达成，也非完全不可能实现。这种适度的挑战性促进了能力的发展与目标实现之间的良性循环：员工在追求高目标的过程中提升自身能力，而能力的提升又为进一步挑战更高目标奠定了基础。

传统的绩效管理体系可能倾向于设立较为保守、容易达成的目标，这可能导致团队满足于现状，缺乏进取心。OKR 通过设定具有挑战性的目标，避免了这种安逸心态，鼓励持续的进步和卓越追求。

3. 透明性

在 OKR 绩效管理法中，绩效目标与指标在组织内部通常是公开的，一方面，将 OKR 指标进行公开有助于形成崇尚创新、宽容失败的组织文化，那些确立较高 OKR 指标的被评价对象会受到关注，从而形成带动效应；同时，那些在 OKR 指标确立较低、不具有挑战性的指标也会受到质疑，从而有利于形成激励约束机制。另一方面，绩效目标与指标公开也有助于促进信息自由流动和跨部门合作，从而使得不同部门、不同层级之间的 OKR 目标相互衔接、相互支撑，促进了团队间的沟通与协作，实现目标对齐。

4. 灵活性与适应性

OKR 绩效管理法的评价周期通常为季度或年度。在评价和回顾的基础上，绩效管理对象可以根据实际情况对 OKR 目标和指标进行调整。一方面，OKR 鼓励创新与实验，鼓励设定具有挑战性的目标，同时也宽容失败，在追求 OKR 目标的过程中，组织和团队被鼓励采取新的方法，对原有技术路线和方法进行快速试错；另一方面，组织环境始终处于不断变化过程中，OKR 的这种灵活性，也有助于保持目标的相关性和有效性，避免僵化地执行不切实际或不再适用的计划。

5. 自我驱动

在 OKR 的实践中，员工不仅被要求理解公司或团队的总体目标，而且要参与到自己具体 OKR 的设定过程中。这种参与感有利于增强员工对目标的认同感和责任感。同时，OKR 的高度透明性使组织内的所有层级都能看到其他人的目标和关键结果，这不仅促进了团队之间的协作，也使得每位员工意识到他们的承诺和成果对所有人都是可见的，从而激发了自我驱动以达成承诺的责任感。

　　通过这些特点，OKR 绩效指标体系不仅提供了清晰的目标导向和结果衡量标准，还构建了一个鼓励创新、促进团队协作、支持个人发展与适应变化的组织环境，从而推动了组织整体的持续改进与高效运行。

　　这些特点，为 OKR 绩效指标赋予了鲜明特征，使 OKR 在众多绩效评价体系中独树一帜，不仅为绩效管理对象提供了清晰的目标导向和结果衡量标准，还构建了一个鼓励创新、促进团队协作、支持个人发展与适应变化的组织环境，有利于推动组织整体的持续改进与高效运行。

第七章 绩效沟通、绩效支持与绩效改进

第一节 绩 效 沟 通

一、绩效沟通的作用

绩效沟通是指在绩效管理过程中，管理者与绩效管理对象之间开展的正式或非正式的对话，包括管理者与员工一起讨论有关工作的进展情况、潜在障碍和问题、解决问题的可能措施以及如何向员工提供支持和帮助等信息的过程。

绩效沟通是连接绩效管理各环节的桥梁，对于提高组织绩效、促进员工发展、增强组织凝聚力具有至关重要的作用。具体包括：

第一，绩效沟通有助于提高组织绩效。首先，绩效沟通确保每位员工清晰了解自己的工作目标与组织的整体战略方向之间的联系。当员工明白自己的工作如何贡献于大局时，他们会更有动力去达成甚至超越目标。其次，充分的绩效沟通有助于管理者及时发现绩效障碍，识别影响绩效的深层次原因，并及时采取措施予以解决。同时，及时的绩效沟通也有助于员工了解自己的工作成效和存在的不足，促使他们及时调整工作方法，提高效率。这些，都有助于组织的运行更加协调高效，进而提高组织绩效。

第二，绩效沟通有利于促进员工发展。通过绩效沟通，员工能获得关于个人表现的反馈以及绩效改进的指导和辅导，从而更好地发扬优点，改进不足，加快职业成长步伐。

第三，绩效沟通有助于增强组织凝聚力。在绩效沟通过程中，员工与管理层

之间的正向互动可以让员工感到被重视和尊重，从而增强归属感。同时，在绩效沟通过程中，共享成功案例、共同分析问题和寻找解决方案的过程也有助于加深成员之间的相互理解和信任，使组织的凝聚力得到增强。

二、绩效沟通的原则

（一）沟通的底层逻辑

所谓沟通的底层逻辑，就是指所要传递的信息在沟通过程中的核心处理过程。这一逻辑框架旨在将抽象的思维过程转化为具体、可操作的沟通实践，具体包含三个核心步骤：理解、重构与呈现。

第一，理解。沟通的起点在于深度理解。理解的核心目的是将隐性思维显性化，也就是说，在沟通当中，人们所要传递的信息往往并非清清楚楚、显而易见，因为它不是以明确的文字、图表或数字形式存在，而是深藏于个人的心底，隐藏在心智模式、经验、技巧和直觉之中，难以直接传达给他人。因此，要想把自己想表达的意思传递给他人，与他人进行沟通，首先需要将自己心中想要表达的那些模糊的、个人化的思想、直觉进行提炼、整理，从而转化为清晰、具体的概念，把自己在沟通过程中想要表达的真正意思梳理清楚。

第二，重构。重构的核心目的是把所要表达的意思进行结构化组织，也就是将显性化的思维内容进行逻辑上的整理和重组，形成有条理、有层次的结构，使其符合人们的倾听习惯。在这个过程中，可以运用"情境-任务-行动-结果"（STAR）法则等工具，将复杂的沟通内容条理化，确保沟通全面、有序。重构过程不仅帮助双方更好地把握谈话的重点和次序，也为后续的决策制定和行动计划提供了清晰的框架。

第三，呈现。为了使沟通内容更加生动、易于理解，采用形象化的呈现方式至关重要。呈现的关键在于形象化，这包括使用比喻、图表、故事讲述等手段，将抽象的概念和数据转化为直观、易感知的形式。形象化的沟通不仅能够增强信息的吸引力和记忆点，还能促进情感的共鸣，使得绩效讨论更加富有感染力和说服力。

（二）金字塔原理

金字塔原理是一种层次性、结构化的思考与表达工具，由芭芭拉·明托在《金字塔原理：思考、写作和解决问题的逻辑》一书中提出。该原理强调以结果为导向的思考与表达过程，也就是说，任何复杂的问题都可以用金字塔结构进行思考和表示：从一个中心思想出发，向下延伸出多个论据，每个论据再进一步分解成子论据，以此类推，从而由粗到细，逐层提取出关键信息，将复杂的问题变得清晰明了。

金字塔原理的使用要点是：

第一，中心思想明确。金字塔的顶部是核心观点或结论，它简洁明了地概括了你想要传达的关键信息。在绩效沟通中，这意味着首先要明确沟通的目标或想要解决的问题。

第二，逻辑递进。信息按照逻辑顺序排列，每个层次的论据都是对上一层的支撑或解释。在绩效讨论中，你可以从总体目标开始，逐步细化到具体的绩效指标、问题分析及改进措施。

第三，归类分组。相关的子观点应归在同一类别下，避免信息杂乱无章。在绩效反馈时，可以将员工的优点及需改进的地方分类陈述，便于对方理解与吸收。

第四，上下对应。每层论点必须是对上一层论点的直接支持。确保绩效沟通中的每一个讨论点都能直接关联到提升绩效或解决绩效问题的总体目标上。

（三）绩效沟通的基本原则

在绩效沟通中，需要遵循如下基本原则：

第一，及时性原则。及时性原则强调绩效沟通要及时，换句话说，要在事件发生后尽快进行沟通，无论是肯定员工的成绩还是指出需要改进的地方。这样可以确保信息的相关性和有效性，帮助员工在记忆犹新时调整行为，避免问题累积或误解深化。如果忽视及时性，可能导致员工无法及时纠正错误，或者好的表现得不到及时认可，从而影响沟通的效果。例如，当员工出色地完成一项重要任务后，立即给予正面反馈，可以增强其成就感和归属感；反之，若延迟批评，员工可能已经开始了新的任务，此时的反馈就失去了最佳时机，影响其改进效果。

第二，开放性原则。开放性原则倡导在沟通中有话直说，提高沟通的直接性和透明度，减少猜测、猜疑。这意味着无论是管理者还是员工，在面对疑问、不确定或需要改进之处的时候，都应该坦率地提出，直接询问或说明，而不是绕弯子或避免冲突，从而减少误解，防止掩盖问题，小误会累积成大矛盾。例如，如果管理者对员工的工作方法有所疑问，应当直接而不失尊重地提出讨论，而不是私下揣测，这样员工可以立刻澄清或调整，促进双方的理解与合作。当然，有话直说的意思并不是说不讲究方式方法，而是"直言有讳"，或者说，有话要直说，但方式要恰当，要适度保留一些言辞，从而既尊重了他人，又避免了不必要的冲突。

第三，双向性原则。双向性原则强调沟通双方要注意倾听。换句话说，绩效沟通是一个互动过程，不仅包括上级对下级的指导和反馈，也要重视员工的意见和反馈。管理者应当积极倾听员工的想法、感受和面临的困难，这不仅能让员工感受到被尊重和价值，也能帮助管理者更全面地了解情况，做出更合理的决策。

第四，主动性原则。主动性原则强调要有主动的沟通态度，意思是说，要想赢得主动，首先要有主动的态度。主动性原则意味着在绩效管理中要始终以目标为导向，为了达成目标主动与相关方面进行沟通，争取政策、资源、指导和辅导，或者主动询问工作进展，以便及时发现问题并采取对策，而不是被动地等着对方来找自己。缺乏主动性容易导致问题积累甚至延误，从而使自己陷于被动。例如，员工应主动汇报工作中遇到的障碍及自我设法尝试的解决方案，同时积极寻求必要的资源和支持，而不是等到问题严重影响绩效时才被动反映。通过这样的积极沟通，不仅能够及时调整策略，还能展现个人的责任感和对目标的承诺。

第五，理智性原则。理智性原则要求在沟通中管控好自己的情绪，"有话好好说"。理智的沟通能确保信息的准确传达，维护双方的尊重和理解。情绪化的沟通很容易导致僵局，使沟通失败。例如，当员工绩效下滑时，管理者应避免责备性的言辞，而是以事实为基础，探讨原因和改进方案，这样员工更可能接受反馈并积极改进。

沟通的具体方式虽然多种多样，但类别可以分为两类：正式沟通与非正式沟通。

正式沟通通常需要遵循一定的程序和规则，大多有预设的流程，以确保沟通的规范性。如基于流程的各种沟通，包括纸质报告以及通过办公信息化系统发起的各种沟通等。正式沟通适用于传达正式的绩效信息，如正式反馈绩效评价结果、制定或调整绩效目标等。

相比而言，非正式沟通则更为灵活，它可以发生在生产作业现场、办公区甚至是走廊、聚餐等地点。非正式沟通不仅有助于保证信息交流的及时性，还有助于减少层级隔阂，形成轻松自由的沟通氛围，建立更加紧密的人际关系，因此在绩效管理特别是绩效辅导中具有广泛应用。

比如，为了强调绩效沟通以及绩效辅导的重要性，电脑软件公司 Adobe 就放弃了传统的年度绩效评估，转而采用名为"Check-in"的持续绩效管理模型，强调持续、双向的非正式沟通，鼓励直线经理与员工进行定期、非正式的对话，及时讨论工作进展、职业发展和反馈，从而形成更快的反馈循环和及时的绩效辅导，以提高员工的参与度和满意度。IBM 公司在绩效管理中也通过引入 Checkpoint 制度强调灵活、实时的非正式沟通，鼓励更频繁的检查点会议，取代年度评估，使员工能够得到及时的绩效反馈和绩效辅导，以适应快速变化的业务需求。谷歌公司的绩效管理也通过 CFA（Conversation, Feedback, Appreciation）制度强调了持续对话、即时反馈和积极认可，实际上也是一种非正式沟通的做法。通过这种制度，谷歌鼓励员工之间以及上下级之间进行及时、频繁、开放的对话，从而形成一个高度透明和鼓励创新的工作环境。

三、绩效面谈

（一）绩效面谈的步骤

绩效面谈是指管理者与绩效管理对象之间进行的正式或非正式的沟通会议，目的在于回顾、评估和讨论绩效管理对象在上一个管理周期内的绩效表现，以及规划未来的工作目标和绩效改进措施。绩效面谈通常包含对管理对象绩效的评价、反馈、目标设定、职业发展讨论等内容，旨在通过双方的沟通，进一步提升工作绩效，促进个人职业发展，推动组织目标的实现。

绩效面谈的周期可以根据绩效管理周期来确定，一般放在绩效评价之后，如月度、季度、半年度或年度绩效面谈。特殊情况下，如新员工试用期结束、员工岗位调整等，也可以根据实际需要进行临时性的绩效面谈。

绩效面谈通常包括以下几个步骤：

第一，回顾上一个周期的绩效改进计划。面谈开始时，可以首先邀请员工回顾上一绩效周期内绩效改进计划的执行情况，包括他采取了哪些具体行动，遇到了哪些挑战以及相应的解决方法。例如，如果员工的目标是提高客户满意度，他可能分享了额外进行客户调研、实施个性化服务策略的细节，以及这些努力带来的初步成效或反馈。

第二，自我评价。接下来，鼓励员工对自己在这个绩效周期内的表现做出自我评价。这一环节旨在促进员工的自我反思，让他们有机会表达自己的成就、挑战和自我认知。员工可能提到自己在某个项目中成功带领团队完成任务，同时也可能主动指出在时间管理方面的不足。

第三，管理者反馈。在员工自我评价的基础上，管理者给出自己观察到的员工绩效表现，包括正面肯定和需要改进的地方。使用具体事例支撑评价，比如提及某次紧急任务中员工展现出的领导力，或者在某个项目的进度管理上存在的滞后现象。这种基于事实的反馈更加客观公正，易于接受。

第四，共同确定未来的改进点。基于前面的讨论，管理者与员工共同确定下一周期的绩效改进目标和计划。讨论应聚焦于如何延续成功做法，同时针对已识别的不足之处设计具体、可操作的改进措施。例如，如果沟通技巧被识别为改进点，双方可以商讨参加特定的沟通技能培训或设定更多跨部门合作的机会。

第五，确定改进计划。员工应简明扼要地总结出自己为达成这些改进目标将采取的具体行动步骤，设定可衡量的里程碑，确保目标的可追踪性和实现的可能性。

在绩效面谈过程中，要着重把握好如下要点：

第一，让员工先谈，充分地谈。这一原则的核心在于鼓励员工主动分享，让面谈成为一个互动而非单向告知的过程。这样做能增强员工的参与感和责任感，同时让管理者更全面地了解员工的视角，促进双方的相互理解和信任。例如，员工主动分享的挑战可能揭示出未曾注意到的系统性问题，为管理决策提供重要信息。

第二，一对一反馈。一对一的私密性能够创造一个安全的环境，让员工更愿意敞开心扉，表达真实感受和意见。这种环境下，员工更可能接受批评，并将其视为成长的机会，而不是惩罚。

第三，全面反馈。全面反馈要求兼顾正面与负面信息，以及成绩与问题，确保反馈的平衡性和全面性。这样的反馈方式有助于员工建立全面的自我认识，既不过度自信也不过度自责，激励员工持续进步。例如，指出员工在项目管理上的不足同时，也表扬其在团队合作中的贡献，能有效平衡反馈，避免挫伤积极性。

第四，提出建设性意见。建设性意见应当是具体、可行，指向明确的改进行动。例如，针对沟通技巧提升，不是简单说"你需要加强沟通"，而是提出"每周参加一次公开演讲俱乐部的活动，并在团队会议上主动发言两次"，这样的建议更具有操作性和指导意义，帮助员工看到改进的路径。

遵循这些绩效面谈的步骤和要点，有利于确保面谈过程既高效又人性化，促进员工的成长和发展，同时增强管理者与员工之间的信任与合作，为组织绩效的持续提升奠定坚实基础。

（二）肯定的方法

在绩效沟通中，肯定（表扬或赞扬）是极其重要的激励手段，它能够增强员工的自信心、工作满意度和对组织的忠诚度。每个人都有被欣赏、被尊重的需求，正确地使用肯定方法，不仅能够强化员工的正面行为，还能促进其内在动机，激发潜能，为组织创造更多价值。

1. 肯定的原则

在表达肯定的过程中，要遵循如下原则：

第一，具体明确。表扬应针对具体的行为或成果，避免泛泛而谈，让员工清楚地知道因何受到表扬。比如，比起说"你做得很好"，不如说"这份材料内容很全面，分析的也很透彻，特别是对××问题的分析，看得出你非常用心"。

第二，真诚及时。肯定应当发自内心，且在行为发生后尽快给出，这样才能最大化其激励效果。

第三，公平公正。要确保肯定的标准一致，对所有员工一视同仁，避免偏见和偏好影响肯定的公正性。

第四，注重个体差异。了解员工的性格和偏好，采用适合他们的肯定方式，有的员工可能偏好公开表扬，而有的则可能喜欢私下的认可。

2. 肯定的方法

在表达肯定时，可以使用"事实/行为 + 影响/后果 + 态度"的结构化句式。在这个句式中，包括如下几个部分：

描述事实或行为：明确指出员工做了什么，具体到行为或成果。

阐述影响或后果：说明这一行为或成果对团队、项目或组织产生的积极影响。

表达态度或感受：分享你的正面看法或感受，让员工感受到你的真诚赞赏。

比如，在得知员工很快修好了发生故障的设备时，对他的表现予以肯定："这么快就修好了？你可以呀！这样我们可以继续施工了！"这里既有事实，又有事实所产生的积极影响，还有自己的态度。

再比如，私下对员工上周的某项工作汇报表示肯定："小李，你在上周的项目汇报会上，详细分析了市场趋势并提出了切实可行的策略（事实/行为），这不仅帮助团队明确了下一步的行动方向（影响/后果），而且展现了你的专业洞察力和团队领导潜力（态度）。我非常欣赏你的这种主动性和责任心。"

（三）提出问题的方法

在沟通中，有时需要指出对方需要改进的工作方法、习惯，或指出团队合作中存在的问题，或者对目前的政策、方案、措施提出改进意见、建议等。这时，可以采用"三明治"式沟通方法。

"三明治"式沟通方法由三部分组成：正面反馈（认可与表扬）、指出问题或改进空间、表达期望与信任。这种方法有利于平衡批评与鼓励，确保沟通过程的正面性和建设性。

第一，正面反馈（认可与表扬）。沟通开始时，首先给予对方正面反馈，强调他们近期的成绩或表现良好的方面，或者当前政策、方案、措施中合理的方面。认可与表扬环节旨在建立一个积极的沟通基调，让员工感到被认可和尊重，降低对即将到来的批评的抵触感。在表达认可与表扬时，要对事不对人，所认可与表扬的行为、情况或措施要具体。例如："小张，你在最近的项目中展现了很强的责任心，能够独立完成任务，展现了老员工的担当。"

第二，指出问题或改进空间。紧接着，以具体、客观的事实为基础，温和而直接地指出需要改进或存在问题的领域。在指出不足之处时，要有具体事实依据，就事论事，直截了当表明看法，避免争论，不能泛泛而谈，更不能捕风捉影、夸大其词；同时表明这是为了使事情变得更好或为了帮助员工成长而非指责。

第三，表达期望与信任。最后，表达对事物或对方未来发展的信心和期待，鼓励对方采取行动进行改进，并提供必要的支持和资源。这一步骤旨在激励员工，让他们相信自己有能力克服挑战。在表达期望时，要尽可能具体，不能空洞无物。例如："我相信你有能力找到解决办法，如果你需要任何资源或帮助，团队都会全力支持。我们期待看到你在下个项目中的出色表现。"

使用"三明治"式沟通方法的注意事项：

第一，真诚性。在使用"三明治"法时，每一部分都需要真诚，避免虚假的表扬或空洞的鼓励，否则可能适得其反，损害信任。

第二，针对性。提出的批评或问题应具体明确，避免泛泛而谈，这样员工才能明确知道需要在哪方面改进。

第三，平衡性。正面反馈和批评的比例要适当，确保整个沟通过程既不显得过分严厉，也不显得过分轻描淡写。

第四，倾听与互动。提出问题后，给予员工足够的机会表达自己的观点和感受，确保沟通是双向的，共同寻找解决方案。

（四）应对分歧的方法

无论是在工作还是在生活中，我们都可能会与他人产生分歧甚至发生冲突。在绩效沟通中，分歧和冲突也是不可避免的。如何有效应对这些分歧，转化为团队和组织成长的契机，是绩效管理过程中不可或缺的一环。

1. 态度层面的应对策略

（1）保持开放心态看待分歧。面对分歧时，首要的是以开放和包容的心态去看待分歧，正视其存在，认识到分歧是团队多元化背景和不同观点的自然产物，意识到分歧背后可能隐藏的创新和改进机会，并以积极的态度尝试去解决分歧、消除分歧。例如，当团队成员对项目策略有不同见解的时候，管理者应当鼓励大家表达意见，让不同观点进行交锋，而不是急于统一思想，因为这样更有利于碰撞出新的思想火花，有助于挖掘更多的可能性，找到新的解决方案。另外，在工作和生活中，每个人都有自己的底线和边界，在他人碰触到自己底线的时候，就要敢于表达自己的立场，敢于发生分歧和冲突。

（2）带着学习意愿解决分歧。当出现分歧时，人们很容易进入一种错误状态，即带着证明自己、说服对方的意图去处理分歧，分歧各方往往都希望表明自己是对的，其他人是错的。但是，如果带着学习的意愿面对分歧甚至冲突，沟通会更加顺利。在《哈佛商业评论》公布的一项研究中，大部分参与者（78%）表示更愿意与希望了解自己观点的对象交流，即使分歧程度相当也不影响这个结果。因此，在工作中，不仅要敢于发生分歧和冲突，更要善于和解，带着学习的意愿面对分歧，把重点应放在理解对方观点背后的逻辑和依据上，而不是急于去证明对错；同时，也不要低估对方的学习意愿，通过提问和倾听，展现对对方观点的兴趣和尊重。比如，可以说："我听到你的观点是……能再多讲讲你是怎么得出这个结论的吗？"这将有助于减少对立，促进双方的理性对话。

2. 行动层面的应对策略

（1）明确表达倾听意愿。人们都希望被倾听和理解，特别是在可能对工作产生重要影响的分歧中尤其如此。但是，在发生分歧甚至冲突的环境下，对方可能会低估你的沟通和学习意愿，高估你的对立情绪。因此，在沟通初始，可以明确告知对方你愿意倾听和理解其立场，这能有效缓解紧张气氛。例如，在讨论开始时声明："我很想听听你对这个问题的看法，无论我们的意见是否一致，我都希望能充分理解你的角度。"

（2）从事实开始，好好说话。在讨论时，要确保以客观事实为起点，在确保双方对事实没有异议的基础上，再耐心地使用平和的语言给出解决问题的方法，避免直接得出结论、使用情绪化和暴力语言或者进行个人攻击。基于事实的讨论要求我们要区分观察到的事实与自己的评论。正如《非暴力沟通》一书所倡导的，我们应该具体描述所观察到的行为，而不是轻易地对其进行评判或贴标签。例如，不说"这椅子你一坐就坏"，而是说"你坐的这把椅子坏了"；不说"你总是拖延"，而是说"这个任务的交付时间比原计划晚了两天"。这样的表述使用事实作为讨论的基础，可以有效地减少主观判断的干扰，避免了对人的直接指责，减少了对方的防御心理，使得对话能够更加专注于问题本身。再比如："根据最近的数据，我们发现……你对此怎么看？"这种方式有助于聚焦问题本身，避免偏见影响决策。

（3）留出情绪缓冲时间。在处理较为敏感或激烈的分歧时，要尽可能给予双方一定时间来消化情绪，避免冲动决策。比如，可以提议"大家回去先想一想今天的事情和讨论，回头明天或者后天我们再来讨论"，从而让大家都有时间去冷静思考、通盘考虑。

四、绩效沟通的渠道与模式

（一）绩效沟通的渠道

绩效沟通的渠道对沟通效率与效果具有重要影响。合适的沟通渠道能够确保信息准确、迅速地得以传递，促进双方的理解与合作。选择正确的沟通渠道，意味着在合适的时间、通过最适宜的方式，将信息送达给需要的人，这不仅能提升沟通的时效性，还能增加信息的透明度，减少误解和信息失真，为绩效管理的有效实施奠定基础。

常用的绩效沟通渠道包括：

（1）面对面沟通。这是最直接且高效的沟通方式，适用于绩效面谈、即时反馈等场景。面对面的交流能够通过肢体语言、语调等非言语信息增强沟通的深度和真实性，特别适合于讨论较为敏感或复杂的问题。

（2）电子邮件是书面沟通的一种形式，适用于传达正式通知、绩效评价结果或需要记录存档的信息。电子邮件方便回溯，但可能缺乏即时反馈，且容易产生理解歧义。

（3）即时通讯工具。如企业微信、钉钉等，适用于日常工作的快速沟通和即时反馈，便于远程工作或跨地域团队的协作，但需注意保持信息的专业性和正式度。

（4）内部社交媒体或协作平台。如企业内部论坛、知识管理系统等，适合分享成功案例、团队动态、公开表扬等，有助于增强团队凝聚力和知识共享。

（5）电话会议/视频会议。适合远程团队或紧急情况下的沟通，能即时交流，节约时间成本，但可能因技术问题影响沟通质量。

（二）绩效沟通的模式

绩效沟通通常有以下几种模式：

（1）自上而下模式。这是一种传统且最为常见的沟通模式，信息由高层向下传递。适用于传达公司战略、政策变动等重要信息，但可能限制基层声音的上传，影响信息的全面性。

（2）自下而上模式。这种模式有利于加强员工反馈和参与，有利于收集一线问题和创意，如员工意见箱、定期的满意度调查等。比如，为了快速响应市场变化，赋予前线更多的决策权，同时也为了让后方决策部门"听得见炮火"，华为允许一线部门在遇到问题时直接向后方的机关部门请求支援，缩短决策链条，提高响应速度，被称为"前线呼唤炮火"。这种模式的本质就是一种自下而上的沟通机制，有利于提高决策效率，增强一线部门的战斗力。

（3）横向沟通机制。这种模式促进了信息的横向流动，有利于打破部门壁垒，促进跨部门、跨团队的沟通，从而加强协同工作，如项目组会议、跨职能团队合作等。

第二节 绩效支持

绩效支持指在绩效管理过程中，为了获得预期的绩效，为组织、团队或个人提供人员、物资、设备设施、信息、知识以及技术或管理等方面的支持，以便改善绩效表现、达成绩效目标而创造条件的过程。

绩效支持的方式包括绩效保障和绩效辅导。

一、绩效保障

（一）绩效保障的重要性

绩效保障就是在绩效管理过程中，为组织或个人提供人员、物资、设备设施、信息、知识以及技术或管理等方面的保障，以便为达成绩效目标创造外部条件。

绩效保障在绩效管理中具有基础保障作用。托马斯·吉尔伯特（Tomas Gilbert）认为，缺乏绩效支持（而非技能和知识）是取得优秀工作绩效的最大障碍。① 良好的绩效保障可以确保员工在工作的过程中能够及时获得相应的资源和条件，从而使其从寻觅资源的困扰当中解脱出来，毫无羁绊地履行自己的职责，集中精力于任务的高效执行，进而达成目标。如果把绩效目标比作员工要征服的山峰，那么绩效保障就是为员工提供的装备、地图以及沿途的补给站，确保员工能够有充足的资源和条件去达成目标，顺利登顶。为员工提供绩效保障往往被认为是管理者的重要责任。管理学者陈春花认为，管理的关键是要让一线员工得到并可以使用资源。华为基本法第二十三条强调，在资源的分配上，应努力消除资源合理配置与有效利用的障碍。容易想象，当你面对的任务本来就具有挑战性，同时又缺少工具、信息或人手，或者说，需要你自己去寻找相关资源，工作效率肯定会受到很大影响，你也会很容易感到"精力不济"，产生工作上的疲惫感。

良好的绩效保障不仅能够使员工受到激励，还有助于提高员工的忠诚度和敬业度。在工作过程中，当自己的能力与努力不足时，员工感到的是压力；而当组织对自己的支持不足的时候，员工感到的则是无助与沮丧。因此，优秀员工的工作压力很大程度上取决于员工是否拥有完成任务所必需的材料和设备。在《伟大管理的 12 要素》中，第二个要素就是：我有做好我的工作所需要的材料和设备。足够的支持不仅会直接提高员工的工作效率，还会使员工感到整个公司都在支持他，提供给他所需要的一切，从而受到心理激励。盖洛普的调查结果表明，新员工加入组织后，通常会有大约 6 个月的蜜月期，在这段时间，他们的工作敬业度很高，不会有太多负面体验降低敬业度。但是 6 个月之后，敬业度会有一个明显下滑，其中第二要素，也就是绩效保障的缺乏导致的敬业度的下滑最为显著，占整个下滑因素的 50%。换句话说，如果员工在承受达成目标本身所带来的压力之外，还要面对资源不足的窘境——而资源的提供和保障往往既不在员工的职责之

---

① ［美］达琳·M. 范·提姆，詹姆斯·L. 莫斯利，琼·C. 迪辛格. 绩效改进基础（第三版）[M]. 易虹，姚苏阳，译. 北京：中信出版社，2013.

内，他们对此也并不熟悉、不擅长，在这种情况下，员工就会感觉到"孤立无援"，产生挫败情绪。相反，如果能够获得很好的资源保障，员工就会产生被全方位支持的感觉，如同被赋予了能量，从而增强对企业的信任感和归属意识，有助于忠诚度和敬业度的提升。

（二）绩效保障机制构建与创新

绩效保障机制的关键主要包括两个方面。第一方面是，作为管理的预防措施，绩效保障需要对已有的管理程序和管理体系进行分析和诊断，破除相关瓶颈，对相关的保障机制进行优化和完善，对类似的绩效需求作出一致的反应，从而满足长期的绩效需求。换句话说，作为管理预防措施，要不断对现行的管理程序、体系进行改进，使其能够满足绩效保障的需求。如华为的由"铁三角"为主导的"前线呼唤炮火"，其实质就是一种由一线的生产经营组织根据生产经营需要来调配资源的机制，对于自上而下来配置资源的传统体制形成了有益补充，取得了较好效果。再比如，在知识型组织中，由于生产高度依赖于知识，因此，知识短缺就成了绩效的重要障碍。为了破除这个障碍，腾讯内部建设了"乐问"平台，一旦有需要，员工可以在平台上进行提问，起到了良好的知识支持与保障作用。这两个例子的异曲同工之处在于，通过相应的配套机制设计，最终形成的都是由资源需求方发起的自适应资源配置系统。可供参考的例子还有韩都衣舍。为了打破部门墙，韩都衣舍在组织结构上进行了创新，提出了小组制，每个小组可以根据市场反馈快速调整产品策略和资源配置，通过小团队的自治使得资源的申请和使用更加灵活，有效地提高了市场响应速度和绩效表现。

绩效保障机制的第二个方面是，作为管理的纠正措施，绩效保障需要在已有的管理程序之外，对当前的绩效需求做出及时的反应，为达成当前的绩效目标创造条件。换句话说，一旦现有的管理流程或体系出现了不能满足绩效保障需求的情况时，要有相应的补充反应机制能够快速地对当前的绩效保障需求做出反应，从而确保达成绩效目标所需的资源条件能够得到满足，进而保障绩效目标能够达成。要实现这样的目标，组织必须具有高效的问题识别与资源调度机制。比如，可以利用即时通讯工具或设置"保障热线"等方式，确保绩效障碍能迅速上报，管理层能即刻知晓并干预，从而形成快速反馈通道，在此基础上，由专门小组快速识别绩效问题并进行跨部门协调或协作，确保资源调配的灵活性和效率。

二、绩效辅导

绩效辅导就是在绩效管理过程中，对组织或员工给予思想、知识、方法上的指导和帮助，以增强其绩效能力，从而完成绩效任务，达成绩效目标的过程。

（一）绩效辅导的内容与作用

绩效辅导是保持人力资源有效性、促进员工成长的重要途径。

从横向上来说，针对从业人员的绩效辅导内容主要包括态度、知识/经验、技能三个方面。其中，正面的态度能激发员工内在动力，提高工作满意度，促进团队和谐，增强员工对组织目标的认同感和执行力。对员工态度方面的辅导包括工作积极性、责任感、团队合作精神、适应变化的态度等，主要通过正面激励、心理辅导等方式，帮助员工树立正确的职业态度，增强自我驱动力。丰富的专业知识与经验有利于提升员工处理复杂问题的能力，加快决策速度，提高工作效率，促进个人职业成长。对员工专业知识方面的辅导内容涉及专业知识深化、行业动态了解、工作经验分享等，可以通过培训、研讨会、导师制度等方式，拓宽员工的知识视野，累积实战经验。技能方面的辅导包括作业技能和管理技能两个方面。其中，作业技能包括专业软件操作技能、专业工具使用技能、客户服务技能等，可以通过实操训练、模拟演练等提升实际操作能力；管理技能包括团队管理、业务管理等，通过案例分析、角色扮演等方法增强管理能力。

从纵向上来说，对于从业人员的绩效辅导可以包括以下三个层次：首先，在员工个体层面，应该与员工建立一对一的密切联系，帮助他们制定具有挑战性的目标和任务，给他们提供反馈，并在他们需要时提供支持。其次，在企业文化层面，要营造一种鼓励承担风险、勇于创新的氛围，使员工能够从过去的经验和教训中学习。从能力上来说，人性中天然有畏难的情绪。一件事情如果做起来很困难，很痛苦，就不愿意去做，但是如果事情简单容易，便乐于去完成。因此要培养员工的能力，对他进行辅导，教给他方法。员工的能力越强，做得越好，他也就更愿意去挑战更高的目标，获得更大的成就感。最后，在员工发展层面，要积极为员工提供学习机会，把他们与能够帮助他们获得发展的人联系在一起。

在组织层面上，绩效辅导主要包括体系化管理和标准化管理两个层面，以便通过辅导提升组织能力，促进绩效增长。其中，在体系化管理方面进行绩效辅导的作用主要是通过组织架构、管理体系架构、人才体系架构方面的辅导，促进组织结构和文化的优化，为绩效增长形成良好的体系化环境。在标准化管理方面进行绩效辅导的作用主要是通过细化和规范工作流程与操作规程标准化，减少无效劳动，提高工作的质量和效率，为组织绩效的持续增长打下坚实的基础。

（二）绩效辅导的方式与方法

1. 绩效辅导的组织形式

根据辅导的组织形式，绩效辅导可以分为个体辅导与群体辅导两种。

（1）个体辅导。个体辅导通常是一对一的辅导，这是最直接且个性化的辅导方式，适合于解决员工的特定问题。例如，如果一名新晋升的销售经理在客户谈判技巧方面有所欠缺，可以通过一对一的辅导快速提升其谈判能力。

（2）群体辅导。群体辅导属于一对多的形式，适用于共性问题的解决。比如，如果下属各部门在某方面整体上都有所欠缺，这时就可以把这些部门组织起来，有针对性地进行群体辅导。

2. 绩效辅导的方式

（1）教师/教练模式。教师/教练模式强调对辅导对象进行直接指导或培训，帮助其掌握新的知识、技能或工作方法，以提升工作绩效。具体辅导方式包括培训、师带徒、标准引路、典型/标杆引领以及对标等。其中，标准引路指的是通过制定和明确相关标准，帮助绩效对象提升绩效；而典型/标杆引领指的是通过树立实际的、具体的典型或标杆，以供绩效对象进行模仿和学习，从而提升绩效。对标就是与组织内外的最佳实践进行对比，找出差距并制定改进计划。

（2）分享/激发模式。相比教师/教练模式，绩效辅导的分享/激发模式更侧重于创造一个开放、互动的学习环境，鼓励知识分享、经验交流和创意激发。这种模式强调自我学习，通过非正式的学习途径促进绩效对象的自主成长和绩效提升。具体辅导方式包括经验交流/分享以及专业社区（智慧银行）等。其中，经验交流/分享是通过组织经验分享会鼓励绩效对象分享经验和心得，如"最佳实践分享日"，专业社区（智慧银行）是通过建立线上或线下的专业交流平台，使员工可以随时查阅、提问和分享，从而从中获得启发，如企业内部的知识管理系统。

3. 绩效辅导应该注意的问题

在绩效辅导过程中，应该注意以下问题：

（1）对员工的信任。信任是辅导关系的基础。缺乏信任会导致员工感到束缚，限制其创造力和主动性。在绩效辅导过程中，管理者仍然需要展现出对员工能力的信任，放手让他们尝试和犯错。

（2）让辅导成为日常的行为。绩效辅导不应仅限于固定时间和正式场合，而应融入日常管理的全过程。日常的即时反馈和指导能更快地纠正错误，加速员工成长。

（3）传授与启发相结合。辅导不仅仅是灌输知识，更重要的是激发员工的思考和自我探索。提问引导式的辅导方式能够鼓励员工主动寻找解决方案，增强学习的深度和持久性。

（4）给员工独立工作的机会。随着员工任务成熟度和职业成熟度的提高，应逐渐减少直接辅导，鼓励员工独立解决问题，以此锻炼其自主性和责任感。过多的干预可能会抑制员工的成长。

（5）注重提升员工的能力。绩效辅导的最终目标是提升员工的能力，而非仅仅解决眼前的问题。持续关注员工能力发展，通过提供挑战性任务和学习机会，帮助他们达到更高的职业水平。

（三）教练式辅导

教练式辅导是一种强调管理者在绩效辅导中扮演"教练"角色，通过提问引导员工自我发现、自我成长的绩效辅导方法。不同于传统的指令式管理，这种方法更注重激发员工的内在动力和潜力，增强其自主解决问题的能力。

教练式辅导的典型特征是引导激发而非帮助。教练式辅导的核心在于"引导"，而不是直接给出答案或解决方案。管理者作为教练，通过提出富有洞察力的问题，引导员工思考问题的本质，激发其内在的创造力和责任感，而不是简单地提供帮助或解决方案。这一过程中，员工被鼓励自我探索，发现解决问题的方法，从而实现自我成长和绩效提升。因此，提问是教练式辅导中最关键的工具。

有效的提问能够开启员工的思维，激发其深层次的思考。

提问能够带来的好处主要包括：

（1）倾听与尊重。通过提问，管理者展现了对员工意见的重视，创造了开放沟通的氛围，让员工感受到被尊重和价值。

（2）启发思考，激发责任感。提问促使员工深入思考问题，激发其自我解决问题的意愿和责任感，增强自主性。比如，在辅导过程中，管理者可以通过提出"对于这个问题，你有什么考虑"这样的问题，来鼓励员工表达自己的看法和分析过程。

（3）组织支持。提问显示了组织愿意投资于员工个人成长的决心，增强了员工的归属感和忠诚度。比如，管理者可以通过"关于这个问题，有没有什么需要我做的"这样的问题，来表达对员工的支持态度，同时也强调了员工的主体地位。

（4）促进行动。提问促使员工从思考转向行动，将想法转化为实际行动方案。

（5）谦虚地面对自我。提问也促使管理者保持谦逊态度，认识到自己并非所有问题的答案，而是与员工一同成长的伙伴。

教练式辅导用于提问的框架性方法主要包括以下两种：

（1）5W2H：这是在横向上逐步扩展的提问方法。5W2H 的具体提问内容包括：What（什么）、Who（谁）、When（何时）、Where（何地）、Why（为什么）、How（怎样做）、How much（多少）。这种提问框架可以帮助员工扩展思考的广度，全面审视问题，确保没有遗漏的关键点。

比如，一家餐厅想要优化其外卖服务流程，以减少顾客等待时间和提高客户满意度。这时，可以运用 5W2H 方法，通过提问下列问题来明确工作思路：

What（什么）：我们要优化的是外卖服务流程。

Who（谁）：涉及的人员包括接单员、厨师、打包员和配送员。

When（何时）：主要关注午餐和晚餐高峰时段的流程。

Where（何地）：整个流程从餐厅厨房到顾客手中，包括线上订单系统。

Why（为什么）：优化是为了减少顾客等待时间，提升服务质量。

How（怎样做）：计划通过预先准备热门菜品、优化订单分配逻辑等方式来实现。

How much（多少）：目标是将平均等待时间从 45 分钟缩短至 30 分钟内，同时保持错误率低于 1%。

图 7.1 是华为 HRBP 在进行绩效辅导时采用的 GROW 教练模型，图 7.2 是在各个辅导阶段常用的问题。

GROW 教练模型

Gaol 目标设定

设定目标

确立目标并具体化

Reality 现状分析

分析现状

强化觉察力和自我觉察力

Will 激发行动

阐明行动计划

设立衡量标准

规定分工角色

Options 制定方案

探寻备选方案

穷尽可能方案

建立自我责任

图 7.1　华为 HRBP 绩效辅导模型

G Goal 设定目标

- 你要实现的具体目标是什么？
- 实现目标的标志是什么？有什么具体的量化指标吗？
- 实现目标的时间界限是什么？
- 设想的最佳状态是什么？

R Reality 分析现状

- 目前的挑战和困难是什么？
- 你都做过哪些努力，效果如何？
- 都有谁与此相关，他们的态度如何？

O Options 制定方案

- 为了达到目标，都有哪些选择？
- 还有其他的方法么？
- 如果你有足够的资源会怎么办？
- 如果那个障碍不存在，你会做什么？

W Will 激发行动

- 下一步做什么？打算什么时候去做？
- 如果按 1~10 给你回去执行这个方案的可能性打分，你会打几分？为什么？
- 你何时需要支持以及如何获得支持？

图 7.2　华为 HRBP 绩效辅导问题

（2）丰田追问（5W）：这是在纵向上逐步深入的提问方法。为了找到问题的深层次原因，丰田公司提出了"五次为什么（即 5W）"分析法，通过连续至少 5 次追问"为什么"，来挖掘问题的深层次原因。

比如，一家汽车制造厂发现某型号的车辆频繁出现刹车失灵问题，可以运用丰田追问，通过提问下列问题来找出深层原因：

第一次为什么（1W）：为什么车辆会出现刹车失灵？因为刹车片磨损严重。

第二次为什么（2W）：为什么刹车片会磨损严重？因为刹车片材质不耐高温。

第三次为什么（3W）：为什么选择了不耐高温的刹车片材质？因为采购时未充分考虑高温环境下的性能要求。

第四次为什么（4W）：为什么采购时忽视了高温环境的要求？因为采购标准未及时更新，缺乏对新车型需求的考量。

第五次为什么（5W）：为什么采购标准没有及时更新？因为跨部门沟通不足，研发与采购部门之间信息同步不畅。

可见，通过丰田追问（5W），对绩效问题思考的深度得到增加，绩效障碍的深层次原因被定位为跨部门沟通不足导致的采购标准滞后，从而指明了解决问题的方向。

当然，教练式辅导的提问方式要求管理者具备极高的耐心。员工可能不会立即找到答案，甚至可能经历挫折和困惑。此时，管理者需要给予充分的时间和空间，或者更换自己所提出的问题，鼓励员工持续探索，而不是急于给出答案。这种耐心不仅是对员工成长过程的尊重，也是辅导成效的关键所在。

第三节 绩 效 改 进

一、绩效改进的地位和作用

狭义的绩效改进指在绩效管理过程中，绩效管理对象（包括组织或个人）为了取得更好的绩效结果而进行的各种改进，包括绩效努力和绩效能力方面的改进；

广义的绩效改进不仅包括绩效管理对象所进行的改进，还包括考核主体对考评对象的绩效辅导和绩效支持。

从组织来说，为了获得更好的发展，组织通常倾向于在现有绩效能力的基础上去追求更高的绩效目标，从而导致较高的绩效目标与相对不足的绩效能力之间的矛盾成为绩效管理中的常态。为了不断提高组织的绩效能力，必须经常进行绩效诊断、绩效支持和绩效改进。

从员工个人来说，绩效目标带来的挑战，以及员工对于增强绩效能力的期望，都对绩效诊断、绩效支持与绩效改进提出了需求。

可见，绩效诊断、绩效支持和绩效改进不仅是组织追求更高绩效的需要，也是员工个人成长的需要；是增强组织和个人绩效能力的必经之路。华为基本法第七十七条就强调：部门和员工绩效考核的重点是绩效改进。

从人力资源管理的角度来说，在绩效激励的基础上，通过绩效诊断、绩效支持和绩效改进增强从业人员的绩效能力，是确保人力资源有效性的重要手段。

同时，除绩效能力和绩效动机外，绩效结果还会受到其他因素的影响。组织外部环境、团队和员工之外的因素，都会对组织绩效、团队绩效和员工个体绩效产生直接或间接影响。另外，绩效评价的科学性也会对绩效评价的结果产生影响。当绩效结果未达到绩效目标时，就需要进行绩效诊断，以便找到影响绩效的真正原因，进而在绩效诊断的基础上组织绩效支持和绩效改进。

二、绩效改进的程序

（一）绩效改进的原则

国际绩效改进协会认为，在绩效改进过程中，应坚持以下四个基础原则：①

（1）以终为始，关注结果（Result）。这一原则强调在绩效改进的全过程中，要始终把最终期望达成的结果放在首位。为此，在绩效改进的策划阶段，就要明确绩效改进的具体目标和可量化指标，使所有努力都直接指向这些结果，这样，才能确保我们在绩效改进中有清晰的目标，防止偏离核心目标、迷

---

① 国际绩效改进协会（International Society for Performance Improvement, ISPI）：https://ispi. org/page/CPTStandards，2023 年 12 月 1 日。

失方向。

（2）厘清关系，系统思考（Systematic View）。绩效问题往往根植于复杂的组织系统之中。厘清关系，系统思考就是在分析和解决绩效改进问题时，要采用系统性思维，识别并理解各要素之间的相互作用和影响，以找到问题的根本原因而非表面症状，确保解决方案能够触及问题实质，避免"治标不治本"。

（3）增加价值（Value）。任何绩效改进措施都应致力于为（内部或外部）客户创造或增加价值，无论是提高产品或服务的质量、功能，或者提升响应效率、增强顾客满意度还是优化成本结构，都要以增加价值为绩效改进的最终目标，这样才能确保改进活动不仅能够解决当前问题，还能为组织带来长期利益，提高组织的整体竞争力和市场地位。

（4）与利益相关者形成伙伴关系（Partnership），获得支持。绩效改进需要跨部门合作及所有相关方的支持，建立合作伙伴关系意味着主动沟通、听取意见并共同参与决策过程，这样才能确保解决方案的实施得到广泛支持，降低绩效改进的阻力，提高实施的成功率。

（二）绩效改进的程序

基于绩效改进的原则，国际绩效改进协会还提出了进行绩效改进的程序:①

（1）确定需求或机会。首先识别绩效差距或潜在改进领域，这可能来源于业绩数据分析、员工反馈或市场变化等。这是启动绩效改进流程的基础。只有准确地识别改进需求，才能确保绩效改进能够有的放矢。

（2）确定原因。运用根本原因分析法，深入分析并确定问题产生的原因，区分直接原因和根本原因，以便能够制定出针对性强、有效的解决方案。

（3）设计解决方案（包括实施和评估）。基于问题产生的原因设计解决方案，方案需包含具体的实施策略和评估标准。解决方案既要具有操作性，又要易于衡量效果，为成功实施打下坚实基础。

（4）确保解决方案的一致性和可行性。检查解决方案是否与组织的战略目标

---

① 国际绩效改进协会（International Society for Performance Improvement, ISPI）: https://ispi. org/page/CPTStandards，2023 年 12 月 1 日。

一致，以及是否有足够的资源和能力去实施，以确保改进措施与组织发展方向相契合，避免资源浪费，提高实施的成功率。

（5）实施解决方案。在方案实施过程中，要密切关注实施进展，遇到问题及时进行解决。

（6）评估结果和影响。方案实施后，要对取得的绩效改进成果进行衡量，评估其对组织的长期影响，以验证绩效改进措施的有效性，同时也为未来类似项目的决策提供数据支持。

此外，珀欣（Pershing）也提出了绩效改进流程①，如图7.3。

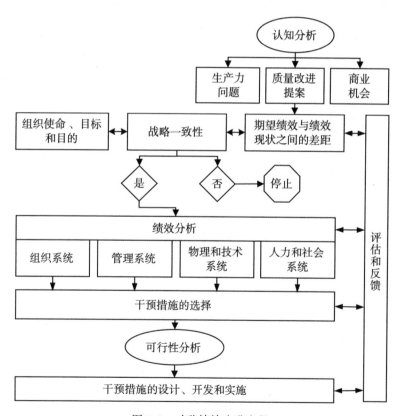

图 7.2　珀欣绩效改进流程

① ［美］达琳·M. 范·提姆，詹姆斯·L. 莫斯利，琼·C. 迪辛格. 绩效改进基础（第三版）［M］. 易虹，姚苏阳，译. 北京：中信出版社，2013.

可以看出，珀欣的绩效改进流程开始于对组织重要问题的绩效认知。这些重要问题可能包括生产力问题，例如员工流动率、材料浪费或客户投诉；质量问题，例如投资回报率或成本削减；还可能包括商业机会问题，如产品线的采购或扩张。如果在上述这些方面确实存在期望绩效和绩效现状之间的差距，那么，对这个问题的分析就可以进入下一步——进行战略一致性评估。所谓战略一致性评估，就是评估这些问题与组织使命、目标和目的是否一致。经过评估，如果该问题与组织的战略方向一致，那么对这个问题的分析就可以进入下一步——绩效影响因素分析；如果这个问题与组织的战略方向不一致，那么就可以到此为止了，不必进一步关注它。在绩效影响因素分析环节，要从组织层面开始，到管理层面、物理条件层面、技术方法层面，再到人力和社会保障系统层面，分别进行分析。然后，在上面的分析的基础上，再进行绩效改进的可行性分析，结合可行性分析来设计干预措施。最后是对绩效改进效果的评估和反馈。

三、绩效诊断的方法

（一）组织绩效诊断方法

1. 组织绩效诊断的三因素法

组织绩效诊断是识别和分析影响组织效能的关键因素，进而进行改进的重要环节。

三因素法主要从三个方面来对组织绩效进行诊断。具体包括：

第一，员工方面。主要关注员工的态度、能力以及对工作的投入程度（努力）。员工的知识技能、工作态度（如责任心、积极性），以及对组织文化的认同感直接影响其工作效率和成果。员工因素与管理者因素紧密相关，管理者的行为和决策直接影响员工的工作状态和绩效。

第二，管理者方面。在这方面，通常存在的问题可能会有两个：一是管理者做了不该做的事情，比如监督过严、施加不当压力等，或者因管理者导致的管理机制不良；二是管理者没有做该做的事情，比如没有明确工作要求、没有对员工给予及时辅导或支持等。

第三，环境方面。这方面包括物理工作环境（如噪音、光线、布局）和心理社会环境（如团队支持）。良好的环境能促进员工的身心健康，增强团队协作，反之则可能成为绩效低下的间接原因。环境因素是员工和管理者因素发挥作用的舞台，也是组织管理调整的重点之一。

2. 组织绩效诊断的四因素法

四因素法则进一步细化了分析视角，涵盖了以下几个方面：

第一，人的方面。在这里，四因素法的人的方面不仅包括了三因素法中的员工和管理者因素，还包括团队成员间的协作。

第二，物的方面。涵盖工作所需的一切物质资源，包括设备、物资、系统、作业环境，如设备的先进性、物资供应的及时性、生产系统是否先进、作业环境的安全与适宜度。这些硬条件直接支撑着工作的顺利进行。

第三，技术（方法）的方面。这里的技术（方法）泛指生产和服务过程中所采用的技术方法，包括技术工艺方法、生产作业方法等。

第四，组织管理的方面。组织管理方面的诊断内容不仅包括组织结构设计，还包括职能分工与人员配置、管理流程与机制设计、绩效与薪酬管理的诊断等其他组织层面的议题。

可见，三因素法和四因素法各有侧重，但都围绕人、物、环境、管理这一框架展开，旨在从不同维度综合诊断组织绩效问题。四因素法相比三因素法提供了更为细致的诊断视角，有助于更全面、深入地识别绩效低下的根源，从而制定更为精准的改进策略。

（二）个体绩效诊断方法

1. 个体绩效诊断四因素法

个体绩效诊断是理解并提升员工工作表现的核心环节，四因素法为分析个体绩效问题提供了一个比较全面的框架。四因素法主要从以下四个方面进行绩效诊断：

第一，知识。知识是指员工在特定工作领域内掌握的信息、理论和概念，包括专业知识、行业标准、公司政策及流程等。员工的知识水平直接关系到其完成任务的能力和效率。缺乏必要的知识会导致决策失误、解决问题的能力受限，从而影响工作质量和效率。例如，如果一名销售员不了解产品的详细信息，就难以有效地解答客户的疑问，进而影响销售业绩。

第二，技能。技能是指运用知识完成具体任务的能力，包括专业技能、沟通技能、时间管理技能等。技能的高低决定了员工能否有效地执行工作任务。例如，一个程序员如果编程技能不足，将难以按时完成高质量的代码编写。技能不足可能导致工作延误、错误频出，影响个人乃至团队的绩效表现。

第三，态度。态度是指员工对工作的看法、价值观和行为倾向，包括积极性、责任感、团队合作精神等。积极的态度能够激发员工的工作热情，从而增加工作投入；反之，消极的态度会减少工作投入，进而降低工作绩效。

第四，环境。环境因素包括物理工作环境和组织文化环境等。支持性的工作环境可以促进员工高效工作，而负面的工作环境则可能分散注意力、消耗精力，进而降低工作效率。此外，组织文化、管理层的支持程度也会影响员工的归属感和动力。例如，一个鼓励创新、开放包容的环境能够激发员工的创新意识和潜力，反之则可能使员工感到压抑，影响其创造性的充分发挥。特别是，管理者的支持能够在企业文化的基础上，形成员工工作的小环境。比如，管理者反馈及时且具有建设性，可以增强员工的方向感、价值感和归属感，进而更有助于塑造正面态度，激励员工提升绩效。

总之，个体绩效受到知识、技能、态度和环境四大因素的共同影响。这些因素相互作用，共同决定了员工的工作表现。因此，在进行个体绩效诊断时，需要全面地考虑这些方面，针对性地设计提升计划，以实现绩效的优化和个体潜能的最大化。

2. 吉尔伯特行为工程学模型①

根据吉尔伯特的观点，个人绩效的影响因素主要有三大类——信息、设备和

① ［美］达琳·M·范·提姆，詹姆斯·L·莫斯利，琼·C·迪辛格. 绩效改进基础（第三版）［M］. 易虹，姚苏阳，译. 北京：中信出版社，2013.

动机。这三大类条件分别来源于环境和个人，形成了六种因素的行为工程学模型，见表 7.1。

表 7.1　　　　　　　　　　　吉尔伯特的行为工程学模型

信息	设备	动机
数据	工具	激励
• 中肯而频繁的反馈 • 绩效说明 • 与绩效知识有关的准确说明	• 与人员因素和能力相匹配的工作工具和资料	• 金钱激励 • 非金钱激励 • 职业发展机遇激励
知识	能力	动机
• 经过科学设计的培训 • 人员配置	• 灵活的绩效时间安排 • 弥补 • 物理外形 • 采纳 • 选择	• 工作动机评估 • 招聘合适的人员

根据行为工程模型，信息来源于数据和知识，设备来源于工具和能力，动机来源于激励和动机，其中，数据、工具、激励来源于员工所在的系统环境，而知识、能力、动机来源于个人。

基于行为工程模型进行个体绩效诊断时，各方面常见的绩效障碍见表 7.2。

表 7.2　　　　　　　　　　基于行为工程模型的常见绩效障碍

绩效动力或原因	绩 效 问 题	绩效缺陷范例
数据、信息、反馈	• 在需要的情况下，人们提供数据、信息和反馈的情况是怎样的	• 未能及时提供的信息 • 反馈机制的缺乏 • 文件记录不详 • 没有建立绩效标准 • 数据是否与绩效相关联

续表

绩效动力或原因	绩效问题	绩效缺陷范例
环境支持、资源、工具	• 人们在资源、工具、设备等方面获得支持的情况是怎样的	• 人类工程学方面的缺陷 • 不适当的工作条件 • 没有提供工具或工具的配置 • 没有得到优化 • 完成工作的时间不充足
结果、激励、奖励	• 工作者们是如何看待结果或成果的 • 他们获得的奖励或激励情况是怎样的	• 工作与组织的使命和需求无关 • 奖励不以绩效为基础 • 相互矛盾的激励机制 • 较差的工作表现仍能获得奖励
技能和知识	• 工作者们的知识和技能是否与绩效要求相匹配	• 知识、技能、培训和教育的缺乏 • 无法发挥系统的作用
个人习得能力	• 人们的表现如何	• 天赋、能力、体能或体力的缺乏 • 工作分析不充分
动机和期望	• 人们的行为受到哪些动力的影响 • 期望是否现实	• 不适当和惩罚性的绩效体系 • 薪资待遇不切合实际

四、绩效改进措施的选择

绩效改进措施的选择需要采用系统的方法，如图 7.4 所示。

从图 7.4 可知，绩效改进措施的选择过程整体上可以分为三个阶段、七个步骤。由于绩效改进人员和相关人员需要先确定绩效差距及其形成原因，因此，初始阶段的部分环节可能和分析阶段的某些环节会产生交叉重叠。在此基础上可以进入调研阶段，或者在调研阶段开始之前将这些差距和成因按照重要程度进行排序。在调研阶段，绩效改进人员和相关人员对可供选择的绩效干预措施进行优先排序，然后进入选择阶段，选出最佳的干预措施，并计划下一步工作。

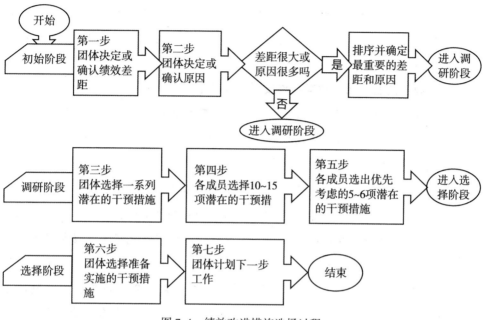

图 7.4　绩效改进措施选择过程

📝 微案例 7.1

TC 的安全绩效管理之路

一、引言

"2023 年 2 月 22 日，内蒙古自治区阿拉善盟新井煤业露天煤矿发生特别重大坍塌事故，作业现场 59 名作业人员和 17 台挖机、27 台自卸卡车、8台钻机等 58 台作业设备被埋，最终造成 53 人死亡、6 人受伤……"会议室里，学习着国务院发布的事故调查报告，同属露天煤矿的 TC 煤炭生产板块的管理干部们心里再次一紧，觉得安全的担子更重了。

作为新疆当地煤炭能源保供的重要力量，几年来，TC 通过加大经费投入、加快智慧矿山建设、强化监督管理等多种措施，较好地保证了煤炭生产安全，保障了企业的稳步发展。但是，作为传统的高危行业，随着煤炭产能的不断扩大，公司在安全方面仍然面临不小压力。特别是，按照企业发展规划，"十四五"期间，TC 提出了建设亿吨煤炭基地的发展目标。面对更大的生产规模、更高的生产强度，如何更好地调动员工自身做好安全工作的积极性和主动性，越来越成为煤炭生产板块安全管理过程中必须思考的问题和面临的挑战。

二、艰苦创业：二十载奋斗终成煤炭大基地

　　TC，全称新疆 TC 有限责任公司，创建于 2002 年，是隶属特变电工的能源企业，主营业务包括煤炭和电力的生产和销售。在煤炭生产方面，公司有南露天煤矿和将军戈壁二号露天煤矿，是公司煤炭生产板块的主要组成部分。

　　创建之初，南露天煤矿年产煤炭不到十万吨。为了把企业做大做强，二十年来，一批又一批员工来到这里，加入公司的创业队伍。准东经济技术开发区是 TC 南露天煤矿的所在地，这里地处准噶尔盆地东部，夏热冬冷，夏天极端最高气温 41.6℃，冬季极端最低气温 −36.6℃，1 月平均气温零下25℃左右，气候恶劣。建矿早期，煤炭没有销路，公司领导就带队到服务区、路上发放传单，向拉煤司机进行宣传；缺少生产指挥车，管理人员就步行巡查现场，一天十几公里是家常便饭；生产现场缺少人手，矿领导就直接下沉一线，和工人一起攉煤、生产。在这里，煤炭生产板块员工发扬"特别能吃苦，特别能战斗，特别能学习，特别能奉献"的"四特"精神，夏战酷暑，冬斗严寒，采场一天天扩大，地面生产系统从无到有，取得了一项又一项骄人成绩（见图 7.5、图 7.6、图 7.7）：2019 年成为新疆全区首家通过国家一级安全标准化的千万吨级露天煤矿；2020 年被评定为国家级绿色矿山；2023 年成为国家首批、新疆维吾尔自治区首个智能化示范建设煤矿，并被评为全国煤炭工业先进集体。2022 年，南露天煤矿获自治区 4000 万吨/年的生产能力核定批复。这是国家核准的国内产能最大的单体露天煤矿矿坑。同时，公司下属的另外一座煤矿——将军戈壁二号露天煤矿也取得了不菲成绩。2022 年，获自治区 3000 万吨/年生产能力核定批复。2023 年顺利通过国家一级煤矿安全生产标准化管理体系现场检查考核定级。2022 年，两矿双双入选"国家煤炭工业安全高效矿井（露天、特级）"。

　　经过二十年的发展，公司已成为保障地方能源供给和支撑经济社会发展的重要力量。

图 7.5 南露天煤矿建矿早期采矿现场照片

图 7.6 南露天煤矿近期采矿现场照片

图 7.7 南露天煤矿地面生产系统

三、保障安全：上系统建体系强队伍不断探索

在发展过程中，TC一直高度重视安全工作。一方面，煤炭开采属于传统的高危行业，自然不能掉以轻心；另一方面，上级公司特变电工作为国家级高新技术企业集团和中国大型能源装备制造企业集团，具有较大的社会影响力，综合实力位居世界机械500强第228位、中国企业500强第353位、中国民营企业500强第150位。因此，作为上级公司，特变电工对TC安全工作的要求本身较高，抓的也一直比较紧。

在实际工作过程中，TC重点从建设智慧矿山、健全管理体系和建强管理队伍三个方面采取了一系列措施。在智慧矿山建设方面，在煤炭生产板块实施了一批典型项目：一是采场运输与排土无人驾驶项目，建成了露天矿卡车无人驾驶系统，实现了安全员下车、24小时自动作业、多编组常态化运行；二是智能巡检机器人项目，自主研发并投入使用皮带巡检机器人12台，实现了固定岗位无人值守和少人作业；三是智能停送电项目，自主研发了煤矿地面生产系统智能停送电系统，实现了全系统远程停送电，降低了人员作业风险；四是筒仓火灾智能化监测项目，建成了智能化监测系统，实现了筒仓储煤温度的全煤层实时监测，与红外摄像头监测系统共同形成了筒仓防火双保险；五是采场与地面系统防灭火监测项目，建成了采场煤层、地面系统设备监测系统，能够及时发现采场煤层和设备的高温异常部位，为及时处置火灾警情提供技术保障；六是地面系统综合预警平台项目，建成了地面系统综合预警平台，实时感知关键设备运行状态，为设备检修保养提供数据支撑；七是自卸车驾驶员疲劳作业监测项目，建成了自卸车驾驶员疲劳驾驶和车速监测系统，远程监测管控自卸车驾驶员疲劳作业和超速违章行为。这些项目的实施，大大提升了煤炭生产板块的安全生产保障水平。

在健全管理体系方面，TC煤炭生产板块相继实施了安全风险预控管理、煤矿安全标准化管理、HSSE管理体系、网格化管理等管理方法，不断细化管理职责分工，理顺管理流程，明确管理标准，划细管理网格，提高安全管理的精细化、系统化水平。

在建强管理队伍方面，公司一直把安全管理队伍建设放在特殊位置，优先配备，优先建设。为了调动安全管理人员抓好安全的积极性，公司不断调

优薪资结构，确保安全管理人员薪资待遇高于其他人员，同时还设置了专项津贴，对持有注册安全工程师证的专职安全管理人员月度给予 3000 元补贴。据统计，2022 年公司专职安全管理人员的薪资高于同级别管理人员约 18%。

上述这些举措，为煤炭生产板块的安全生产提供了较好保障。但是，在这个过程中，有一个问题始终未能得到很好解决，即如何调动广大员工主动做好安全的积极性，而不仅仅是让安全管理人员积极履职从而"管"好安全。随着产能的不断扩大，这个问题日益成为 TC 煤炭生产板块必须思考的一个问题。

四、激发动力：安全绩效各抒己见论短长

"把安全绩效工资在员工工资中的比例提高到 40%，实行全员安全绩效管理！"面对新的形势，TC 公司领导层做出决策。为了激发员工做好安全生产的内生动力，TC 把绩效手段引入煤炭生产板块安全管理，开始了新探索。

1. 结果考核还是突破结果考核

在国内大型煤矿中，安全绩效手段虽然已经被广泛采用，但很多煤矿的绩效考核主要和安全事故挂钩，实行的是安全风险抵押金制度。干部员工年初缴纳一定数量的安全风险抵押金，如果全年不发生安全生产事故，年底双倍返还。这种方法的逻辑显而易见，浅显易懂。一方面，不发生事故是安全管理的最终目标；另一方面，与事故挂钩也让安全绩效易于量化，客观性、可操作性更强，因此得到了广泛应用。也有部分煤矿实行了安全绩效工资制度，但安全绩效工资在工资中的占比相对较低，一般在 30% 以下。以 TC 为例，原有的安全绩效工资每人不到 200 元，在工资中的占比平均不足 5%。这次，要把安全绩效工资在员工工资中的比例提高到 40%，这在国内煤矿中还比较少见。

首先需要解决的问题就是如何进行安全绩效考核，以便根据考核结果来计算安全绩效工资，为此，必须设计一套科学的绩效考核指标体系。

安全绩效与常见的生产经营绩效有所不同。正常情况下，发生生产安全事故只是小概率事件，这就使得绝大多数的安全工作看起来像是"无用功"，因为不发生事故在人们眼里本身就是正常的，相反，发生事故才会被认为是不应该、不正常。与此同时，从危险源失控到安全生产事故的发生往往要经

过较长的因果链条，这也使得安全管理对于预防事故的作用需要经过较长的时间过程才能显现出来，从而导致了安全绩效具有一定滞后性。因为即使安全管理做得不好，短时间内可能也看不出来，因为正常情况下本来就不会发生事故；反过来，安全管理做得好，也有可能发生事故，只不过这种可能性相对小一些罢了。

另外，对于高危行业企业而言，可能发生的安全生产事故多种多样，因此，在一段时间内，没有发生事故总是具有一定的偶然因素、侥幸成分。换句话说，从长期来看，安全管理水平较高的单位发生的安全生产事故会相对较少，安全管理水平较低的单位发生的安全生产事故会相对较多。但是，短期来看，安全管理水平较高的单位有可能会发生安全生产事故，相反，安全管理水平较低的单位却有可能不会发生安全生产事故。这些特点，使得安全绩效结果具有一定滞后性、随机性。

根据安全绩效的特点，公司管理部门提出了绩效考核的初步方案（详见附件1至附件4）。按照该方案，煤炭生产板块的安全绩效实行分级考核，即：公司每月对各矿进行考核，各矿对矿内各部门进行考核，各部门对本部门员工进行考核。其中，公司对各矿的考核在传统的"安全结果考核"之外，还包括安全基础考核、安全状态考核和安全改进考核三个方面。各部分分值构成见表7.3。

表7.3　　　　　　　　　　　矿级考核项目与分值①

考核项目	安全基础考核（A）	安全状态考核（B）	安全改进考核（C）	安全结果考核（D）
标准分	45	35	20 + 10（+5）	直接加减分项

为了征求各部门意见，一场围绕安全绩效考核指标体系设计的讨论会就此召开。其中，对于安全结果考核大家都表示支持，能够理解，但是对是否需要加入其他三个项目，大家却有不同看法。

① 本表摘自《新疆 TC 有限责任公司煤炭生产板块安全绩效工资考核办法》（附件1）。

"要什么考什么，安全管理的最终目的不就是想预防事故么，所以，绩效考核就考核结果！这样，绩效考核的指标更容易量化，便于操作，具体各矿怎么达成这个目标尽量少管，这样有利于给基层留下更大的发挥空间，也有利于减轻绩效考核的工作量。"

"我也有同感。目前的这个考核方案和公司现有的生产经营绩效考核相比，复杂了不少；建议借鉴生产经营绩效，坚持结果导向，化繁为简，可以进一步加大各类事故的考核力度，具体各矿怎么管的这个中间过程，交给各矿自主决策，自主管理。特别是安全基础考核，没必要管这么细，建议去掉，重要的是不发生事故，这样，考核的重点就更突出了，大家才能更清楚地知道你想要什么。"

"我觉得安全状态考核必要性好像也不大，已经有安全结果考核了，再来一个安全状态考核，算不算重复考核？好像也可以去掉。"

根据现有方案，安全基础考核由安全标准化（A1）、消防安全（A2）、环境保护（A3）三方面内容构成，其中占比最多的安全标准化可以进一步细分为安全风险分级管控（A1.1）、事故隐患排查治理（A1.2）等14个子项目，反映的主要是煤矿安全生产的基础条件和管理标准；而安全状态考核以TC公司、上级公司特变电工以及各级政府检查发现的各矿存在的安全隐患、不安全行为为考核内容，反映的主要是各矿的安全风险状态。

2. 绩效改进还是打破绩效改进

在这个方案中，还设置了"安全改进考核"项目，以各矿对生产工艺系统或设备设施、管理等方面的安全缺陷的改进情况为考核内容，每季度考核一次，由各矿申报、公司评审，得分计入下一个季度每月安全绩效考核。申报时，每个矿限报7项。经过评审后，按照每个项目的得分，在所有申报项目中从高到低淘汰掉后三分之一，保留前三分之二的项目作为有效项目，各矿的最终得分为当期有效项目的得分之和。与此同时，在本季度的所有项目中，得分最高的项目为季度最佳改进项目，额外给予5分奖励，计入下一个季度每月安全改进考核结果。安全改进考核的具体考核内容与评价标准见附件3。

对于这种做法，参加讨论会的人员也提出了不同意见。"按照我的传统理解，绩效考核就是要衡量被评价对象是不是达到了预定的绩效目标，但是在现在的方案中，还设了一个安全改进考核。一方面，安全基础考核、安全状态考核、安全结果考核已经挺全面了，为什么还要设一个安全改进考核，我不太能理解；另外，考核文件里给出的是安全改进项目的评价标准，而不是安全改进考核这个项目的考核标准，比如说安全改进达到什么水平就算合格或者优秀，或者得到多少分算合格或者优秀，为什么要这样设计，出于什么原因或者考虑，或者这样设计有什么好处，能不能给大家解读一下，这样大家也好理解一点。"

其实，大家提出这样的疑问并不奇怪。在绩效考核指标体系中单独设置安全改进考核项目，这样的做法在煤矿安全绩效考核中确实非常少见。一方面，绩效考核通常被认为是一个设置标准、然后评价考核对象是否达到标准的过程。另一方面，即使在生产经营绩效考核中，绩效改进通常也是作为绩效管理的一个相对独立的环节，在每次绩效考核结束之后，结合分析绩效差距、进行绩效辅导等步骤来进行的。换句话说，绩效改进通常都是在绩效考核时未能达成绩效目标的情况下进行的，以便改进绩效结果，达到绩效考核目标。此外，之所以很少把改进放到绩效考核指标体系中，也与工作改进通常比较难以量化有关。

五、尾声

大家你一言我一语，畅所欲言，讨论热烈、开放，转眼到了下班的时间。讨论中提出的这些问题以及大家的担心，都被负责这次绩效考核设计的管理人员深深地记在心里，这些话也正是他今天最想听到的。按照正常的会议程序，本来，他可以在会议一开始就给大家详细地解读一下这次绩效考核方案的设计思路、整体架构以及考核方法，但是，为了更好地摸清大家的模糊认识，他并没有这样做，而是让大家自己阅读文件材料，按照自己的理解提出意见。不过，对于大家提出的这些问题，他也曾经零零散散地考虑过，但截至目前为止还没有一个比较系统的满意的答案。想到这点，他再一次陷入了深深的思考……

附　　件

新疆 TC 有限责任公司煤炭生产板块安全绩效工资考核办法

第一章　总　　则

第一条　为贯彻执行"安全第一、预防为主、综合治理"的安全生产方针，全面落实安全生产责任，调动全体员工参与并做好安全生产工作的积极性、自觉性，不断提高安全生产水平，制定本办法。

第二条　本办法所称安全绩效工资考核是从南露天煤矿、将军戈壁二号露天煤矿（以下简称两矿）、保运公司每月实际绩效工资中提取 50%，用于安全绩效考核。

第三条　本办法规范了安全绩效工资的考核内容、考核办法、考核标准、考核兑现等工作。

第四条　本办法适用于两矿、保运公司。

第二章　机构与职责

第五条　成立公司安全绩效工资考核领导小组。（具体部门与人员组成略）

第六条　公司安全绩效工资考核领导小组的职责是：

（一）制定安全绩效工资考核办法和考核标准。

（二）领导月度考核工作，审定安全绩效工资考核结果。

（三）对安全绩效工资考核争议进行裁决。

（四）根据相关意见和建议，对安全绩效工资考核进行持续改进。

第七条　公司安全绩效工资考核领导小组下设办公室，办公室设在矿业安全环境监察部。具体职责包括：

（一）牵头提出安全绩效工资考核办法草案和考核标准草案。

（二）对月度考核工作进行协调组织，按月形成考核结果。

（三）收集安全绩效工资考核争议。

（四）及时收集相关方面的意见和建议，牵头提出安全绩效工资考核的改进方案。

第八条　经营管理部负责安全绩效考核与经营绩效考核之间的衔接和协调。

第九条　人力资源部负责根据安全绩效工资考核结果进行个人工资发放。

第十条　工会负责按照国家相关法律法规的要求，对安全绩效工资考核工作进行监督，维护职工权益。

第三章　考核管理办法

第十一条　安全绩效工资考核的指导思想是：

（一）以安全绩效工资考核为抓手，引导全体员工关注安全、重视安全、保障安全，通过绩效牵引，确保实现公司年度安全目标。

（二）分级考核，调动基层单位抓安全的积极性、主动性，形成安全合力。

（三）将安全绩效工资考核与日常安全工作紧密结合，抓住薄弱环节，强化安全改进，不断提高安全管理的系统化水平。

第十二条　公司对项目公司安全绩效工资考核的项目包括安全基础考核、安全状态考核、安全结果考核和安全改进考核四个方面。各部分分值构成见表1。

表1　　　　　　　　　　**项目公司级考核项目与分值**

考核项目	安全基础考核 （A）	安全状态考核 （B）	安全改进考核 （C）	安全结果考核 （D）
标准分	45	35	20 + 10 （+5）	直接加减分项

第十三条 安全基础考核标准分为 45 分，包括安全标准化（A1）、消防安全（A2）和环境保护（A3）三个方面，分别占 60%、20% 和 20%，各部分折合分值见表 2。

表 2　　　　　　　　　　**安全基础考核内容构成与分值**

考核项目	安全基础考核 A（45 分）		
内容构成	安全标准化（A1）	消防安全（A2）	环境保护（A3）
分值占比	60%	20%	20%
折合分值	27 分	9 分	9 分

第十四条 安全标准化考核共包括 14 方面内容，各方面内容名称与分值占比见表 3。

表 3　　　　　　　　　　**安全标准化考核内容构成与分值占比**

序号	名　　称	分 值 占 比		
		南 矿	将 二	保 运
1	安全风险分级管控（A1.1）	10%	10%	15%
2	事故隐患排查治理（A1.2）	10%	10%	10%
3	职业卫生（A1.3）	5%	5%	10%
4	安全培训和应急管理（A1.4）	4%	4%	5%
5	调度和地面设施（A1.5）	4%	4%	15%
6	机电（A1.6）	9%	9%	25%
7	带式输送机运输（A1.7）	5%	5%	20%
8	钻孔（A1.8）	5%	5%	×
9	爆破（A1.9）	11%	11%	×
10	采装（A1.10）	11%	11%	×
11	公路运输（A1.11）	7%	7%	×

序号	名 称	分值占比		
		南 矿	将 二	保 运
12	排土 (A1.12)	9%	9%	×
13	边坡 (A1.13)	5%	5%	×
14	疏干排水 (A1.14)	5%	5%	×

第十五条 安全标准化考核各方面得分按照百分制计算，再分别乘以所占权重后加和，即为项目公司该考核期内安全标准化 A1 的百分制得分。

第十六条 安全标准化考核的 14 方面内容中，每方面考核的具体内容与考核标准见附件 1。

第十七条 消防安全考核内容与考核标准直接采用《特变电工消防安全管理工作评价标准（TBEA-BM-1.5-03-WS）》。环境保护考核内容与考核标准直接采用《特变电工环境管理标准化达标评分标准（TBEA-BM-1.5-02-WS）》。

第十八条 安全基础考核每季度一次，根据考核内容采取集中检查或随机抽查（详见附件 1），考核结果在下一个季度中作为每月安全基础考核得分。

第十九条 项目公司在安全基础考核项目上的最终得分 A 的计算公式为：

A = 27×安全标准化得分率 + 9×消防安全得分率 + 9×环境保护得分率

其中，安全标准化得分率 = $\dfrac{安全标准化百分制得分\ A1}{100}$。消防安全得分率、环境保护得分率以此类推。

第二十条 安全状态考核以公司安环部、股份公司、外部第三方、各级政府在各类检查过程中发现的各项目公司的安全隐患、不安全行为为考核内容，主要反映各项目公司的安全风险状态。

纳入安全状态考核的隐患与不安全行为清单与考核标准见附件 2。

第二十一条 安全状态考核的标准分为 35 分。发现考核范围内的隐患或不安全行为时，按照相应标准从 100 分中进行扣分，扣完为止。

项目公司在安全状态考核项目上的最终得分 B 的计算公式为：

$$B = 35 \times \text{该项目得分率} \left(\text{即} \frac{100 - \text{该项目实际扣分}}{100} \right)$$

第二十二条 安全状态考核每月一次，考核结果作为当月安全状态考核得分。考核结果的统计周期为上月 21 日至当月 20 日。

第二十三条 安全结果考核主要反映各项目公司最终的安全结果。安全结果考核的具体内容与考核标准见附件 3。

第二十四条 安全结果考核每月一次，考核结果作为当月安全结果考核得分。考核结果的统计周期为上月 21 日至当月 20 日。

第二十五条 安全改进考核以各项目公司对生产工艺系统或设备设施、管理等方面的安全缺陷的改进情况为考核内容，主要反映各项目公司安全改进的力度和质量。

安全改进考核的具体内容与评价标准见附件 4。

第二十六条 安全改进考核标准分为 20 分，为强制性改进部分；附加分为 10 分，为激励性改进部分。

第二十七条 安全改进考核每季度进行一次，由矿业安环部组织集中评审，得分计入下一个季度每月安全改进考核结果。

第二十八条 安全改进项目由各项目公司向公司矿业安环部申报，矿业安环部组织评审，由考核领导小组审核认定。

为提高安全改进项目质量，安全改进考核申报、评审实行限项制度。各项目公司每季度申报限项 7 项，每次评审整体限项 14 项。

安全改进项目申报表见附件 5。

第二十九条 为鼓励各项目公司提高安全改进质量，每季度评选 1 个最佳改进项目，给予 5 分奖励，计入下一个季度每月安全改进考核结果。

第二十三条 项目公司在安全改进考核项目上的最终得分 C 为当期该项目公司通过评审的所有安全改进项目得分之和。

第三十一条 各项目公司月度安全绩效考核最终得分 S 的计算公式为：

$$S = A + B + C + D$$

第三十二条 考核基准分的设置。根据 2018 年股份公司 HSSE 考核检查结果，结合公司年度安全目标，2019 年两矿安全绩效考核基准分确定为 85 分，保运公司安全绩效考核基准分确定为 95 分。

第三十三条　考核兑现标准。

月度考核得分达到基准分的，100%兑现项目公司安全绩效工资总额；高于基准分的，每提高 1 分，增加 1%安全绩效工资总额；低于基准分的，每减少 1 分，降低 1%安全绩效工资总额。

<h2 style="text-align:center">第四章　附　　则</h2>

第三十四条　各项目公司应在公司考核的基础上，制定内部安全绩效工资考核办法，将安全绩效工资考核细化到个人。

第三十五条　本办法自 2019 年 5 月 1 日起正式开始施行。本办法由安全绩效工资考核领导小组负责解释。

第三十六条　附件：

（一）安全基础考核内容与考核标准；

（二）安全状态考核内容与考核标准；

（三）安全结果考核内容与考核标准；

（四）安全改进考核内容与考核标准；

（五）安全改进项目申报表。

安全生产标准基础考核内容与考核标准

项目	项目内容		基本要求	标准分值	检查方式及内容	所需资料	扣分细则	南矿	将二
		14.1.1 组织保障	有负责疏干排水工作的部门	5	查部门职责或工作安排文件	部门职责、工作文件	未明确负责疏干排水工作的部门不得分。	√	√
		14.1.2 管理制度	建立水文地质预测预报、疏干排水技术管理及疏干巷道雨季人员撤离制度	5	查水文地质预测预报、疏干排水技术管理及疏干巷道雨季人员撤离制度	水文地质预测预报、疏干排水技术管理及疏干巷道雨季人员撤离制度	(1)缺1项制度扣2分；(2)制度不合格1处扣1分	√	√
		14.1.3 技术资料	(1)综合水文地质柱状图；(2)综合水文地质柱状图；(3)疏干排水等位线图；(4)矿区地下水等水位平面图；(5)疏干巷道竣工资料；(6)疏干巷道井上下对照图	12	查图纸	图纸	(1)每缺1种图纸扣5分；(2)图纸信息不全或内容不正确1处扣2分	√	√
		14.1.4 规划及设计计划	有防治水中长期规划、年度疏干排水计划及措施，并组织实施	5	(1)查防治水中长期规划、年度疏干排水计划及措施；(2)查疏干排水系统计划及措施实际情况	防治水中长期规划、年度疏干排水计划及措施、现场实际	(1)无规划、计划及措施不得分；(2)未组织实施或实施情况不符合要求1项扣1分；(3)规划、计划未以正式文件下发扣1分	√	√
14.1	一、技术管理（35分）	14.1.5 水文地质	(1)查明地下水来水方向、渗透系数等；(2)受地下水影响较大和已经进行疏干排水工程的边坡，进行地下水位、水压及渗水量观测并有记录，分析地下水对边坡稳定影响程度及疏干效果、制定地下水治理措施	5	(1)查观测记录；(2)查地下水治理措施	(1)地质报告、边坡稳定性分析报告；(2)水文观测记录；(3)地下水治理措施	(1)存在涌水的露天矿未查明来水方向、渗透系数等，受地下水影响的边坡未进行地下水位观测无治理措施不得分；(2)观测记录不全、分析不具体扣2分；(3)地下水治理措施不符合要求1处扣1分	√	√
		14.1.6 疏干水再利用	疏干水、矿坑水、可直接利用的或经处理后可利用的要利用	3	查疏干水、矿坑积水排放过程、流向、用途		(1)未经处理直接外排的扣分；(2)可重复利用的，而未进行有效利用，造成水资源浪费，扣分；(3)影响周边居民生产、生活，造成环境破坏的不得分	√	√

项目	项目内容	基本要求	标准分值	检查方式及内容	所需资料	扣分细则	南矿	将二
14.2 二、疏干排水系统（55分）	14.2.1 设备设施	(1)地面排水沟渠、储水池、防洪泵、防洪管路等设施完备，排水能力满足要求；(2)地下水疏干水泵、管等设备完好，满足疏干设计；(3)疏干排水设备满足疏干巷道涌水量要求	10	(1)查防排水系统；(2)查疏干设计	年度计划或疏干排水专项设计	(1)排水沟渠、储水池存在淤堵、缺口1处扣1分；(2)防洪泵、防洪管路等设施漏水1处扣1分；(3)矿坑内水位不满足矿计划要求不得分；(4)地下水疏干水泵、管等设备不完好控制等设备不满足疏干设计，1处扣2分；(5)疏干巷道排水设备不满足巷道涌水量要求，1处扣2分	√	√
	14.2.2 地面排水	(1)用露天采场底部做储水池排水时有安全措施，备用水泵的能力不小于工作水泵能力的50%；(2)采场内的主排水泵站设置备用电源，当供电线路发生故障时，备用电源担负最大排水负荷；(3)排水泵电源控制柜设置在储水池远离水淹危险处；(4)储水池周边设置挡墙或护栏，上下梯子处，修平台符合GB 4053.4、4053.2；(5)区外地表对采场有影响时，有阻隔治理措施	10	(1)查现场；(2)查疏干设计或地表水治理措施	年度计划或疏干排水专项设计或治理措施	(1)储水池无挡墙护栏，或者挡墙、护栏不符合要求1处扣1分；(2)备用水泵能力小于工作水泵能力的50%扣2分；(3)主排水泵无备用电源扣2分；(4)排水泵控制柜位置较低，存在救捞危险扣2分；(5)矿坑周边地势较高，存在地表水进入矿坑危险，无挡水沟、挡墙等措施扣2分；(6)排水坝不完好1处扣1分	√	√

项目	项目内容	基本要求	标准分值	检查方式及内容	所需资料	扣分细则	南矿	将二
14.2 二、疏干排水系统（5分）	14.2.3 地下水疏干	(1)疏干工程应超前采矿工程，疏干降深满足采矿要求；(2)有涌水点的采矿台阶，设置相应的疏干排水设施；(3)因地下水位升高，可能造成排土场或采场有塌坡的，应进行地下水疏干或采取有效措施进行治理；(4)疏干管路应根据需要配置控制阀、逆止阀、泄水阀、放气阀等装置；(5)疏干井地下(半地下)泵房应设置通风装置；(6)免维护疏干巷道有防火措施、排水不通畅；(7)严寒地区疏干排水系统有防冻措施	10	(1)查疏干工程；(2)查树干排水设施；(3)查防冻措施	年度计划	(1)疏干水位不能满足采矿要求，扣2分；(2)有涌水点的采矿台阶，未设置相应的疏干排水设施，1处扣1分；(3)因地下水位升高，可能造成排土场或采场有塌坡的，未进行地下水疏干或采取有效措施进行治理，扣2分；(4)疏干管路未根据需要配置控制阀、逆止阀、泄水阀、管路及阀门有漏水现象，1处扣1分；(5)疏干井地下(半地下)泵房无通风装置，1处扣1分；(6)免维护疏干巷道无防火措施、排水不通畅，1处扣2分；(7)严寒地区疏干排水系统无防冻措施，扣2分	√	√
	14.2.4 现场管理	(1)在矿床疏干漏斗范围内出现裂缝、塌陷、地面出现塌陷范围加以防护，设置警示标识，制定安全措施；(2)进入疏干地下(半地下)泵房前进行通风，检测气体合格后方可进入；(3)现场备用排水泵处于完好状态；(4)现场有配电系统图；(5)检查疏干排水系统，有记录；(6)地面管路敷设应加以整修平台，明确疏干井周围设施修复平台、外围疏干现场周围设施修复完好，运行记录齐全；(7)疏干巷道运行正常时，有防火、通风措施；(8)维护疏干巷道时，防火、通风完整；(9)疏干巷道符合《矿井地质规程》	20	(1)查安全措施；(2)查配电系统图、水泵操作流程图；(3)查检查、运行记录；(4)查防火、通风措施；(5)查疏干排水系统	(1)安全措施；(2)配电系统图、水泵操作流程图；(3)检查、运行记录；(4)防火、通风措施	(1)未对地面裂缝、塌陷圈定范围，设置警示标识，未制定安全措施，1项扣2分；(2)进入疏干地下(半地下)泵房前进行通风，未检测气体合格，1处扣2分；(3)现场备用排水泵未处于完好状态，扣2分；(4)现场无配电系统图，1处扣2分；(5)无疏干排水系统检查记录或无运行记录，不合格，1处扣1分；(6)地面管路敷设明未整修，疏干井整修，设施检查修平台，1处扣1分；(7)疏干巷道运行正常时，无防火、运行记录不完整，1处扣1分；(8)维护疏干巷道时，无防火、通风措施，1处扣2分；(9)疏干巷道不符合《矿井地质规程》，1处扣2分	√	√

241

附　件

项目	项目内容	基本要求	标准分值	检查方式及内容	所需资料	扣分细则	南矿	将二
二、疏干排水系统（5分）14.2	14.2.5 疏干集中控制系统	(1)主机运行状态良好；(2)分站通信状况良好；(3)主站采集的电流、电压、温度等数据准确，采集系统无异常或缺陷；(4)远程启动、停止、复位指令可靠；(5)停泵、通讯异常报警正常；(6)有完好的集控备用系统和备用电源	5	(1)查疏干集中控制系统；(2)查运行记录	运行记录	(1)主机运行状态差，扣0.5分；(2)分站通讯状况差，扣0.5分；(3)主站采集的电流、电压、温度等数据不准确，采集系统有异常或缺陷，1处扣0.5分；(4)远程启动、停止、复位指令令不可靠，1项扣0.5分；(5)停泵、通讯异常报警不正常，扣0.5分；(6)无完好的集控备用系统和备用电源，扣0.5分	×	×
三、岗位规范（5分）14.3	14.3.1 专业技能及规范作业	(1)建立并执行本岗位安全生产责任制；(2)掌握本岗位操作规程、作业规程；(3)按操作规程作业，无"三违"行为；(4)作业前进行安全确认	5	(1)查疏干排水人员岗位安全生产责任制；(2)对疏干排水人员进行随机抽考岗位操作规程、作业规程；(3)查疏干排水现场；(4)查作业前安全确认记录	(1)疏干排水人员岗位安全生产责任制；(2)疏干排水岗位操作规程、作业规程；(3)作业前安全确认记录	(1)岗位安全生产责任制不全，1项扣1分；(2)疏干排水人员不掌握岗位操作规程、作业规程，1处扣1分；(3)发现1人"三违"不得分；(4)作业前未开展安全确认扣1分	√	√
四、文明卫生（5分）14.4	14.4.1 作业环境	(1)环境干净整洁，各设施保持完好；(2)各类物资摆放规范；(3)各种记录规范、页面整齐	5	(1)作业环境、设备设施；(2)查各种记录	各种记录	(1)环境不整洁，设施保持不好，1项扣1分；(2)物资摆放不规范扣1分；(3)记录不规范、页面不整洁扣1分	√	√

附件2：

安全状态考核清单与考核标准（A）

编号	隐患或不安全行为内容
B1.1	安全管理责任划分不明确，或未以书面形式进行划分
B1.2	重大风险作业管控措施不科学或管控效果月度分析不深入、不细致
B1.3	隐患排查随意化或隐患治理表面化、不深入，流于形式，或专项隐患排查内容不明确
B1.4	工作票管理不规范、未闭环
B1.5	作业规程缺失或作业规程不科学；或作业规程过于笼统，缺乏针对性
B1.6	缺乏作业指导文件的情况下下达带有安全风险的作业任务
B1.7	操作规程缺失或操作规程不科学，或与实际不符
B1.8	缺乏操作指导文件的情况下使用带有安全风险的设备、仪器、工具
B1.9	从业人员缺少上岗证或上岗证不合规
B1.10	从业人员有职业禁忌（病）症
B1.11	从业人员脱岗、睡岗或酒后上岗
B1.12	管理人员违章指挥
B1.13	矿内或采场道路交叉路口缺少道路指示标志
B1.14	到界平盘不符合设计要求或设计不当
B1.15	未制定不稳定边坡及实施治理措施
B1.16	南矿西帮管理不规范或不到位
B1.17	设备、设施点检不规范或点检流于形式
B1.18	特种设备未按规定进行登记、检验或维护
B1.19	车辆的转向系统、制动系统、灯光系统等不完好，带病运行
B1.20	发动机缺冷却液高温时，未释放水箱压力补加冷却液
B1.21	车辆轮胎平衡机未定期通电试运转
B1.22	切割机防护罩缺失
B1.23	切割机使用不规范

编号	隐患或不安全行为内容
B1.24	停电或送电不规范
B1.25	未安装漏电保护装置、接地线或接地不合格
B1.26	配电柜分线箱标识不清或标识错误
B1.27	电气设备检修前未验电、放电
B1.28	受限空间内本安电气设备失爆
B1.29	设备设施安全防护或安全保护装置缺失或失效
B1.30	设备运行过程中进行检修、维护、清扫或注油
B1.31	清扫除尘管道及除尘设备前未测量风口一氧化碳浓度
B1.32	除尘系统卸灰阀/桶或除尘布袋清理不规范、不及时或不彻底
B1.33	刮板机检修作业时未关闭刮扳机下料口闸门
B1.34	爆破装药、填塞炮孔不规范
B1.35	火工品运输车防静电带损坏失效
B1.36	携带电子产品进入装药区
B1.37	工作面全部炮孔未装填完毕情况下联接起爆网络
B1.38	爆破警戒区内有闲杂人员
B1.39	爆破质量不合格；或爆破质量考评不足、不科学
B1.40	高温煤、火煤混入拉煤车
B1.41	码煤工未按规定上下码煤车辆
B1.42	其他人员或设备进入铲车装车作业区
B1.43	库存煤未做防火处理或露天煤、残留煤未定期清理
B1.44	车内、室内或其他密闭空间使用火炉
B1.45	闲杂人员或其他作业设备未经许可进入挖掘机作业半径内
B1.46	多台挖掘机同时作业时，挖掘机之间的间距小于最大挖掘半径的2.5倍
B1.47	坑下道路坡度超限或连续斜坡路段长度超限
B1.48	装载机平行坡顶线作业
B1.49	安全挡墙不合格
B1.50	车辆在采场超速行驶
B1.51	生产现场通勤车辆带病运行、超速行驶或管理不到位

续表

编号	隐患或不安全行为内容
B1.52	动火作业不规范
B1.53	设备运行过程中进行动火动焊
B1.54	密闭空间作业不规范
B1.55	高处作业未佩戴安全带（安全绳）或佩戴不当
B1.56	人员在起重吊物下行走或停留
B1.57	气瓶管理或使用不规范
B1.58	煤尘环境中电气设备、管道防火密封或封堵不合格

备注：（1）上述隐患每发现一条扣 5 分。（2）前期整改完毕的隐患，后一个考核期内再次出现的，翻倍扣分（即每条扣 10 分）。

附件 3：

安全改进考核内容与考核标准（C）

一、安全改进考核的内容

安全改进考核的内容，泛指在各项工作过程中通过学习借鉴外单位经验或通过自主实践所进行的一切有利于提高安全生产水平的管理或技术方面的改进与创新，包括但不限于以下内容：

（一）管理改进与创新

（1）健全、完善和修订管理制度，对某项工作的责任分解、实施程序与标准、测量与评价等方面进行改进和创新，增强管理的规范性；

（2）对某项工作的管理表格（表单）、管理流程进行改进和创新，简化工作流程，提高管理效率或服务效率；

（3）对某一事务或工作环节的具体管理方法进行改进和创新，提高管理控制的有效性；

（4）改进和创新某项工作的测量、评价和考核方式，激发员工工作潜力，提高管理的科学性；

（5）其他有利于提高管理水平和服务水平的改进和创新。

（二）技术改进与创新

（1）对已有设备、设施、工具、仪器进行或大或小的改进，消除现有缺陷，提高其工作的稳定性、运行的可靠性、操作的便利性或生产能力、生产效率；

（2）根据工作实际，自己设计制作工具、仪器、设备、设施，提高工作效率或安全生产水平；

（3）根据工作实际，对工艺技术、作业流程、操作规程或具体作业方法进行改进和革新，提高工作效率或安全生产水平；

（4）在进行设计或制定技术方案过程中，在常规做法的基础上，优化系统布置、设备配备或工艺参数，提高生产效率或安全生产水平，具有借鉴价值；

（5）积极使用新型材料或科学利用旧材料，提高安全生产水平，节约原材料或节约能源，减少浪费，降低生产费用；

（6）其他有利于提高安全生产水平的改进或创新。

二、安全改进考核标准

安全改进考核标准

安全改进措施的类别	安全改进的效果		
	效果非常显著	效果比较明显	有效果且可以验证
一、日常安全改进（C1）			
C1.1 在进行设计或制定技术方案过程中，优化系统布置、设备配备或工艺参数，通过设计手段降低系统安全风险，提高本质安全水平。	+10	+8	+6
C1.2 通过硬件手段消除系统安全风险，提高本质安全水平。	+10	+8	+6
C1.3 通过使用大型或先进设备、设施、仪器，降低设备设施安全风险。	+9	+7	+4
C1.4 对已有设备、设施、工具、仪器进行或大或小的改进，消除现有缺陷（不包括通过维修维护使其恢复正常功能），提高其工作的稳定性、运行的可靠性、操作的便利性；或根据工作实际，自己设计制作工具、仪器、设备、设施，提高安全生产水平。	+9	+7	+4
C1.5 通过改进激励机制等经济手段，或改进和创新某项工作的测量、评价和考核方式，引导从业人员主动追求安全，降低员工冒险作业风险，提高安全生产水平。	+9	+7	+4
C1.6 健全、完善和修订管理制度，对某项工作的责任分解、实施程序与标准、测量与评价等方面进行改进和创新，通过进一步明确管理责任、管理标准、管理流程或改进管理机制等方式，增强管理的规范性，改进安全风险管理与控制，提高安全生产水平。	+7	+5	+3
C1.7 通过完善或改进作业文件，降低作业方法安全风险；或根据工作实际，对工艺技术、作业流程、操作规程或具体作业方法进行改进和革新，提高安全生产水平。	+7	+5	+3

安全改进措施的类别		安全改进的效果		
		效果非常显著	效果比较明显	有效果且可以验证
C1.8	对某项工作的管理表格（表单）、管理流程进行改进和创新，简化工作流程，提高安全生产水平。	+6	+4	+2
C1.9	其他能够对提高安全水平起到长期作用的各种安全改进（不包括仅针对公司检查发现的现场隐患所进行的简单整改）。	+6	+4	+2
二、安全事故与安全事件改进（C2）				
C2.1	发生安全生产事故或安全生产事件后，未进行专项安全改进或安全改进不力。	−20		

附件 4：

安全结果考核内容与考核标准（D）

编号	考核内容	考核标准
D1.1	员工因工死亡 1 人及以上	连续三个月扣发全部安全绩效工资
D1.2	相关方发生较大及以上安全生产事故	连续三个月扣发全部安全绩效工资
D1.3	项目公司发生一般事故 C 级	连续两个月扣发全部安全绩效工资
D1.4	相关方发生一般事故 A 级	扣发全部安全绩效工资
D1.5	相关方发生一般事故 B 级	扣发 50%安全绩效工资
D1.6	相关方发生一般事故 C 级	
D1.7	项目公司发生 3 人轻伤或直接经济损失 30 万元及以上、50 万元以下安全生产事故（一般事故 D 级）	扣 30 分
D1.8	相关方发生 3 人轻伤或直接经济损失 30 万元及以上、50 万元以下安全生产事故（一般事故 D 级）	扣 20 分
D1.9	项目公司发生 2 人轻伤或直接经济损失 10 万元及以上、30 万元以下安全生产事故（一般事故 D 级）	
D1.10	相关方发生 2 人轻伤或直接经济损失 10 万元及以上、30 万元以下安全生产事故（一般事故 D 级）	扣 10 分
D1.11	项目公司发生 1 人轻伤或直接经济损失 5 万元及以上、10 万元以下安全生产事故（一般事故 D 级）	

编号	考 核 内 容	考核标准
D1.12	相关方发生 1 人轻伤或直接经济损失 5 万元及以上、10 万元以下安全生产事故（一般事故 D 级）	扣 5 分
D1.13	项目公司发生直接经济损失 1 万元至 5 万元安全生产事故	
D1.14	相关方发生直接经济损失 1 万元至 5 万元安全生产事故	扣 3 分
D2.1	当期不发生以上列级事故	加 3 分
D2.2	报告安全事件，分享事件经验教训	+1
D3.1	隐瞒、谎报事故	加倍扣分

附件 5：

安全改进项目申报表

申报单位（项目公司）：_____   项目完成时间：____年__月__日

项目名称	_____改进项目
安全改进之前 存在的不良状况	
安全改进 所采取的主要做法	
安全改进 达到的实际效果 或预期效果 （必填，也可附照片）	

　　注：（1）申报时，可另加附件作为支撑材料。（2）项目完成时间：对于技术文件、管理制度的修订，指经审批下发执行的时间；对于硬件改进，指验收合格正式投入使用的时间。

（资料来源：本案例由作者根据有关材料编写而成）

参 考 文 献

[1] 德鲁克. 管理：使命、责任、实践 [M]. 陈驯，译. 北京：机械工业出版社，2021.

[2] 吴春波. 华为没有秘密2：华为如何用常识塑造伟大 [M]. 北京：中信出版社，2014.

[3] [奥] 弗雷德蒙德·马利克. 管理技艺之精髓 [M]. 刘斌，译. 北京：机械工业出版社，2011.

[4] 陈雨点，王旭东. 华为绩效管理：引爆组织活力的价值管理体系（第一版）[M]. 北京：电子工业出版社，2023.

[5] 拉斯洛·博克（Laszlo Bock）. 重新定义团队 [M]. 宋伟，译. 北京：中信出版集团，2019.

[6] 郝英奇. 组织管理的动力机制（第一版）[M]. 北京：经济科学出版社，2010.

[7] [美] 吉尔里 A. 拉姆勒（Geary A. Rummler），艾伦 P. 布拉奇（Alan P. Brache）. 绩效改进 [M]. 朱美琴，彭雅瑞，译. 北京：机械工业出版社，2005.

[8] [日] 稻盛和夫. 阿米巴经营 [M]. 曹岫云，译. 北京：中国大百科全书出版社，2021.

[9] 陈春花. 激活组织 [M]. 北京：机械工业出版社，2022.

[10] 陈春花. 管理的常识：让管理发挥绩效的8个基本概念 [M]. 北京：机械工业出版社，2010.

[11] [美] 达琳·M·范·提姆，詹姆斯·L·莫斯利，琼·C·迪辛格. 绩效

252

改进基础［M］. 易虹，姚苏阳，译. 北京：中信出版社，2013.

［12］谢康. 企业激励机制与绩效评估设计［M］. 广州：中山大学出版社，2001.

［13］［美］维纳（Norbert Wiener）. 人有人的用处——控制论与社会［M］. 陈步，译. 北京：北京大学出版社，2010.

［14］［美］吉尔里 A. 拉姆勒（Geary A. Rummler），艾伦 P. 布拉奇（Alan P. Brache）. 绩效改进［M］. 朱美琴，彭雅瑞，译. 北京：机械工业出版社，2005.

［15］杨爱国. 华为奋斗密码（第一版）［M］. 北京：机械工业出版社，2019.

［16］Marcus Buckingham. Most HR Data Is Bad Data［J/OL］. Harvard Business Review，February 9，2015，https：//hbr. org/2015/02/most-hr-data-is-bad-data，2024-09-10.

［17］胡君辰，宋源. 绩效管理［M］. 成都：四川人民出版社，2011.

［18］［美］戴维·帕门特. 关键绩效指标：开发、实施与应用［M］. 张丹，译. 北京：机械工业出版社，2017.

［19］国际绩效改进协会（International Society for Performance Improvement，ISPI）：https：//ispi. org/page/CPTStandards，2023 年 12 月 1 日。

［20］赫尔曼·阿吉斯. 绩效管理［M］. 刘昕，朱冰妍，严会，译. 北京：中国人民大学出版社，2023.

［21］付亚和，许玉林. 绩效管理［M］. 上海：复旦大学出版社，2023.

［22］方振邦，唐健. 战略性绩效管理［M］. 北京：中国人民大学出版社，2019.

［23］戴天宇. 无为而治［M］. 北京：北京大学出版社，2015.

［24］王占刚. LTC 与铁三角［M］. 北京：人民邮电出版社，2023.

附录：

案 例 目 录

序号		案 例	所 在 章 节	
15	6.1	华为"铁三角"及其基于平衡记分卡框架的绩效评价指标体系	第六章 综合性绩效评价方法	第一节 平衡计分卡
16	6.2	绩效考核指标不当导致导向偏差的案例		第二节 关键绩效指标
17	7.1	TC 的安全绩效管理之路	第七章 绩效沟通、绩效支持与绩效改进	第三节 绩效改进